PRACTICAL GUIDE TO
LAYING FLOORS

床材 フロア マテリアル

床材料の選定と仕上げ施工の為の完全設計・施工ガイド

デニス・ジェフリーズ 著

本橋 健司 監修

乙須 敏紀 翻訳

A QUARTO BOOK

First published in the United Kingdom
by the Apple Press, Sheridan House
112–116a Western Road, Hove
East Sussex BN3 1DD

Copyright © 2004 Quarto plc

All rights reserved. No part of this publication may be reproduced, stored in a retrieval system or transmitted, in any form or by any means, electronic, mechanical, photocopying, recording or otherwise, without the prior written permission of the publisher and copyright holder.

WARNING AND DISCLAIMER: The author and publisher have made every effort to ensure that all instructions contained within this book are accurate and safe, and cannot accept liability for any resulting injury, damage or loss to persons or property however it may arise. If in any doubt as to the correct or safe procedure to follow for any home improvement task, seek professional advice.

目次

1 施工前の準備

1.1	最適な床の選定	8
1.2	計画・デザイン・割り付け	12
1.3	工具と材料	16
1.4	現場の下準備	18

2 硬質床

2.1	硬質床の施工	24
2.2	硬質タイルのカット	26
2.3	磁器質・陶器質タイル	28
2.4	磁器質・陶器質タイル張り仕上げ	31
2.5	テラコッタ	34
2.6	テラコッタタイル張り仕上げ	36
2.7	モザイクタイル	40
2.8	モザイクタイル張り仕上げ	43
2.9	スレート（粘板岩）	46
2.10	スレート張り仕上げ	49
2.11	石灰岩および砂岩	52
2.12	石灰岩・砂岩張り仕上げ	55
2.13	れんが	58
2.14	れんが張り仕上げ	60
2.15	大理石・御影石張り仕上げ	64
2.16	テラゾー張り仕上げ	66
2.17	メタル張り仕上げ	68
2.18	ガラス張り仕上げ	70

3 弾性床

3.1	弾性床の施工	74
3.2	ビニル	76
3.3	ビニル張り仕上げ	78
3.4	コルク	82
3.5	コルク張り仕上げ	84
3.6	リノリウム	86
3.7	リノリウム張り仕上げ	88
3.8	ゴム	90
3.9	ゴム張り仕上げ	92
3.10	本革	94
3.11	本革張り仕上げ	96

4 木質床

4.1	木質床の施工	100
4.2	木質床	102
4.3	浮き床仕上げ	106
4.4	無垢材接着剤張り仕上げ	108
4.5	無垢材釘打ち張り仕上げ	111
4.6	木質床の仕上げ	114
4.7	木質床の修復	116
4.8	化粧ハードボード	118
4.9	化粧ハードボード張り仕上げ	120

5 軟質床

5.1	軟質床の施工	124
5.2	カーペット	126
5.3	カーペット敷き仕上げ	130
5.4	天然繊維	134
5.5	天然繊維敷き仕上げ	136

| 用語解説 | 140 |
| 索引 | 141 |

第 **1** 章

施工前の準備

　これから床材を張り替えようというときに、イメージだけで床材を決めてしまってはいけません。あなた自身あるいは専門業者の手で床を張り替えようとするとき、それが成功するかどうかの鍵は準備段階にあります。この章では、これから張り替えたいと思っている床の状況をもう一度見直し、その場所に最も適した──もちろん、住む人の好み、予算、技能に応じた──床仕上げを選定するための方法を見ていきます。どんな床仕上げにしようかと迷っているとき、またそれぞれの床仕上げについてもっとよく知りたいときは、各床仕上げの章を参照してください。

　本書では、素晴らしい床仕上げの写真を数100枚用意し、それぞれを「硬質床」、「弾性床」、「木質床」、「軟質床」にグループ分けして紹介しています。グループ分けした床仕上げの中から、さらに絞り込んで最適な床仕上げを探し出すことができるでしょう。それぞれの床仕上げの耐久性、メンテナンスの仕方、デザイン的可能性などを理解し、施工の各工程を見ながら、要求される技能をチェックしてみてください。

　どの床仕上げにするかが決まったら、この章に戻って、いよいよ施工前の準備のための基本知識を頭に入れましょう。下地床の水平の確保、防水、ドア高さの調節、割り付け計画と続いていきます。

1.1 最適な床の選定

> **役に立つヒント**
> 工事を始める前に、必ず建築規制を確認しましょう。許可申請が必要な場合があります。

いま私たちの前には、あまりにも多くの床仕上げ材料が広がっており、実際に施工するよりも、その中から最適なものを選び出すことのほうが苦労するくらいです。床仕上げは部屋の最も重要な要素であり、部屋のスタイル、雰囲気、さらにはその部屋の使われ方まで決定します。床を新しく張り替えることは、かなりの時間と費用を要することですから、選定に当たってはできるかぎり慎重に検討する必要があります。カーペットにするか化粧ハードボードにするか、テラコッタにするかステンレスにするか、あるいはビニルにするかゴムにするか、どの材料にするかを決定するときは、床の美観や触感だけを考えていてはだめです。施工とメンテナンスのための予算は十分ですか？ 自分で仕上げるだけの技能を有していますか？ それとも専門職人に依頼しますか？ その床仕上げで、日常的使用による磨耗や擦り切れに耐えられますか？ あなたは快適さとスタイルを追及していますか？ それとも環境のことを最も強く意識していますか？ あなたの主要な関心がどこに向けられているにしても、以下のページは、床仕上げを選定するにあたって考慮しておかなければならない重要な条件を示しています。

床仕上げは大別して4つのグループに分けられます。硬質床、弾性床、木質床、軟質床です。それぞれのグループには共通の特徴があり、施工方法もほぼ同一です。

硬質床は、タイル状の素材を接着剤またはモルタルを用いて張り付け、仕上げるものです。磁器質・陶器質タイル、石材、れんが等が含まれます。それらは耐久性があり、豪華な雰囲気を作り出しますが、足元が冷たく感じられる場合があり、費用はかなり高くなります。銅やステンレスなどのメタル、大理石、御影石、ガラス、テラゾーなどで仕上げた床は、現代的な独特の優美さを表現しますが、その他の硬質床にくらべ施工が難しく、美しく仕上げるためには熟練した職人の手が必要です。

弾性床は、足元に安心感があり、施工が簡単で、掃除もしやすく、ほとんどのものは衝撃を吸収します。ビニル、リノリウム、コルクなどの床仕上げは経済的ですが、本革で仕上げるとなると、非常に高価になります。これらの床仕上げは最も明るい仕上がりとなり、色柄、模様の種類も限りがありません。しかし被覆の厚さが最も薄い床仕上げのタイプに属しますから、下地床は特に念入りに平滑に仕上げておく必要があります。

木質床は、最も人気の高い床仕上げという地位を誇っています。このグループのなかには、表面を硬質床材に似せて加工した化粧ハードボードも含まれていますが、その施工方法は木質浮き床仕上げと同じです。浮き床仕上げは、アマチュアでも十分可能ですが（また、下地床が完璧に水平になっていなければならないということもありませんが）、木を湿気から守るという点だけは常に留意しておく必要があります。とはいえ、接着剤張り仕上げと、釘打ち張り仕上げは、かなり高度な技術を必要とします。

軟質床には、カーペットや天然繊維による被覆が含まれます。それらは温かく快適な環境を作り出しますが、施工や掃除が難しく、また敷き込みにはグリッパーやクッション材などが必要になります。下地床のわずかな歪みはクッション材が吸収しますから、施工前にそれほど完璧に平滑にする必要はありません。

住宅各部位と種々の床仕上げの適性

各床仕上げはその性能に応じて、住宅の中でも適している部分と適さない部分があります。

住宅各部位	最も一般的	あまり適さない	適さない
玄関ホール この場所の床仕上げは、人を温かく迎え入れる雰囲気のもので、頻繁な人の出入りに耐えるものでなくてはなりません。また水や湿気、汚れに強いことも重要です。耐久性のある床仕上げの中から、住宅全体のインテリアと調和したものを選びます。	カーペット、無垢材、化粧ハードボード、天然繊維による仕上げ、あるいは各種硬質タイル張り仕上げ。モザイクタイルやテラゾーなどは、広い空間では威圧感がありますが、玄関ホールのような場所ではとても効果的です。	ビニルは人工的な感じがして、人を迎え入れるのに必ずしも適しているとはいえません。安価なリノリウムを玄関ホールに使用すると、礼儀を失した感じを与える場合があります。	コルクや本革仕上げの床は、玄関ホールのような人の出入りの激しい場所には耐えられません。
キッチンおよびユーティリティ これらの場所の床仕上げは、掃除が楽で頻繁な人の往来に耐えられるものでなくてはなりません。歩行しやすく、温かなことも大切なポイントです。	リノリウムやビニルは掃除が楽で、流行が変わったときも、少ない施工費用で簡単に現代的に模様替えすることができます。テラコッタ、スレート、磁器質・陶器質タイル、さらにはモザイクタイルも素朴な、あるいは洗練された雰囲気を演出することができます。これらはすべて非常に耐久性がありますが、足元が冷たく感じられ（その中ではテラコッタが一番温かく感じられます）、皿やグラスの落下には容赦がありません。	コルクは足元が温かく、掃除も簡単ですが、キッチンの床としては弾性がありすぎるかもしれません。無垢材や化粧ハードボードはよく用いられますが、防湿対策をしっかりとしておく必要があります。	カーペットや天然繊維の床は、足元が快適ですが、埃を取り込みやすく、掃除がとても面倒です。

住宅各部位	最も一般的	あまり適さない	適さない
フォーマルな部屋 リビングルームやダイニングルーム、書斎、書庫などの床仕上げは、たいていはその部屋の使われ方、住む人の好みによって決められます。特にリビングはお客様を迎え入れる大事な場所ですから、実用面はあまり考慮されず、美観が最も重要視されます。しかしコストは考慮しなければならない大きな問題で、特に面積が広い場合はなおさらです。	長年、カーペットが、快適性、経済性、豊富な色柄という点から、最もよく選ばれてきました。木質床もとても適しており、現代的な、木目のおとなしい白系のメープル（かえで）から、純朴なオークまで種類も豊富です。硬質床は豪華に見えますが、1年中暑い気候の地域でないかぎり、リビングルームよりもダイニングルームに適しています。	本革張り仕上げは、あまり人の出入りがない書斎や書庫を豪華に飾りたいときのオプションになりますが、とてもコストが高くなります。リノリウム張り仕上げや、ハイテク仕様のゴム張り仕上げの床は、リビングルームを現代的にするのに大きな威力を発揮しますが、必ずしも万人向けというわけではありません。	標準仕様のリノリウム、ビニル、コルクなどの材料は、一般にお客様を迎え入れる場所の床仕上げとしては、あまりにも礼儀を失した感じを与え、ふさわしくないと考えられています。
階段 階段の床仕上げは、耐久性があり、足元が温かく感じられ、吸音性に優れたものでなければなりません。階段が2つの大きく異なった装飾スタイルの場所を連結している場合は、段板の床の色は中間色を選ぶ方が良いでしょう。	吸音性に優れ、保温性があり、価格帯も広いことから、階段の床仕上げは、カーペットが一般的です。耐久性のある天然繊維敷き仕上げも魅力ある階段を創造し、無垢材もとても人気があります（しかし高い音が気になる場合があります）。	リノリウムは耐久性に優れていますが、他の床仕上げにくらべ足元が冷たく感じられます。ビニルの工業品的感触は、キッチンやバスルーム以外の場所では、ほとんどの装飾スタイルと合いません。	天然繊維のなかには、しばしばきめが粗すぎたり、逆に滑りやすかったりして階段には危険すぎるものがあります。硬質タイルもまた滑りやすく、階段に張り付ける場合は、階段の設計からやり直す必要がでてくる場合もあります。
ベッドルーム 足ざわりが良く、吸音性に優れていることが、ベッドルームの床仕上げに求められる最も重要な要素でしょう。耐久性やメンテナンスのしやすさという点は、他の場所ほど重要ではありませんし、部屋の面積もその他の生活空間にくらべそれほど広くありませんから、経済性よりも豪華さを優先させても良いでしょう。	カーペットや無垢材は、誰にでも好まれ、価格帯も広いことからよく選ばれています。多くの人が既成の木質床を修復したり、足元を快適にするために絨毯を敷いたりしています。本革張り仕上げは、快適さと豪華さを見事に融合させますが、費用は高くつきます。	天然繊維の床は暖かく迎え入れてくれる感じがしますが、足元がちくちくします。リノリウムやコルクを張った床は、ビニル張りの床よりも自然な感じがし、ベッドルームに似合います。化粧ハードボード張り仕上げは実用的ですが、人工的すぎる感じがする場合があります。	硬質床は、年中暑い気候の地方のベッドルームにだけ適しています。ビニル張り仕上げはあまりにも人工的すぎるように感じられ、ゴム張り仕上げは、なんとなく病院を連想させます。
バスルーム この場所の床は、滑りにくく、水濡れに強いことが必須です。足元の温かさと快適さも考慮したいものです。バスルームは通常面積が限られていますから、施工費用は他の場所ほど重要な要素ではなくなります——ということは、特に自分好みに贅沢に仕上げることができる場所の一つということになります。	しばしば、表面を滑り止め加工した磁器質タイルが、壁のタイルに合わせて用いられます。また、すぎ、ひのきなどの針葉樹の古い床板を塗装し直して張りつける人も多くいます（その場合、床板は根太の上に張り、空気の循環が確保され、湿気による腐食から守られていることが必要条件です）。ビニルやリノリウムも足ざわりが快適で、実用的です。モザイクタイル、大理石、スレートも耐水性と外観の美しさで選ばれていますが、冷たい感触を与えます。シール加工したコルクも、温かさやクッション性、メンテナンスのしやすさから広く用いられています。	カーペットもしばしば用いられますが、湿気による劣化をまねくことがあります。木質下地板の上に広葉樹木材を張りつけると、そりが生じることがあります。	一般に天然繊維敷き仕上げの床は、水濡れに弱いという欠点があります。化粧ハードボードは接着部に水が浸入すると、劣化します。テラコッタなどの表面の粗い硬質床は、足元に不安感を与え、水捌けも良くありません。硬質床は、磁器質タイルやモザイクタイルを除き、多くの場合中間階の木質下地床では荷重を支えられません。
子供部屋 子供部屋で最も大切なことは、清潔さと安全性です。子供部屋の床は、維持補修が簡単で、玩具や子供の膝にやさしい材料が求められます。	子供部屋にはカーペットがよく用いられていますが、しみが残りやすいという欠点があります。またカーペットは埃を取り込みやすく、アレルギーや喘息の原因となることもあります。掃除のしやすい、ゴム、リノリウム、ビニル、コルクなどの弾性床が最もよく適しています。化粧ハードボード張り仕上げも清潔で、弾性もあります。	無垢材張り仕上げの床は化粧ハードボードにくらべ子供の足に厳しく、棘が刺さる危険性もあります。	硬質床は子供にとっては、心が休まらず、転んだりしたときに非常に危険です。天然繊維敷き仕上げの床も、足元がちくちくし、掃除が難しく、カーペット同様に埃を取り込みやすく、アレルギーの原因になる可能性があります。

1.1

既成の下地床は荷重に耐えられますか？

床仕上げの選定に際して考慮しなければならない最も重要な要素の1つが、既成の下地床が新しい床仕上げの荷重を支えることができるかどうかという点です。土間コンクリートの下地床は、あらゆる硬質タイル張り仕上げの床に対応することができるでしょう。またマンションやビルの中間階のコンクリート床も、重量のある床仕上げ材料を支えられるだけの耐荷重のあるものでなくてはなりません。しかし木造住宅の下地床の上に、れんがや石灰岩、砂岩、スレートなどの重い材料を張り付けるときは、十分な調査が必要です（下塗りモルタルの上に張る場合は特に慎重を要します）。最近では、硬質床材は、スラブ（厚板）ではなくタイルの形で販売されていますが、それでも中間階の床に張るには荷重がかかりすぎる場合があります。下地床の耐荷重の限度内に収まるように、さらに薄く加工した床材も提供されています。例えば、ペイバー（敷きれんが）は、標準建築仕様のれんがよりもかなり薄くしたタイプのものが販売されています。建築業者に既成の下地床で建築規制を満たすかどうかを確認し、場合によっては磁器質タイルなどのより軽量の代替材料を検討しましょう。

地球環境を守る

「地球にやさしい」床仕上げを選択することは、あなたやあなたの家族のために健康的な住まいを創造することになるだけでなく、地球環境に対しても大きな相違を生みだすことになります。多くの人々が、ビニルなどの工業製品に含まれる有害な化学物質を心配し、有毒物質を含有しない床仕上げを選択しています。また自然資源の枯渇を危惧し、再生産の容易な材料、あるいは再利用が可能な材料からできた床仕上げを追求する人々もいます。製造する側も、現在では環境に配慮したものを多く生産するようになり、しかも色やデザインは、顧客の厳しい要求を満たすためこれまで以上に幅広く提供されています。以下は、環境に配慮した代替案の一例です。

木 最も環境にやさしい木製品は、古い建築物から回収してきたものを修復した硬材または軟材の板の利用でしょう。新しい木材を購入する場合は、木材商にそれが認証された再生可能資源から産出されたものかどうかを確かめましょう。また、熱帯産の広葉樹は、絶滅の危機にありますから、購入するのは止めましょう。

竹 竹は木類ではなく草類に属し、管理された畑から産出され、およそ4年で再生産されます。竹の伐採は絶滅の危機にある野生生物への脅威にはなりません。

コルク 生育中の木の樹皮から生産されるコルクは、環境を維持しながら利用できる理想的な素材です。コルクの収穫は、その木の成育を阻害するどころか、その成長を促進します。床仕上げにコルクを選択することは、存続の危機に直面している地中海沿岸のコルク林を救うことにもなります。

リノリウム ジュート繊維の裏当ての上に木粉、亜麻仁油、松脂、石灰岩の粉を混ぜたものを加熱圧着して作るリノリウムは、生物分解性で、有毒物質も排出しません。

ゴム ゴム粉を圧着させて作るゴム製品は、タイヤを粉砕して作ります。再生されたゴムカーペットの形で購入することもできますし、タイルやインターロッキング・マットの形で床に張ることもできます。9平方メートルの床仕上げ分が、タイヤ約7本分にあたります。再生ゴムは一般に運動施設ないし商業施設用として注目されていますが、現在は色も豊富になり、家庭用床材としても注目を集めています。

ビニル ビニルから排出される可能性がある有毒ガスを心配する人には、脱塩化ビニルというものが出ています。また再資源化されたポリ塩化ビニルを一定の割合（100パーセントのものまであります）含むビニルタイルも販売されています。これらは一般に、運動施設や商業施設用として用いられていますが、メーカーは、住宅用製品を開発中です。

カーペット 飲料水用のペットボトル（PET：ポリエチレンテレフタレート）を再資源化したカーペット繊維が開発されています。PET繊維の加工は、化石燃料を消費せず、窒素ガスも排出しません。36個のペットボトルから0.8平方メートルのカーペットができます。こうしてできたカーペットはしみに強く、耐久性もあります。今のところまだきめが粗いため、大半は公共的スペースで使われていますが、家庭用に向けたきめの細かいものが現在開発されています。

天然繊維 サイザル、シーグラス、ジュート、コイアなどの天然繊維の売り上げの増加は、第三世界諸国に多く生育している再生可能資源の生産を促進します。それらの製品は、生物分解性です。

ガラス 古くなったワインやビールのボトルは、現在ではガラスのフロアタイルとして再生されています。再生の過程で生まれる無数の気泡や亀裂は、床に独特の風趣を加えます。

施工費用と難易度

日曜大工で床を張ろうと決心する大きな理由の一つは、施工費用の節約ということでしょう。しかし材料費と、施工の難易度のバランスを考慮する必要があります。そうしないと、専門職人の工賃を削ったばっかりに、悲惨な床が出来上がってしまうという結果になりかねません。カーペットやビニルは、床仕上げ材料としては最も安価な部類に属しますが、ロール（広幅織り）やシートの状態で供給されるものは、取り扱いが難しく、施工も容易ではありません。カーペットはタイルの形状でも供給されていますが、品質はあまり良いとはいえません。広幅織りのカーペットは、通常施工費込みで販売されています。一方、サイズの小さいものとしては、テラコッタタイルは高価ですが、施工はどちらかといえば簡単です。メタル、大理石、御影石、ガラス、テラゾー等による床仕上げは、材料費は高く、施工も専門職人以外の人には無理です。

新しい床仕上げのための予算を見積もるときは、隠れた施工費用を計上するのを忘れないようにします。工具を新たに購入したり、借りたりする必要が出てきます。また下地調整にも費用がかかります。本石、テラコッタ、れんが、コルクなどの床仕上げには、シール加工が必要ですし、硬質床仕上げにはすべて下塗りモルタルが必要です。また水濡れの可能性のある場所には、コーキングを施す必要もあります。最初に、床仕上げの各部ごとに、必要な工具および材料をもれなく書き出し、工事を完了するために必要な施工費用を正確に見積もりましょう。

また施工後の継続的なメンテナンス費用も考慮する必要があります。木質床無垢材フローリング材料は、現在はプレフィニッシュ加工の状態で出荷されることが多く、メンテナンスは簡単ですが、未加工の板は、ワニス、オイルまたはワックスで表面仕上げをする必要があり、施工後も表面の塗装が剥げてきた場合の再塗装（ほぼ半年に1回）の費用も計算に入れておく必要があります。またテラコッタはとくに、その美しさを維持し、防水性を保つためには、定期的なワックスによるつや出しが必要となります。また自分でシール加工した硬質タイルは、定期的な防水材塗布が必要です。硬質タイルや弾性タイルの卸売業者は、専用の洗浄剤、強化剤、剥離剤などを推薦しますが、かなり高価で、必ずしも必要とは限りません。家庭用洗剤を水で薄めるだけで、たいていのタイル張り床（本革は除きます）の汚れは取ることができます。どの床仕上げにするかを決定する前に、各床仕上げの章で示してあるメンテナンスの項もよく読んで確認しておきましょう。

1.1

施工費用・難易度・メンテナンス費用の比較表

施工費用および難易度は1〜5までの相対評価（5が最も施工費用がかかり、難易度が最も高い）で示しています。施工費用については、ほとんどの床仕上げ材料が品質によって価格に大きな幅がありますから、広い数域になっています。メンテナンスの項は、維持補修のために必要とされる費用を高低で示しています。また下地床が希望する床仕上げに適合するかどうかを必ずチェックしてください（不明の場合は、建築業者あるいは請負業者にたずねましょう）。DIYは、ドゥ・イット・ユアセルフの略です。

床仕上げのタイプ	施工費用	難易度	DIYあるいはプロ	メンテナンス	推奨される下地床
硬質床					
れんが	2–3	2–3	DIY	中	コンクリート
磁器質タイル	2–4	3	DIY	低	コンクリート／木質
陶器質タイル	3–4	3	DIY	低	コンクリート
コンクリート（補修）	1	1	DIY	低	コンクリート／土
ガラス	5	5	プロ	高	メタル枠による支持
石灰岩・砂岩	4–5	4	DIY	低	コンクリート
大理石・御影石	5	5	プロ	低	コンクリート
メタル	5	5	プロ	中	コンクリート
モザイクタイル	2–4	2	DIY	低	コンクリート／木質
スレート	3–4	3	DIY	低	コンクリート
テラコッタ	3–4	3	DIY	中	コンクリート
テラゾー	5	5	プロ	低	コンクリート
弾性床					
コルク	1–3	1	DIY	低	コンクリート／木質
本革	5	2	DIY	高	コンクリート／木質
リノリウム（シート）	2–4	4	DIY／プロ	低	コンクリート／木質
リノリウム（タイル）	2–4	1	DIY	低	コンクリート／木質
ゴム	3–4	2	DIY	中	コンクリート／木質
ビニル（シート）	1–4	3	DIY／プロ	低	コンクリート／木質
ビニル（タイル）	1–4	1	DIY	低	コンクリート／木質
軟質床					
カーペット（広幅織り）	1–5	5	DIY／プロ	中	コンクリート／木質
カーペット（タイル）	1–2	1	DIY	中	コンクリート／木質
天然繊維	2–4	4	DIY／プロ	中	コンクリート／木質
木質床					
化粧ハードボード	2–3	2	DIY	低	コンクリート／木質
無垢材（浮き床）	4–5	3	DIY	低	コンクリート／木質
無垢材（接着剤張り）	4–5	4	DIY／プロ	低／中（仕上げの程度による）	コンクリート／木質
無垢材（釘打ち張り）	4–5	4	DIY／プロ	低／中（仕上げの程度による）	コンクリート／木質
無垢材（修復）	1–2	1	DIY	低／中（仕上げの程度による）	コンクリート／木質

1.2 計画・デザイン・割り付け

どの床仕上げの素材にするかが決まったら、いよいよ色とデザインを選定し、割り付けを具体的に計画する段階に入ります。どの床仕上げも色、模様ともに豊富に揃っており、同じタイプの床仕上げでも、実に多様な雰囲気を演出することができます。例えば、表面を滑らかに仕上げたビーチ（ぶな）の縁甲板を規則正しく並べると、現代的な印象が生み出されますが、漂白、着色などで古色を出したオークの縁甲板をランダムにずらして接合すると、古風な落ち着いた雰囲気が醸し出されます。インテリア関係の雑誌や本に目を通し、サンプルを見に近くの建材店を訪ね、助言を求めましょう。本書では各床仕上げごとに、具体的な工程を見ていく前に、さまざまなスタイルの床仕上げを写真で紹介し、入手可能な色やデザインに関する情報、その床仕上げが住宅全体の中で発揮する効果などについて詳しく解説していきます。

役に立つヒント

- 全体のバランスに注意しましょう：大きなタイルは、一般に広い部屋に使われるとき最も見映えがします。同様に小さなタイルは、小さな部屋に似合います（とはいえ、このルールをわざと壊して面白い効果を作り出すこともできます）。
- 他の造作との相互作用を考慮しましょう：複雑な柄の壁紙に繰り返し模様のカーペットという取り合わせは、ごてごてした感じを与えてしまう場合があります。
- 模様やフローリングを縦方向に配置すると空間を長く見せ、横方向に配置すると、部屋を広く見せますが、奥行きを浅く見せます。
- 大胆な幾何学的デザインは、部屋を整然とした感じに見せます。しかし狭い部屋をさらに狭く見せる場合があります。
- 明るい色調は、狭い部屋を広く見せる効果があり、他方、豊かな濃い色調は、より親密な空間を創造します。
- テクスチャーにこだわりましょう：粗い表面は、飾り気のない日常的な雰囲気を演出します。また、光沢のある滑らかな表面は、非現実的な洗練された雰囲気を創造します。

床仕上げの見切り

部屋のドア口が、異なった2種類の床仕上げの接合部になることが多く、そこでは色のコントラストを考慮する必要があります。異なった床仕上げどうしを、ただ単純に突き合わせるだけの形を好む人もいますが、高さ、色、タイプの異なった床仕上げを接合するための、さまざまな形状をした床見切材が用意されています。対照的な2つの床仕上げの間を接合するものとしては、単純な形の木製、金属製、プラスチック製の床見切材を釘またはねじ釘で留めるものが一般的です。床の厚さを考えて、適当な高さのものを選ぶようにします。高低差のある床どうしを接合するときは、段差を緩和するために、レデューサー（段差解消部材）と呼ばれる傾斜のついた床見切材を使います。見切材は、特に軟質床を施工するときに用います。その場合、あらかじめカーペットバー、見切材、Zバーなどを床の縁に固定し、床材を敷いた後に床材をしっかりと掴むように閉じます（p.125参照）。また階段の基底部および最上部に、見切材を使うのも良いでしょう。

現場の見取図を描く

床材を納品用に梱包した箱には、目安となる張り付け面積が表示されていますが、どれだけの量が必要かを納入業者に確認しましょう。そのために、現場の精密な見取図を描く必要があります。部屋の周囲の長さを、凹部、段、張り付け予定の造付けの家具の下の部分（例えばクローゼットの内部や脱衣所など）を描きながら測定していきます。方眼紙に縮尺を合わせて描き直し、部屋全体の面積を算出します。凹部のない単純な形の部屋の面積は、間口掛ける奥行きで計算できますが、より複雑な部屋の面積、例えばL型の部屋のような場合は、それぞれの区分ごとに面積を出していきます。

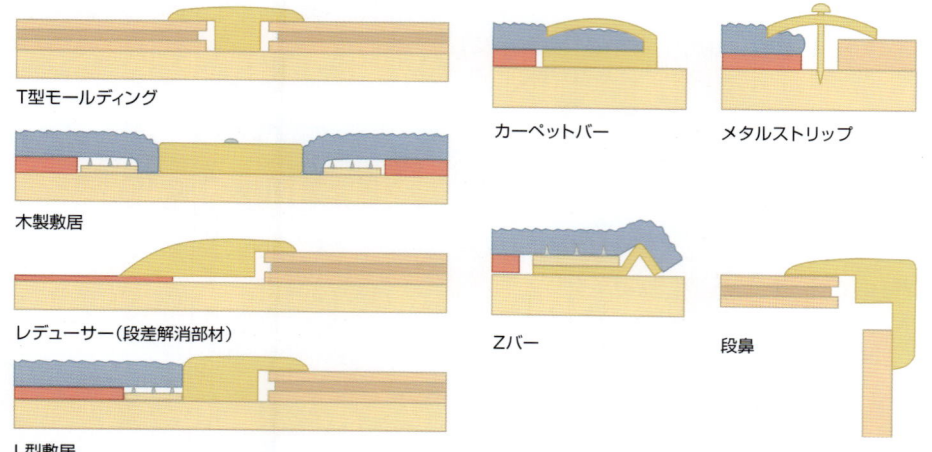

T型モールディング／木製敷居／レデューサー（段差解消部材）／L型敷居／カーペットバー／Zバー／メタルストリップ／段鼻

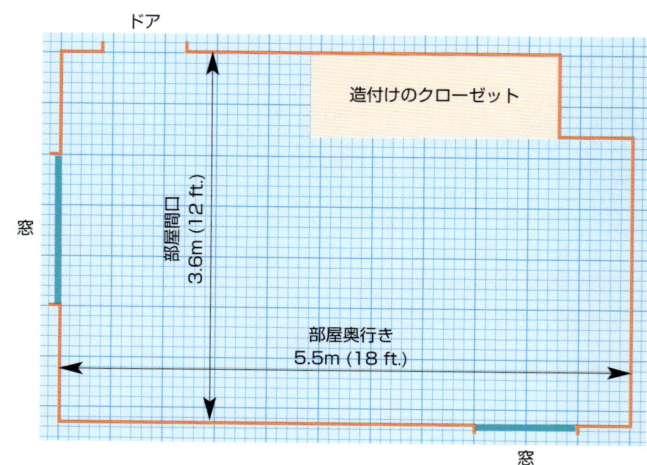

外観の比較

硬質床

コンクリート
人気が高まりつつある素材の1つです。塗料またはワックスで仕上げると、工業的な美しさを放ちます。

磁器質タイル
光沢のあるものと艶消しのものとがあり、どちらも色柄は豊富で、通常は釉薬をかけています。無地のものと模様の入ったものがあります（手描きの美しい絵の入ったものも多くあります）。

陶器質タイル
土の風合いを持つ伝統的なものから、明るい現代的なものまで多彩です。施釉、無釉どちらもあります。

テラコッタ
赤れんが色、オレンジ、ピンクが代表的な色で、色調はバラエティーに富んでいます。温かみのある素朴な雰囲気を作り出します。

モザイクタイル
輝く派手な色から抑制されたシックな色まで、種類は豊富に揃っています。超現代的にも、古典的にも、思いのままのイメージを作り出すことができます。

スレート
どの色のものも、ドラマチックな雰囲気を演出します。暗緑色、灰色、紫色などがあります。非常に狭い部分に張られ、とてもエレガントな雰囲気を出している例が多く見られます。

石灰岩・砂岩
白色から黒色に近いものまで、色は豊富に揃っていますが、ほんのりとした温かみのある蜂蜜色が一般的です。洗練された現代的雰囲気を出したいときは、目地を狭くとり、素朴な感じを出したいときは広く取ります。

れんが
今風で非日常的な感覚を生み出します。カントリーな雰囲気も、工業的雰囲気も出すことができます。

大理石・御影石
光沢があり、豪華で、古典的な趣きがあります。石目模様もバラエティーに富んでいます。

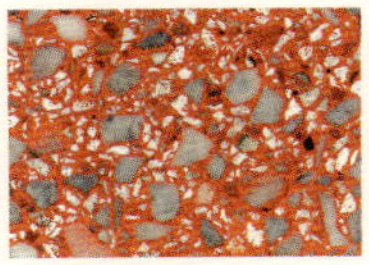

テラゾー
大理石や御影石の砕片をコンクリートまたは樹脂で固めたものです。優美で現代的な雰囲気を醸し出します。

メタル
工業的、流線的な感じを演出し、非常に現代的です。

ガラス
優れてスタイリッシュな印象を生み出し、現代的な感覚に透明性を加味します。

弾性床

ビニル
色、柄、模様ともに非常に豊富で、どんな床にもピッタリ合うものが必ず用意されています。無垢材や硬質床を模写したものが多くを占めていますが、似ているという点では化粧ハードボードの方がまさっているようです。

コルク
色の幅は広がっていますが、普通は、蜂蜜色からマホガニー色まで、温かい感じの褐色系です。

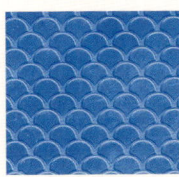
リノリウム
多くの色、柄、模様のものが製造されており、大理石に似た効果を演出できるものもあります。ビニルほどには人工的に見えません。特別にオリジナルの模様を誂えてもらうこともできます。

ゴム
明るい色のものが豊富に揃えられており、質感を出すための表面の押し型の種類も豊富です。現代的、工業的なイメージを演出するのに適しています。

本革
ていねいにワックス掛けした豊かな深い色合いは、比類のないものです。デザイン的には、色よりもタイルの形状の方に重点を置いて選択されています。

軟質床

カーペット
滑らかな現代的なものから、パイル（毛房）の長い豪華なもの、きめの粗いカジュアルなものまで好みに合わせて選ぶことができます。色や柄も豊富に揃っています。カーペットタイルも創造力を刺激します。

天然繊維
荒々しい質感が独特の豊かさを演出します。褐色系、緑色系、藍色系、どれも自然な風合いで目を楽しませてくれます。

木質床

無垢材
使われる木の種類は、非常に豊富です。純白に近いものから深い黒褐色のものまで、色の幅も無限です。素朴な感じあるいは洗練された感じ、伝統的なものあるいは現代的なもの、仕上げによってどんな表情でも演出することができます。安価な軟材でもステインやワニスを施すと、見違えるほど美しくなります。

化粧ハードボード
無垢材と見間違うほどの風格を出すことができるという点でビニルと異なり、よく用いられています。硬質床を模したものも多く生産されています。化粧ハードボードの清潔な外観は、インテリアに明るさを加えます。

計画・デザイン・割り付け

1.2

ロールやシートの幅を計算する

　カーペット、天然繊維、ビニル、リノリウムなどは、必要な長さでカットしてもらうことができますが、幅は限定されています。継ぎ目を避けるために、実際に必要な幅よりも広いものを購入するようにします。最大幅のものよりも部屋の幅が広いときは、その部分をカバーするために、その広さ分長めに購入し、切断して継ぎ合わせます。継ぎ目は、なるべく人が頻繁に通る場所、目につきやすい場所は避けるように計画します。ビニルやリノリウムのシートの場合は、継ぎ合わせる両側にそれぞれ2.5cmの継ぎしろをとり、カーペットや天然繊維の場合はそれぞれ7.5cmとります。また部屋の周縁部にはそれぞれ約5cm余裕をもたせておき、最後にカットするようにします。

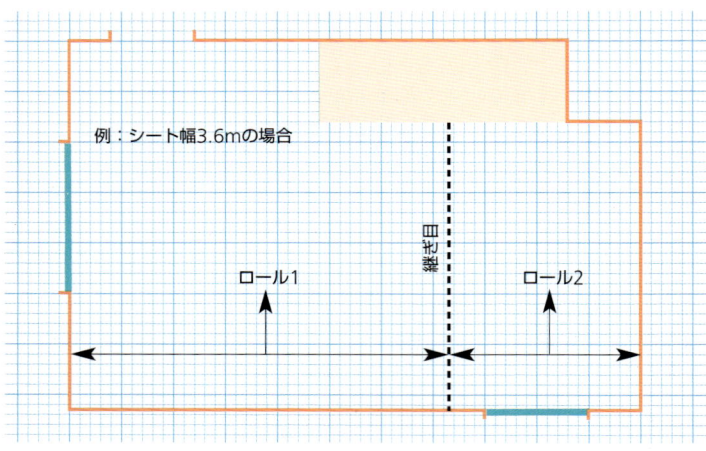

床の割り付け

　床の割り付けをするとき、直線に近い方の壁の線をスタートラインにしたいと考えるでしょうが、カーペットやビニル、天然繊維のようなシート状の床材を張るときは、まさしくそこから始めるのが良い方法です。しかし無垢材やれんがを割り付ける場合は、まず最初に完璧に真っ直ぐな基準線を、チョークラインまたは水糸で作る必要があります。一方、タイルは必ず部屋の中央から割り付けていきます。

4分割法

この方法はどのような種類のタイルを割り付けるときにも有効です。ランニングボンド（馬踏み目地）のような破れ目地で割り付ける場合は、交差したチョークラインの一方の軸に沿って割り付けていきます。

壁の4辺を計測し、それぞれの中点に目印をつけます。向かい合う中点どうしを結んでチョークラインを引き、部屋の中心を通る十字を作ります。

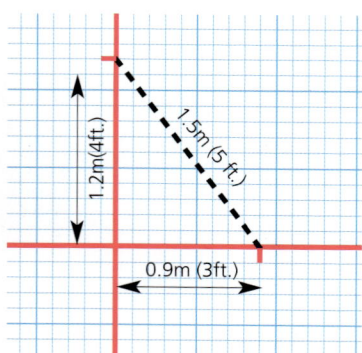

交差した線が、本当に垂直に交わっているかどうかを確かめます。一方の軸に交点から1.2mのところに印をつけ、もう一方の軸に同じく交点から0.9mのところに印をつけます。2つの点を結んだ直線の長さが正確に1.5mであれば、2本の線は正しく垂直に交わっています。そうでない場合は、もう一度ラインを引きなおします。

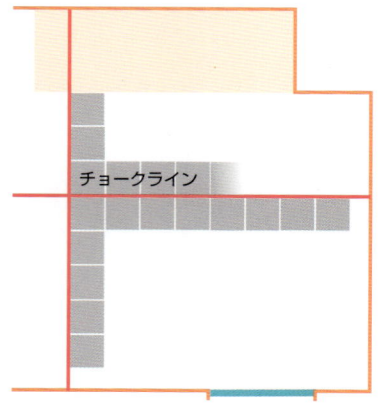

実際にタイルを張り付ける前に、予行演習として床全体に仮敷きします。まず始めに、中心から壁に向かって、4方向に1列ずつタイルを並べていきます。その場合、眠り目地にするとき以外は、必ず目地用のスペーサーを入れるようにします。

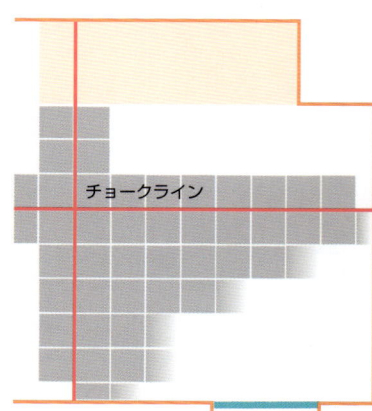

壁際まで到達したとき、タイル1枚分の幅よりも狭い隙間が空いているはずですが、その幅が左右、あるいは上下で異なっている場合、あるいはその隙間がタイル半分の幅よりも狭くなっている場合は、どちらの端にもタイル半分以下の隙間がなく、対称的に見えるところまでチョークラインをずらします。それから床の割り付けを完成させていきます。中央の交叉した所から始め、4分割した面をそれぞれ中央から壁に向かって割り付けていきます。

タイルの必要枚数

タイルの必要枚数を計算するとき、床の総面積を1枚のタイルの面積で割り算するというのが最も単純な計算の仕方でしょう。しかしこの方法では、目地の幅が計算に入っていません。目地幅は通常最大2cmまでの大きさで取ります。また周縁部のタイルのカットする部分の面積も計算に入っていません。周縁部のタイルは必ず2分の1以上の幅になっていなければなりませんから、カットした残りの部分はすべて廃棄することになります。方眼紙上にタイルと目地を線引きし、周縁部のカットしなければならないタイルが、すべて2分の1以上の幅で同一の大きさになるように計画します。タイルは一焼き分（バッチ）ごとに外見が違いますから、購入するときは必ず全量をまとめて購入するようにします（すべての梱包に同じバッチナンバーがついていることを必ず確認します）。また少なくとも全量の5パーセントは余分に購入しておきます。

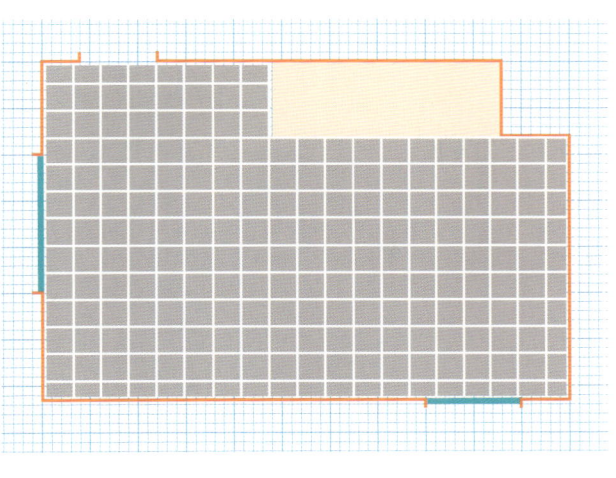

複雑な割り付け計画

タイルやれんがを割り付けるとき、ボーダー（縁取り）やストライプ（縞模様）を入れたり、対照的な色のタイルを市松模様に配列するなど、より複雑な割り付けをしたいと思うことでしょう。れんが張り仕上げの場合は、ランニングボンド（馬踏み目地）やヘリングボーン（矢筈模様）、バスケットウィーブ（籠織り模様）などの破れ目地を使うのが普通です。またモザイクタイルもしばしば多彩で複雑な模様で割り付けられます（慣れないうちは、単純なデザインから始めましょう）。方眼紙に部屋の縮図を描き、色を塗りわけながら正確な割り付け図を作成し、種類の違うタイルを購入するとき、そして実際に割り付けるとき、その割り付け図を見ながら確認します。

直線法

無垢材または化粧ハードボードの割り付けをする場合は、部屋の中心点を出す必要はありません。長い方の壁に平行に、板の幅1枚分プラス伸縮目地（1.25cm）プラスさねはぎ継ぎの幅（さねはぎ継ぎを取り除いた場合を除く）の合計の長さだけ離れた線をチョークラインで引きます。釘打ちタイプの板の場合は、雄実（おざね）を部屋内側に向けて張っていきますから、この場合は単純に壁から1.25cm離れた平行な線をチョークラインで引きます。壁が直線になっていない場合は、直角定規を使い、角から適切な距離離れて直線を引き、その線を直定規を使い壁に沿って真っ直ぐ伸ばします。次に、その線を基準にしてチョークラインを引きます。真っ直ぐに引かれた基本線から張っていきますから、当然板は整然と並列に床を被っていきます。壁面の歪みのため端に隙間が生じる場合がありますが、そのときは後から飼木や細長く切断した木片で埋めるか、モールディングで押さえるかして目立たなくすることができます。

割り付け図で、最後の板の幅が狭すぎていないかどうかを確かめます。もし狭すぎるようでしたら、両側に同じ幅だけカットした板がくるように割り付けをやり直します。れんが張り仕上げの場合は、長い方の直線の壁に沿って水糸を張り、スタートラインと基本の高さを定めます。この場合も同じように、片側に狭すぎるれんがの帯ができないようにします。

ボーダー法

対照的な色柄ののタイルや、デザインカットタイルでボーダー（縁取り）を入れたいときは、ボーダーの位置がタイルのカット幅を指定するような方法で割り付けを行います。この場合基本となる中心点は、壁から測った中心ではなく、ボーダーから測った中心とします。まず部屋の4辺から必要とされる距離を取ってチョークラインを引き、ボーダーラインを決めます。次に、前ページの4分割法同様に、そのボーダーラインから中心点を求めます。

役に立つヒント
必ずタイルを床全体に仮敷きし、全体的外観を確かめる時間を持ちましょう。そして施工本番前に必要な調整（色合い、厚さなど）を行うようにします。

対角線法

タイルを対角線状に張りたいときは、部屋の中心を通る対角線上にチョークラインを引き、十字を作ります。直角定規を使い、正しく直角になっているかどうかを確かめ、4分割法同様に端のタイルのカットする幅が同じになるように調整します。

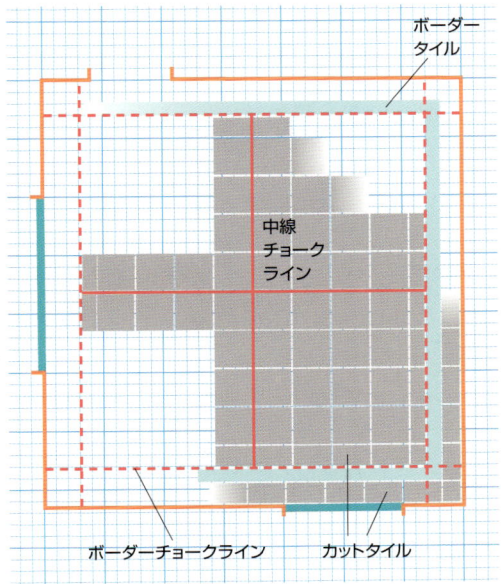

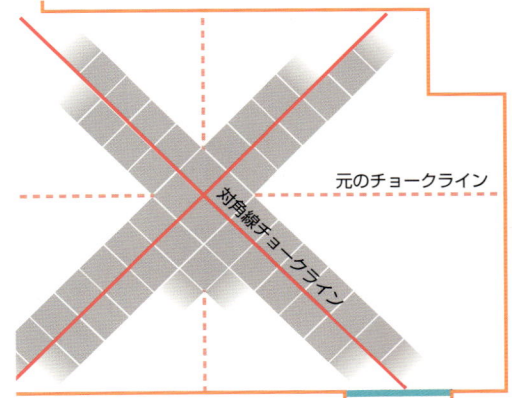

1.3 工具と材料

床仕上げに際して基本工具である程度のことはできますが、本格的に仕上げるためには、床仕上げ用の特殊な工具を購入する必要があります。電動カッター、電動サンダー、湿度計、リノリウムローラー、加熱溶接器、カーペット用シーミングアイロンなどの高価な工具は、建材店や工具店からレンタルすることができます。

基本工具

ユーティリティナイフ、巻尺、ドライバーセット、ハンマー、釘抜きハンマー、プライヤー、マスキングテープ、ダックテープ、鉛筆、水性マーカー、これらの工具はすでに工具箱に入っていることと思います。床仕上げの基本工具としては、さらに以下のものが必要になります。

チョークライン チョーク粉を含んだ撚糸の先にフックがついているもので、床の上にその糸を張り、指ではじくと真っ直ぐな直線が引けます。

大工用水準器 アルコール水準器を内蔵した木製または金属製のバーで、水平を確かめるときに使用します。バーの長さが長いほど精度が高くなりますので、1.2mくらいのものを購入しましょう。それよりも短いものは、直定規の上に置いて使うと良いでしょう。

直定規 1mないし2mの長さのもので、直線が真っ直ぐかどうかを確かめたり、点と点を結んだり、水準器と組み合わせて水平を確かめたりします。目盛り付きのものが便利です。もし手元にない場合は、幅木などの真っ直ぐに仕上げられた木材で代用します。

直角定規 2本の直定規を直角に固定したもので、垂直・直角を確認したり、長さを測ったりするときに使います。

鏝 下塗りモルタルや接着剤を延ばすときは、3mmのくし目鏝を使用します。くし目の深さは種々ありますが、3mmのものがあれば、よほど薄く延ばすとき以外はたいていの場合に使えます。

ペイントローラーおよび刷毛 ペイントローラーを使い、シーラント(防水剤)を塗布したり、接着剤を薄く延ばしたりします。ペイント用刷毛はシーラントを目地に詰めたり、無垢材の仕上げ塗装をしたりするときに使います。6mmと1.25cm幅のものが2本あれば十分です。

ゴムハンマー 硬質タイルをしっかりと下塗りモルタルや接着剤の中に埋め込むときに使います。

冷たがね れんがを割ったり、既存の床仕上げを剥がしたりするときにハンマーで叩いて使います。

スペーサー タイルスペーサーにはプラスチック製のものとゴム製のものがあり、1.5mmから1.25cmまで、目地幅に応じて各種あります。タイルとタイルの間に入れ込み、目地の幅を一定にするために使います。自分で合板や包装用帯から作ることもできます。ウッドスペーサーは1.25cmの楔形をしたもので、床周縁部の伸縮目地を確保するために用います。

その他の工具

床仕上げの各工程に必要な特殊工具は、以下のとおりです。

下地調整

バール 既存の床仕上げを剥がしたり、モールディングや幅木を除去するときに使います。

スクレイパー 既存の床表面に付着している接着剤などの被覆を剥がすときに使います。

湿度計 現場の湿度を測るときに使います。

石工鏝 下地調整材やモルタルを平滑に延ばすときに使います。

ドア枠用電動鋸 ドア下端を切除するときに使用します。

硬質床張り

硬質床材料をカットする工具が多く用意されています。それらについては「硬質タイルのカット」の項(p.26-27参照)で詳しく見ていきます。その他の工具としては以下のものが必要です。

れんが鏝・石工鏝・目地鏝 れんが鏝や石工鏝は、モルタルを混ぜ合わせたり延ばしたりするときに使います。目地鏝は目地にモルタルを詰め込むときに使います。

目地用ゴム鏝 目地材をタイルの上に載せ、目地に詰め込むときに使います。

コーキングガン コーキング材の詰まったカートリッジを装着するもので、床と壁・設備との接合部に防水用コーキング材を充填するときに使います。

弾性床張り

リノリウムナイフ リノリウムなどの厚い弾性床材をカットするときに用います。曲線状の刃に特徴があり、ユーティリティナイフの刃よりも鋭い切れ味を持っています。ユーティリティナイフ装着用のリノリウム用替刃もあります。

加熱溶接機 熱溶接コイルというリノリウムの細い紐をシートの継ぎ目に溶かし込んで溶接するものです。経験の浅い人は使用を避けた方が無難です。

リノリウムローラー 弾性床材と下地床の間の気泡を除去し、接着剤に密着させるために用います。使用前に必ず完全にローラーの汚れを拭き取っておきます。

安全保護具

工具や材料のなかには危険を伴うものもありますから、安全保護具の用意を怠らないようにします。使用上の注意には必ず従うようにしましょう。

厚ゴム手袋 下地調整材、接着剤、シーラント、ワニスなどの材料から手を保護するために使います。

防護メガネ 電動工具を使用したり、既存のタイルを剥がしたりするときに飛散する破片から目を防護します。

イヤープロテクター 電動工具を使用しているときに耳を保護します。

フェイスマスク 電動鋸を使用したり、下地調整材などの材料を扱うときに生じる埃や臭気の吸入を防ぎます。

木質床張り

細目手挽き鋸・電動丸鋸・木工ビット 無垢材および化粧ハードボードの切断には、細目のはがね鋸を使用します。携帯型電動丸鋸を使えばすばやく切断することができます。木工ビットは、電動ドリルに装着しパイプ穴を開けるときに使います。

タッピングブロック 床板をはめ込むときに、角が傷まないようにこのブロックの上からハンマーでやさしく叩きます。

タッピングバー 狭い場所に床板をきっちりとはめ込むときに使用します。

エアー釘打ち機 床板に釘を打ち込むときに使用します。取り扱いには注意が必要です。

釘締め 釘の頭を材中に打ち込むときに使います。

ホイールサンダー, ミニサンダー 部屋の中央部の研磨にはホイールサンダーを使い、周縁部はミニサンダーを使います。粗目、細目、極細目を使い分けます。手で研磨する場合は、サンドペーパーをウッドブロックに巻いて使います。

軟質床敷き詰め

金切りバサミ(スニップ) グリッパーのカットに使います。

ステープルガン 木質下地床にフェルトを張るときに使います。

カーペット用ハサミ ループパイル・カーペットをカットするときに使います。

シーミングアイロン 2枚のカーペットを接合するときに、継ぎ目にカーペット用溶接テープをおき、それをこのアイロンで溶かし溶接します。

ニーキッカー カーペットなどの軟質床材をピンと張るとき、この器具を膝で蹴るようにして使用します。

ステール カーペットや天然繊維をグリッパーに抱き込ませるようにして留めるときに使う工具です。

1.3

材料

新しく購入した床仕上げ材料には、通常なんらかの保証がついています。しかし、どのような接着剤を使うべきかといった、補助材料に関する製造元の注意事項を無視した使い方をすると、その保証が無効になる場合があります。梱包の表に印刷してある推奨する製品を購入し、使用上の注意を守った使い方をするようにしましょう。本書では、補助材料についての使用上のガイドライン——例えば、接着剤の塗布の厚さなど——を示していますが、それと製造元の使用上の注意事項とを照らし合わせて見る必要があります。納入業者が適した材料を紹介してくれる場合もあります。すべての材料について、製造元が指定するものを購入する必要はありません——洗剤や強化剤など、何でも特別なものが必要というわけではありません——が、指定されたもの以外の材料を使用するときは、よく保証書を確認する必要があります。

下地

下地調整材 コンクリートの表面を平滑にするために塗布します。液状ラテックスとラテックス粉末が同梱されていますので、それらを指示に従って調合します。下地床の上に無垢材張り仕上げをするとき、あるいはフェルトを敷いてその上に軟質材を張るときは、コンクリート表面の状態が非常に悪い場合を除き、必要ありません。

マリン合板 平滑で強固な木質下地床を作ります。6mm厚のマリン合板が適しています(場合によっては2cm厚のものが必要)。無垢材張り仕上げや、軟質床仕上げ用にフェルトを敷く場合は、必ずしも必要というわけではありません。マリン合板は、基本的にはすでに防水加工済みになっているはずですが、用心のため再度施工前に、水で希釈したPVA(ポリ酢酸ビニルエマルジョン)接着剤を塗布しておきます。マリン合板が入手できない場合は、エクステリア対応の合板で代用することができます。

セメント下地板 セメントとグラスファイバーで作った薄板で、硬質タイルのための平滑な下地床として木質下地床の上に敷かれます。水で希釈したPVA接着剤を塗布したマリン合板も同様の強固な下地になります(施工はこちらの方が簡単です)。

フォーム(発泡)下地材 無垢材浮き床仕上げや化粧ハードボード張り仕上げの下地として、不陸の修正、弾性の追加、耐用年数の長期化のために用いられます。防水用シートを更にその上に敷かなくて良いように、防水コーティングを施しているものもあります。

ポリエチレンシートおよび液状防湿材(DPM) 床材を湿気から守るための下地床の防水対策として用いられます。

吸音パネル 硬質の繊維板と高密度圧縮フォームを組み合わせた製品で、合板の代わりに下地床の上に直接敷きます。硬質で平滑な表面を作り出すだけでなく、熱および音を遮断し、防火性能も高まります。

軟質床用フェルト 通常ポリウレタンフォーム、ポリウレタン、ゴム、繊維を張り合わせたものから作られています。メーカーは最近かなり軽量のものを開発しています。納入業者に、購入する軟質床材に適したフェルトを推薦してもらいましょう。

接着剤

必ず製造元の指示に従いましょう。硬質タイル用接着剤のなかには、各種タイルに共通して使用できるものもありますが、弾性床材のための接着剤は、概してそれぞれ特殊なものを使うようになっています。また木質床や種々の弾性床についても、接着剤が指定される場合があります。施工場所によって使うものが違ってくる場合もありますから、納入業者に相談しましょう。接着剤はさまざまな状態で販売されていますが、調合済みのものが使いやすいでしょう。

モルタル

れんが仕上げの下塗りとして、また一部の硬質タイル用接着剤の代用として用いられます。調合モルタルに水を加え、均質なクリーム状になるまで撹拌します。液体ラテックスを加えることで、弾性を高めることもできます(バケツ半量のモルタルに半カップ加えます)。

シーラント(防水材)

無釉タイルの上やすべての床仕上げの目地には、しみおよび防水対策としてシール加工をしなければなりません。納入業者に最適なシーラントを推薦してもらいましょう。マリン合板には、下地床として施工する前に希釈したPVA接着剤(白色の接着剤を1対2の割合で希釈したもの)を塗布し、防水性能を強化します。

目地材

タイルを固定し、床の防水を確保するためのものです。種類が豊富にありますから、納入業者に現場に合ったものを推薦してもらいましょう。弾性と防水性に優れたものが最上の目地材ということができます。色も各種揃っていますから、使用するタイルに合わせた色を選ぶことができます。

コーキング材

床と壁や設備の基部との接合部分など、特別な防水加工が必要な場所に用います。カートリッジの形で販売されており、それをコーキングガンに装着して使用します。色も各種揃っています。

接合材

カーペットを接合するときは、継ぎ目にカーペット用溶接テープを貼り、特殊なアイロンで熱します。リノリウムを接合するときは、熱溶接コイルを継ぎ目に溶かし込みます。

1.4 現場の下準備

新しい床材料を張り付ける前には、当然現場を適正に整える必要があります。既存の床仕上げを撤去し、必要ならば下地床の補修、補強、不陸の矯正を行います。防水・防湿加工を施したり、フェルトや下地板を張る必要があるかもしれません。また特殊に、音を遮断するための吸音パネルや、延焼防止のための不燃パネルを下地に使いたいと考える人もいるかもしれません。無垢材や化粧ハードボードを張る場合は、モールディングや幅木を一度取り外し、伸縮目地をカバーするために再度取り付ける必要があります。また、ビニルやリノリウムを張るときも、それらを一度取り外し、張り付け後に再度取り付ける方が、納まり良く出来上がる場合もあります。新しく張った床仕上げが、既存のものよりも高くなる場合は、ドアおよびドア枠の下端を切除する必要がでてきます。

木質下地床の上に張る場合

多くの部屋が、特に中間階の部屋は、木質下地床の揚げ床になっています。既存の床仕上げを剥がした後は、下地板の状態を点検します。隙間ができている、撓んでいる、腐っている、などの不具合が見つかったときは、傷んだ板を新しい板と取り替えます（p.116-117参照）。

マリン合板による下地調整

6mmまたは2cm厚のマリン合板で下地板を補強し、新しい床仕上げのための堅固で平滑な下地を作ることを推奨します。すでに合板が張ってある場合は、それが新しく張る予定の床材に適した厚さのものであるかどうかを確かめます（各床仕上げの章で推奨される厚さを確認のこと）。最初に合板を一度剥がし、下地板を点検し、必要ならばサンダーで平滑にします。浮き上がっている釘やねじ釘は、新しい床仕上げに突起を作る場合がありますから、取り除きます。合板のへこみ部分は、下地調整材で平滑にし（次ページ参照）、完全に水平になっていることを水準器で確認します。

合板を新しく購入する場合は、材木卸商に頼んで正確な薄板サイズ（1.2×0.6m）にカットしてもらいます。釘やねじ釘は、下地板の下に敷設してあるパイプやケーブルを損傷する場合がありますから、下地板プラス合板の厚さ以上の長さのものを使わないようにします。

ステップ2
長い方の壁側から釘またはねじ釘で化粧ハードボードを張っていきます。合板の4辺のまわりは釘頭中心の間隔を15cm、それ以外の場所は25cmの間隔で打っていきます。合板と合板はしっかりと突き合わせますが、その接合部が下地床板の接合部と重ならないようにします。部屋の周縁部は、戸口の切れ込みや、その他の突出物に合わせて、丸鋸でカットします。

ステップ1
PVA接着剤をバケツに入れ水と混合します（接着剤1に対して水2の割合です）。それを合板の下地板に接する面に塗布します。約3時間乾かします。これで防水性能が格段に向上します。

ステップ3
水準器と直定規を使って合板が水平に張られていることを確かめます。釘あるいはねじ釘の突き出た釘頭は、釘締めで材中に打ち込みます。最後にすべての隙間を下地調整材で埋めます。

吸音パネルの施工
遮音性に優れ、床仕上げのための特別に平滑で堅牢な下地を作る吸音パネルを、合板の代わりに下地板の上に張ることができます。吸音パネルは合板よりも厚くなっていますから、ドア下端を切除する必要がないかどうかを確認し、必要ならば床を張る前に切除しておきます。各メーカーによって施工方法が異なっていますので、納入業者のアドバイスを求め、製品の仕様書に正しく従うようにしましょう。

1.4

既存床の撤去

既存の広葉樹または硬質タイルでできた床の上に、新しく床材を張ることは可能（それが堅固で湿気を帯びていないという条件のもとで）ですが、許容できないほどに床の高さを上げてしまう可能性があります。既存のタイルを剥がさずに、その上に新しい床材を張るときは、下地調整材を3㎜厚で塗り、表面を平滑にします。既存の軟質床材および弾性床材は、そのまま新しい床材の下に放置しておくと腐朽していくことが予想されますので、必ず撤去します（アスベストを含んでいる疑いがある時は、専門業者に依頼しましょう）。弾性床材や軟質床材は、ユーティリティナイフで細く帯状にカットし、必要ならばスクレイパーを使い剥がしていきます。グリッパーは、バールを使って取りはずします。硬質タイルは、冷たがねとハンマーを使い細かく砕くか、スペイドやスクレイパーを使って剥がします（防護メガネをつけること）。硬質タイルとマリン合板が接着されていて、それらを同時に取り除く必要がでてくる場合もあります。その場合は、丸鋸の刃先を硬質タイルの厚さプラスマリン合板の厚さにセットし、下地板までカットしないように注意します。まず冷たがねとハンマーで、硬質タイルに丸鋸の通り道を切り開いていきます。

監注
日本ではアスベストを含有する床材の輸入・製造等は2004年10月1日から禁止されました。それ以前は、労働安全衛生法でアスベスト含有建材は①アスベストが1％を超えて含まれる建材（1995年4月〜2004年9月）、②アスベストが5％を超えて含まれる建材（1995年3月まで）と定義され、これらのアスベスト含有建材に対して、定められた表示を行うことが義務付けられていました。使用が疑われる床仕上げの撤去は、専門業者に依頼しましょう。

コンクリート下地の打設

古い家屋の1階の床を張り替えるとき、土間コンクリートがまったく敷かれてない場合があります。そのときは、土間コンクリートを打設することから始めなければなりません（p.21参照）。また、それがひどく損傷している場合は、それを補修した後に下地調整材を塗布します。本革張り仕上げや無垢材釘打ち仕上げにする場合は、水で希釈したPVA接着剤を使って防水加工を施した（前ページ参照）2cm厚のマリン合板を、指定の接着剤を使い指示された乾燥時間を取りながら、コンクリートの上に張り付けます。すべての工程で、必ず湿度を点検します。

下地調整材の塗布

コンクリートの上にタイル張り仕上げを行う場合、あるいはフェルトなしに軟質床を張る場合、また既存のコンクリート下地に不陸がある場合、下地調整材と呼ばれる液体ラテックスとラテックス粉末を混合したものをコンクリートの上に塗布します。混合するときも、塗布するときも、必ずフェイスマスク、ゴム手袋、防護メガネを装着するようにします。また強い臭気がありますから、窓を開けておきます。製造元の指示に従ってバケツに必要量を入れ、粉が完全に混ざるまで攪拌し、ダマのない滑らかなペースト状にします。

ステップ1
コンクリート下地の表面の埃を、掃除機または箒でていねいに除去します。水を含ませた布で拭きあげ、乾くまで待ちます。下地調整材を3㎜の厚さになるようにバケツから注ぎ出します。入り口から最も遠い場所から始め、ドアの方に後ずさりしてきます。

ステップ2
石工鏝で下地調整材表面を平らに均します。通常乾くのに24時間くらいかかりますが、必ず完全に乾いたことを確認して、床材を張るようにします。

湿気対策

建材店で入手できる防湿材には、ポリエチレンシートと液状防湿材があり、どちらもコンクリート下地床や木質下地床の上に直接処置します。中間階の床は、上がってくる湿気に影響を受けない場合が多く、必ずしも防湿対策は必要ではありませんが、床材の製造元の保証が無効になるのを避けるために、無垢材張り仕上げや化粧ハードボード張り仕上げの下には、できるだけ防湿対策を施しておくことを推奨します。

新しい床仕上げを張る前に、コンクリート下地の含水率を計測することは、きわめて重要です。特に古い家屋の場合、防湿処理を施さないまま、土間に直接コンクリートを打設している場合があります。床の含水率は、建材店からレンタルした湿度計で計測することができます。それ以外の方法としては、コンクリート床の上に重いフライパンを一晩置いておきます。フライパンの下に黒いしみができている場合は、湿気がある証拠です。また別の簡単な方法としては、一辺30cmほどの正方形の透明なビニルを床に張り付け、一晩そのままにしておきます。床に湿気があると、翌朝ビニルの上に露滴が溜まっています。

湿度計

ステップ1
湿気があることがわかったら、次の工程に移る前にポリエチレンシート（防水対策に適したもの）、または液状防湿材で防湿対策を施します。シートの接合部は少なくとも5cm重なるように取り、その上をダックテープで押さえます。

ステップ2
少なくとも2.5cm壁の上に被さるくらいにしておき、最後にユーティリティナイフで不必要な部分をカットします。液状防湿材は、ペイントローラーで簡単に延ばせます。2時間ほど乾燥させ、その上に他の下地を張り付けていきます。

1.4 幅木とモールディングの除去

幅木とモールディングを取りはずすのは、3つの理由からです。第1は、ビニールやリノリウムなどの薄い床仕上げの納まりを良くするために、後で再度取り付けるためです（タイルの場合は、部屋の縁に合わせてカットして張り付けますから、ほとんどの人が、幅木やモールディングを取りはずすときに生じる壁の損傷を避けるために、そのままにしておく方を選びます）。第2は、無垢材や化粧ハードボードのフローリングのための伸縮目地（1.25cm）を隠すために、再度取り付ける必要があるからです。第3は、浮き床の無垢材または化粧ハードボードを下方に押さえる働きをするからです。壁を損傷せずに幅木を取りはずすのはかなり難しいため、そのままにしておき、伸縮目地をモールディングで隠すようにすることもできます。

ステップ1
バールや冷たがねを梃子のように使いながら、モールディングや幅木を取りはずします。傷をつけないように注意します（新しい床に合わせて新品と取り替える場合を除いて）。

ステップ2
幅木やモールディングを、接着剤または仕上げ釘（前の釘穴をそのまま使います）で、元の場所に取り付けます。新しい床が以前よりも高くなっている場合は、下端を手挽き鋸でカットする必要が出てくるかもしれません。新品の幅木やモールディングを取り付ける場合は、それらを手挽き鋸でカットし、接着剤または仕上げ釘を使い、幅木は壁に、そしてモールディングは幅木に固定します。

難易度
●○○○○

コンクリートの小さな亀裂や穴を埋めることはそれほど難しくありません。ただし、モルタルで補修した表面が、必ず他の部分と水平になるように注意します。

コンクリート下地床の補修

亀裂や穴の多くあいたコンクリート下地床は、放置したまま下地調整材を塗布したりせずに、補修することを推奨します。調合済みの補修用モルタルが建材店で販売されています。

重要事項
- ほとんどの亀裂は表面的なものですが、深い裂け目や、長い亀裂が部屋を横断しているような場合には、専門業者に見てもらいましょう。
- 冷たがねで裂け目を開くときは、防護メガネと厚手袋を装着します。下地調整材を扱うときは、フェイスマスク、厚手袋、防護メガネを装着するようにします。

工具箱
1. 冷たがね
2. ハンマー
3. ペイント用刷毛（亀裂の大きさに合ったもの）
4. 目地鏝
5. 飼い木

材料
6. 調合モルタル
7. PVA接着剤
8. 下地調整材

ステップ1
冷たがねを裂け目に60度の角度で当て、ハンマーで強く叩きます。裂け目を開き、モルタルの接着を良くします。

ステップ2
PVA接着剤（白色接着剤のもの）を、接着剤1に対して水2の割合で（製造元の指示があるときは、それに従います）希釈したものを、ペイント用刷毛で裂け目に下塗りしていきます。こうすることによって、モルタルが裂け目の表面に固着しやすくなります。

ステップ3
調合モルタルの中に希釈したPVA接着剤を混ぜ入れ、均質なクリーム状になるまで混ぜ合わせます。放置しておくと混合物がバケツの中で固まるおそれがありますから、施工前30分以内に混錬します。バケツ半分を目安に作ります。

ドア下端の切除

新しい床仕上げが以前の床よりも高くなる場合、ドア下端を切除しなければならなくなる場合があります。新しい床の施工中に出入りに苦労することがないように、この作業は最初に行います。ドアの下に新しい床仕上げを仮置きし、それに3mmの隙間分を加え、その高さでドアおよびドア枠に印をつけます。ドアの蝶番をはずし、ユーティリティナイフで線を引き、電動丸鋸または手挽き鋸で切断します。ドア枠も同じ高さで、手挽き鋸あるいはドア枠用電動鋸で切断します。ドアを再度固定するときは、大きなねじ回しのような楔形になったものをドアの下に置き、その上にドアを預け、その状態で蝶番に2本、ピンを差し込みます。

床暖房

床全体を巨大な放熱板にするという考えは、とても魅力的です。特に、本石タイル張り仕上げの見映えのする豪華さと、足元の快適さを同時に手に入れたいときに、この考えは活かされます。床暖房は、床下にパイプ網または電熱線マットを敷く形で施工されます。特別な施工費用がかかりますが、熱効率が良く、施工後の光熱費は通常の暖房に比べ約25パーセントの節約になると推定されています。現在どのような床仕上げでも床暖房は可能ですが、検討してみたいと考える人は、メーカーに問い合わせ確認しましょう。

コンクリート直仕上げ

工業的な美観を出すために、着色コンクリート仕上げをしたいと考えるときは、仕上げは下地調整材ではなく、セメントで行います。調合セメントに水を加え、均質なクリーム状になるまで攪拌します。石工鏝を使い、コンクリートの上に3mmの厚さで平滑に塗り付けます。下塗り用シーラーを多めに塗布し、一晩乾燥させます。次に、床用塗料で塗装していきます（色は豊富に用意されています）。一塗りごとに、一晩乾燥させます。最後に液体ワックスをペイントローラーで塗布し、布で磨きます（電動床用ポリッシャーを使うこともできます）。最初1部分だけを磨いて光沢を確かめ、次に全体を仕上げます。

ステップ4
目地鏝で裂け目にモルタルを詰め込みます。鏝の縁を使い、床表面の高さと合わせます。モルタルが乾く前に、余分なものをきれいに取り除きます。少なくとも3時間、そのままの状態で乾燥させます。

ステップ5
大きな裂け目を塞ぐ場合は、水平に均すために飼い木を使います（ステップ4の目地鏝よりも適しています）。自分の方に引き寄せるように飼い木を端から端まで動かします。十分乾燥させた後、箒または掃除機で表面の埃や破片を取り除き、下地調整材で仕上げます。

コンクリート下地床の打設

場合によっては、特に古い家屋をリフォームするときなど、コンクリート下地床から新たに仕上げる必要があります。表面の泥を除去し、防水のためにポリエチレンシートを張ります（p.19参照）。下地床の仕上げ高さに水糸を張ります。高さはまちまちですが、コンクリートの平均の厚さは10cmです。一輪車に調合コンクリートと水を入れ、ショベルで混ぜ合わせ、固練りにします。部屋の奥から始めますが、1回に約1.65㎡分のコンクリートを注ぎ出し、打設していきます。目地鏝を使い均一な厚さに延ばし、その上を水で濡らした石工鏝で平滑に均します。入り口の方に後ずさりしながら打ち込んでいきますが、このとき、水準器を使い水平を確かめながら進めていきます。床材を張る前に、十分乾燥させる時間を取ります。少なくとも28日（2.5cmの厚さに1週間の割合です）、無垢材または化粧ハードボード張り仕上げの場合は60日くらい乾燥させる必要があります。その後含水率計や、フライパン法（p.19参照）を使って乾燥を確認します。湿気が残存していないことが確認されたら、下地調整材を塗布し、仕上げます（p.19参照）。

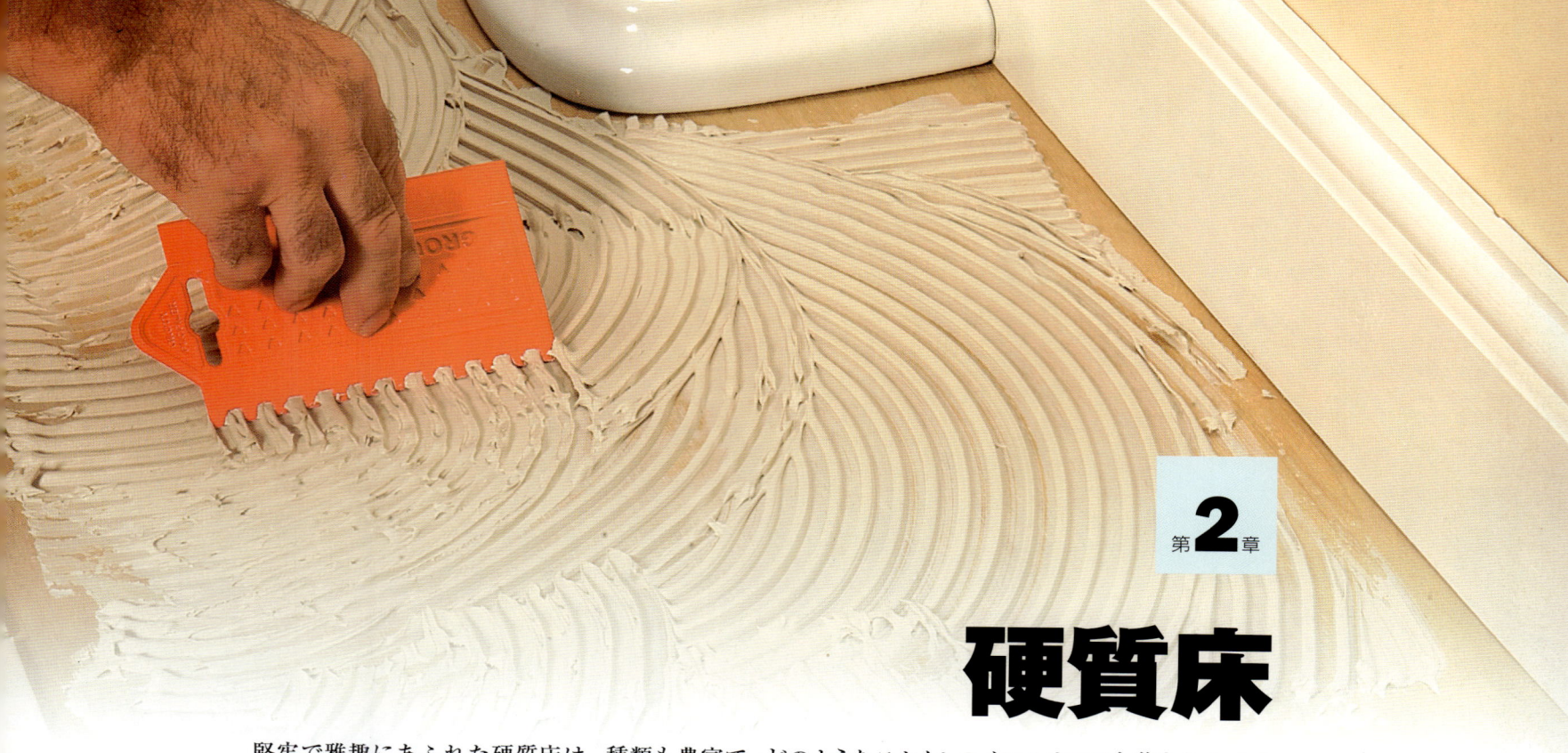

第2章

硬質床

　堅牢で雅趣にあふれた硬質床は、種類も豊富で、どのようなスタイルのインテリアでも惹きたたせます。アンティークなテラコッタは、田舎風のキッチンや親しみのある濃密な空間を創造しますし、機械切りのスレートは、都会の住宅に幻想的な魅力を加えます。硬質床はどれもみな強烈な印象を生み出しますが、施工は意外と簡単です（とはいえ、砂岩や石灰岩などの重量のある本石タイルは、カットしたり張り付けたりするのは、アマチュアには無理でしょう）。専門職人以外の人でも仕上げることができる硬質床の中で、おそらく最もよく利用されているものが、磁器質タイルでしょう。輝きに満ちた美しさを演出する現代的な色柄のものが豊富に揃っています。最高に洗練された美を追及する人なら、やはり大理石、御影石、テラゾー、メタル、そしてガラスの床仕上げを望むことでしょう。これらの床を仕上げるのは、アマチュアには難しすぎますから、予算を無駄にしないように最初から専門職人に依頼することをお薦めします。

2.1 硬質床の施工

石灰岩、スレート、れんがなど、ほとんどの硬質床仕上げに共通する特徴は、重量がとても大きくなるということです。そのため、既存の下地床がその荷重に耐えられるかどうかを確認することが、非常に重要です。硬質床材は、カットが難しく、ほとんどの場合目地をもうけ、シール加工をしなければならないため（施釉の磁器質タイルの場合でも、目地のシール加工は不可欠です）、他の床仕上げにくらべ複雑で手間がかかります。

既存の下地床は適していますか？

通常1階の下地床は、コンクリートを打ってあるか、コンクリートの上にさらに板張りを施しているかしており、どのような硬質床仕上げにも耐えられるようになっているはずです。中間階の床は、たいていは木質下地床になっており、重い硬質床材の荷重には耐えられないでしょう。しかしマンション中間階の床は、コンクリートの下地床になっており、通常かなりの重量に耐えられるようになっています。自分で判断せず、施工業者にアドバイスを求めましょう。

硬質タイルを木質下地板に直接張り付けると、木の伸縮により仕上げ面に亀裂が生じることがありますから、絶対に避けます。水で希釈したPVA接着剤で防水処理した6mm厚のマリン合板は、タイルのための堅固な下地となることができます。またセメント下地板を使う方を好む施工業者もいます。このパネルは、コンクリートとガラス繊維でできており、タイル用接着剤またはねじ釘で下地板張りの上に張ります。接合は交互にずらして行い、下地板張りの接合箇所と重ならないようにします。パネルとパネルの間は3mm、また壁との取り合いには6mmの隙間を設け、その部分に接着剤を埋め込みます。次に接着剤のなかに浸したグラスファイバーテープでパネルの接合部を密封します。

硬質床仕上げのための技法

硬質タイルは色調、サイズ、厚さが微妙に違っていますから、まず材料をよく見て選びます。張り付け前に必ず床全体に仮敷きし、全体的な印象を確かめます。わずかですが色や形がまわりのタイルと異なり、浮き上がって見えるようなタイルが必ず出てきますから、それらの位置を交換しながら割り付けを完成させていきます。また幾何学的な、あるいは直線的な模様、さらには繰り返しパターンなども仮敷きして印象を確かめます。まず方眼紙に見取図を描き、デザインを入れながら割り付け図を作成します（p.12-15参照）。ボーダーや対照的な色形のタイルを組み込みたいときは、ボーダー法（p.15参照）にしたがって割り付けていきます。

硬質タイル用接着剤

接着剤それともモルタル？

接着剤は調合されて販売されており、必要な量だけを容器から取り出して使うことができるという点で、モルタルよりも使いやすいでしょう。モルタルは、バケツの中で水と練り合わせなければなりませんし、接着剤よりも早く固まり、また下地板張りの上に使用することも推奨できません（モルタルは木を腐朽させる場合があります）。しかしモルタルは接着剤よりも費用が安く、扱いに自信がある人なら手早く調合することもできます。モルタルは、大きな重量のある本石タイルやれんがに適しており、かなりの枚数の大きなタイルでも、対応することができます。接着剤は、このようなもの以外の材料に適しています。あなたの現場と、あなたが選んだタイルに最も適した接合材料を納入業者に推薦してもらいましょう。

調合モルタル

接着剤を延ばす

ステップ1

接着剤を購入すると、プラスチック製のスプレッダーがついてきます。また、接着剤用には3mmのくし目鏝を、そしてモルタルには石工鏝あるいはれんが鏝を使うこともできます。1時間以内に張り付ける量を超えて接着剤やモルタルを延ばさないようにします。そうしないと、そのまま固着してしまいます。

役に立つヒント

薄いタイルを厚いタイルと同じ高さに張り付けるには、その部位の接着剤またはモルタルを厚めにするというのが他のどんな方法よりも簡単な方法です。そのため、まず厚いタイルから張り付け、それに合わせるようにして薄いタイルを張り付けていきます。

ステップ2

スプレッダーまたは鏝の、くし目の入ってない側で、張り付け場所に接着剤またはモルタルを延ばします。

ステップ3

接着剤を延ばすときは、最後に鏝またはスプレッダーのくし目のついた方でくし目を付けていきます。モルタルの場合はくし目をつけず、平滑に延ばします。タイルの厚さの違いは、接着剤またはモルタルの厚さで調整します。

目地割り・目地詰め

硬質タイルを張り付けるときには、通常目地を設け、目地材を詰め込みます。これは、タイルがずれないようにし、床の防水を確保するためでもありますが、同時に、ほとんどの本石タイルの形状が一定でなく、隙間なしにピッタリと接合させることが不可能であるという理由からでもあります。目地幅は、仕上げの印象をどのようにするかによって変わってきます。通常、最小目地幅は3mmで、磁器質タイルのようなモダンなタイルで緻密な現代的雰囲気を出したいときに用います。一方テラコッタのようにデザイン的にそれほど緻密でないものは、最大で2cm目地幅を取る場合もあります。しかし目地幅をあまり広く取りすぎると、目地に亀裂が入るおそれがあります。砂岩や石灰岩は、望む効果やタイルの形状に応じて、ピッタリと接合する場合もあれば、ゆるやかに張り付ける場合もあります。ほとんどの硬質タイルは、6mmから1.25cmの目地幅が必要です。しかし、れんがの場合は、しばしば眠り目地の突き付けで張り付けられます。床と壁の取り合いには、かならず最低3mmの伸縮目地を設けておきます。

床仕上げの経験を積んだ人のなかには、目測で目地割りを行う人もいます。特にあまり動く心配のない重いタイルの場合そうするかもしれません。しかしそうでない人は、タイルを仮敷きするときに、目地幅を一定に保ちタイルのずれを防ぐために、スペーサーを使うことをお薦めします。1.5mmから1.25cmまでの大きさのプラスチック製スペーサーが販売されていますが、板をカットしたりタイルを梱包していた帯を裂いて、自分で作ることもできます。

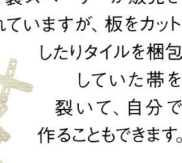
プラスチック・タイルスペーサー

ステップ1
タイルの接着剤やモルタルが適度に固まったことを確認して（接着剤の場合は一晩、モルタルの場合は少なくとも3時間はおきます）、目地詰めを行います。調合済みの防水性に優れた、柔軟性のある目地材を使います。小さなバケツに目地材を入れ、水を加えながら、均質なクリーム状にします。バケツの中で固まるのを防ぐために、0.5リットル位ずつ作るようにします（慣れてくれば多めに作ることも可能です）。本石やれんがを張るときは、目地用モルタルを使います。

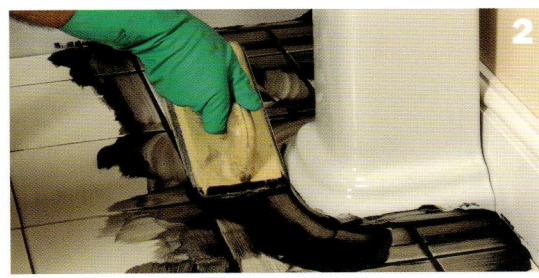

ステップ2
目地用ゴム鏝を使い、目地材をしっかりと目地に詰め込んでいきます──目地幅が狭いほど、きっちりと詰め込むのが難しくなります。表面に残った目地材がそのままタイルに付着するのを防ぐために、湿らせた布またはスポンジで拭き取ります。そのときせっかく目地に詰めた目地材まで引き出すことがないように、拭き取りは一回でさっと行うようにします。

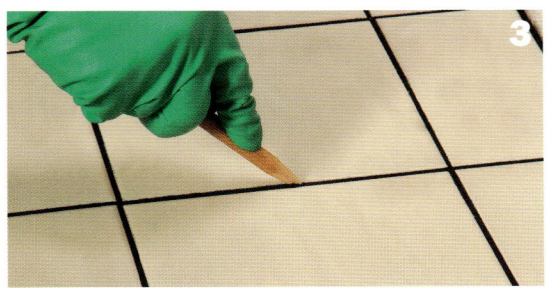

ステップ3
直径1.25cmくらいのだぼを使い、目地に沿って目地材を押さえつけていきます。こうすることによって、仕上がりが美しくなり、水洗いする時の水捌けが良くなります。もう一度タイル表面に残った目地材を湿った布またはスポンジできれいに拭き取ります。

ステップ4
キッチン、バスルームなど水濡れの可能性のある床のタイル張り仕上げの場合は、床と壁との取り合いをコーキングガンを使いコーキングする必要があります。しかしれんがの場合は、その部位もモルタルで目地詰めする方が見た時の印象が良いでしょう。

タイルのシール加工

硬質タイルには、釉薬を施したもの（施釉）と、そうでないもの（無釉）があります。陶器質タイルは両方ありますが、磁器質タイルとモザイクタイルは、通常施釉です。テラコッタ、本石、スレートの各タイプのタイルは、一般に無釉です。無釉・多孔質のタイルは、こぼした液体がタイル表面に浸透するのを防ぐために必ずシール加工をしなければなりません（スレートは防水性に優れていますから、通常シール加工する必要はありません）。釉薬はいかなる液体も透過させませんから、施釉タイル自体はシール加工する必要はありませんが、どのような場合でも目地には特別なシール加工を施す必要があります。モザイクタイルは、目地が細かく分断されていますから、後でシール加工するのはかなりの手間がかかります。そのため、特に防水性に優れた目地材を使うようにします。

ステップ1
シール加工を始める前に、床全体を掃除機や箒で清掃します。また表面の埃を、湿らせたきれいな布で拭き取ります。

ステップ2
ペイントローラーを使い、シーラントを一定の方向に、一度に長いスパンで塗っていきます（乾燥時間は周囲の温度およびタイルや目地の有孔の程度によって変わります）。

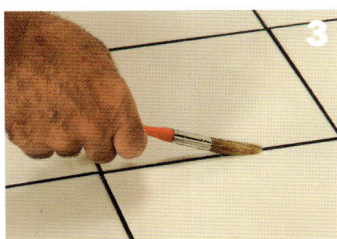

ステップ3
施釉タイルの場合は、シーラントはペイント用刷毛（1.25cm幅）を使い、目地だけに塗っていきます。シーラントをタイルの上に滴下させないようにし、滴下した場合はすみやかにきれいな布で拭き取ります。

2.2 硬質タイルのカット

タイルがちょうど良い具合にピッタリと部屋に納まるという場合はほとんどありません。たいていは、部屋の周縁部に当たる部分のタイルはカットしなければなりません。大きく高価なタイルを割り付けるときは、できるだけ廃棄物として捨てる部分が少なくなるように、カットする部分を正確に計算することが大切です。磁器質タイルやモザイクタイルのように、タイルカッターやタイルニッパーで簡単に切断できる硬質タイルもありますが、スレート、陶器質、石灰岩、砂岩などの硬質タイルは、切断するのが難しく、部屋の角、パイプ、種々の穴の形に合わせるためには、強力な電動工具が必要になります。タイルカッター、タイルニッパー、アングルグラインダーなどの工具は、それ程高価なものではありませんし、また建材店、工具レンタルショップ、タイル専門店などでレンタルすることもできます。カットのためにタイルに直線を引いたり、切り込み線を入れたりするときは、直定規や金尺を使い、端を直角に正す場合は、直角定規を使います。カットした後の切り口を研磨するときは、タイルやすりや、粗いサンドペーパーを巻き付けたウッドブロックを使います。破片のタイルの切り口で擦っても滑らかにすることができます。

重要事項
- 電動工具を使用するときは、フェイスマスク、防護メガネ、イヤープロテクターを装着しましょう。
- タイルをカットするときは、バイスやクランプなどの締め具を使い、タイルが動かないようにしっかりと固定します。

切断用工具の使用法

押し割りタイルカッター
ノギス、切り込み線用カッター、押し割りレバーが一体となった工具で、磁器質タイルを割るときに使います。タイルを固定した後、カッターを適度に押さえ真っ直ぐ上から下に引き、切り込み線を入れます。次に、切り込み線を入れたタイルの端をタイル割りの部分に挟み込み、しっかりとレバーを押さえつけて割ります。

ダイヤモンド・ホイールカッター
スレート、陶器質、石灰岩、砂岩などの非常に硬いタイルを何枚も切断する場合は、ダイヤモンド・ホイールカッターをレンタルすることをお薦めします。これはタイルカットソーを機械化したもので、ディスク状の刃を水で冷却しながら使うものです（水は粘性が出ないように頻繁に取り替えます）。カーブやコーナーのカットにはアングルグラインダーも必要になります。

アングルグラインダー
石材用カッティングディスクを取り付けたアングルグラインダーは、陶器質、テラコッタ、スレート、石灰岩、砂岩などのタイルかられんがまで、コーナーや曲線をカットするのに最も適しています。印をつけた線に沿ってゆっくりとていねいに動かしていきます。最初に不用な破片で練習しましょう。

ダイヤモンドカッター・冷たがね・ハンマー
スレートやテラコッタだけでなく、れんがも、ダイヤモンドカッターと冷たがねでカットすることができます。タイルあるいはれんがの表面に、ダイヤモンドカッターで切り込み線を入れ、冷たがねとハンマーでそれを割ります。最初に不用な破片で練習しましょう。

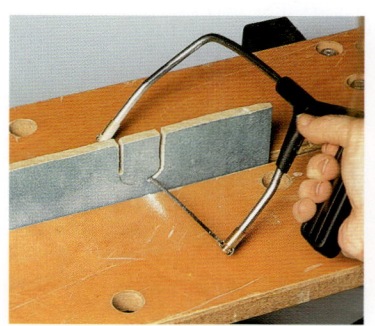

ハンドタイルソー
磁器質タイルは、タイル用糸鋸ともいうべきハンドタイルソーを使ってカットすることもできます。特にカットする枚数が少ないときには簡単で便利です。しかし枚数が多いときは、時間がかかりすぎると感じられるかもしれません。メタルフレームのものの方が、やや高価になりますが、プラスチックフレームのものよりも変形しにくいでしょう。また手持ちの弓鋸にタイル用替刃をつけて使うこともできます。

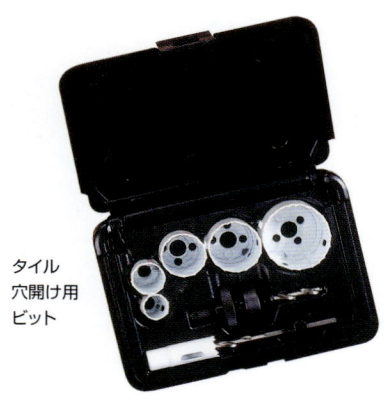

タイル穴開け用ビット

ドリルおよび石工用ビット
パイプの周囲や壁との接合部の入り組んだ曲線は、電動ドリルに石工用ビットを装着して使うと良いでしょう。除去したい部分をドリルで削り、そのあとを半丸やすりで滑らかにします。また磁器質タイル用に設計されたタイル穴開け用ビットも販売されており、これを使うとやすりを掛ける必要はありません。最初にタイルに必要な大きさの穴をあけ、その穴の中心を通る線でタイルを分割し、パイプを挟むようにして張り付けます。

周縁部のタイルのカット

タイルは実際に張り付ける前に、必ず仮敷きをするようにします。そしてこの段階で、周縁部に当たるタイルをカットします。仮敷きをして壁際に到達したら、最後の1枚の上に、重ねてもう1枚タイルを置き、そのまま壁に当たるまでずらします。そのタイルと壁の間にスペーサーを入れ、壁との間の目地を確保します。上のタイルの手前側の端の線に平行に、さらにスペーサーの厚みを加えた線を下のタイルに引きます（こうして手前側の目地を確保します）。下のタイルを取り出し、いま引いた線に沿ってカットすると、それが縁のタイルになります。別の方法としては、単純に残りのスペースの幅を測り、それから2つの目地分を引き算し、その幅でタイルに線を引きカットラインとする方法もあります。直角定規を使い正確な線を引くようにします。

役に立つヒント
硬質タイルをカットするときは、不用になる部分を鉛筆やフェルトペンで影をつけるようにしておきます。こうすることによって、誤って使用する部分まで切り込んでしまう失敗を回避することができます。

タイルニッパー（食いきり）
磁器質タイルをパイプ用の穴などの入り組んだ線でカットしたいとき、またモザイクタイルを割るとき、タイルニッパーが役に立ちます。L字型にカットしたいときは、タイルカッターで切り込み線を入れ、次にそれをすぐに割るのではなく、ニッパーを使いながら線と線の間を食いきるように取り除いていきます。曲線に沿ってカットするときは、フェルトペンで曲線を引き、次に曲線の両端を結ぶ直線に切り込み線を入れ、通常と同じように割ります。そして残りの曲線部をタイルニッパーで食いきるように取り除いていきます。

コーナータイルのカット

ステップ1
コーナータイルのカットは、1枚のタイルを真っ直ぐな線で2回カットすれば出来上がりです。最初のカットは、周縁部のタイルのカット（上記「周縁部のタイルのカット」参照）と同様にします。

ステップ2
カットしたタイルをもう一度床に戻し、その上に別のタイルを重ね、同じようにそれを壁に突き当たるまでずらします。その端の線に目地の厚みを加えた線が第2の切断線になります（上記「周縁部のタイルのカット」参照）。

型紙を使う

厚紙などを使って、パイプや入り組んだ角の形を型紙に取り、それをなぞるようにしてタイルに線を引くこともできます。つぎに、その線に沿って、ニッパー、タイルソー、アングルグラインダーを使ってカットします。

ステップ1
縁のスペースの大きさに厚紙をカットします。その紙をスペースの上に置き、パイプの中心に当たる部分に印をつけます。

ステップ2
印をつけた点から直角に、厚紙を折りたたみます。折りたたんだ線がパイプの側方と接するように紙を置き、今度はパイプの壁から最も遠い部分に印をつけます。こうしてパイプの外径の大きさが出ます。

ステップ3
紙を開き、折りたたみ線上を、中心につけた印からパイプの直径に合わせた印まで切り込みを入れます。次にパイプの側面に当たる点から中心点に向かって、パイプの形状にしたがってハサミを入れます。

ステップ4
型紙に合わせてタイルの上に線を引きます（無釉タイルの場合は鉛筆を、施釉タイルの場合は、フェルトペンを使います）。形に合わせてタイルをカットし、その部分に敷きます。

2.3 磁器質・陶器質タイル

性能チェック
(*低 **中 ***高)
- メンテナンスのしやすさ***
- 耐水性***
- 耐磨耗性***
- 保温性*
- 遮音性*

豊富な色、柄、形がそろっている磁器質・陶器質タイルは、デザイン的に多様な演出をすることができ、伝統的な様式にも、現代的な様式にも合わせることができます。どちらも焼成して人工的に作り出された「石」ですが、陶器は粘土を、そして磁器は陶石を粉砕した粉を原料としており、焼成温度も違います。磁器質タイルは陶器質タイルよりも軽く小さめで、より精密で洗練された効果を出すのに適しており、他方陶器質タイルは、素朴な親しみやすい印象を生み出します。どちらも耐久性に優れていますが、冷たい触感があります（気温の低い地域では床暖房にすることができます）。またどちらも、テラコッタなどの他の焼成タイルほど多孔質ではないため、メンテナンスもそれほど面倒ではありません。

一般に磁器質タイルは施釉で、陶器質タイルもほとんどが施釉です。そのため、無釉タイルの場合と違って、タイル本体にシール加工する必要がなく、施工が楽です（しかし目地には必ずシール加工する必要があります）。どちらも耐水性に優れているため、陶器質タイルはキッチンの床用として人気が高く、また磁器質タイルはバスルームによく用いられています。さらに磁器質タイルは、他の硬質タイルと違い、中間階の木質下地床でも十分耐えられる重量内で張ることができるため、多層階のバスルームには欠かせないものです。床タイルに合わせて、壁も磁器質タイルで仕上げることができます。また、特に床用に生産されたノンスリップの磁器質タイルも販売されています。一般に磁器質タイルの方が、陶器質タイルよりも安価ですが、耐久性という点から考えると、両方とも経済的ということができます。

磁器質タイルを現代的に細い目地で正確に張り合わせることは、かなり難易度が高く、精度の高い施工技術が必要とされます。目

磁器質・陶器質タイル張り仕上げのデザイン

磁器質タイルは、あらゆる硬質タイルの中で最もデザインの幅が広いものです。アーストーン（茶褐色系の深みのある暖色）から最も明度の高い3原色まで、また艶消しから眩いくらいの仕上げまで、さらには形状も、さまざまなサイズの正方形、矩形から、八角形、三角形、菱形などバラエティーに富んでいます。サイズと形状を組み合わせれば、自在にデザインを生み出すことができます。小さなタイルをパターン化してボーダーにしたり、1枚のタイルの角ごとに菱形や正方形のタイルをインセットし（嵌め込んで）、床全体に強い格子模様を作り出したり等々。精緻に整列した光沢のある磁器質タイルは、一般に現代的インテリアに似合うと考えられていますが、それ以外の雰囲気も演出することができるということも知っておいてください。艶消しの色むらのあるタイルをアンティーク風のパターンで張り付けると、19世紀の雰囲気を出すことができます。高価にはなりますが、自分の好みに合わせてタイルを1枚1枚ハンドメイドしてもらうこともできます。

陶器質タイルは通常アーストーンをしており、触った感じも磁器質タイルよりも粗い感じがします。しかし光沢のあるもの、また鮮烈な色のものも製造されています。伝統的な真四角のタイルは、昔風のキッチンを美しく見映えのするものにしますが、さまざまなサイズのタイルを均整のとれた模様で組み合わせると、洗練された現代的な感覚も演出することができます。

上：これらの磁器質タイル仕上げの現代的な床は、19世紀の象嵌タイルの幾何学的模様を再現したものです。このような装飾性の高いタイルの本物は、ヴィクトリア朝様式の住宅やアメリカの古い富裕階級の住宅に残されています。

右：2つのサイズの正方形のタイルと矩形のタイルを組み合わせて、格子模様が作られています。タイルの落ち着いた色が、模様が強くなりすぎるのを防いでいます。

上：バスルームは住宅の中でも最も狭い場所の1つです。ですから思い切ったデザインを試すことが可能です。鮮烈な色の磁器質タイルを使って大胆な試みをしてみてはどうですか？

地を真っ直ぐ通すために、スペーサーを使ったり、あるいは「スペーサー付き」（タイル周囲に突起部があり、自動的に目地幅が確保されるもの）磁器質タイルも販売されています。また磁器質タイルで床を仕上げる場合は、特に入念に下地床を平滑にし、水平を確保する必要があります。陶器質タイルも緻密に張り付ける場合もありますが、こちらはやはり少しゆるやかな仕上げの方が似合います（そのため磁器質タイルよりも施工が楽ですが、こちらの方が硬質でカットが難しくなります）。

磁器質・陶器質タイルのメンテナンス

定期的に箒または掃除機で清掃します。希釈した家庭用洗剤で湿らせたモップで表面の埃を拭き取ります。金属製のブラシは、表面に傷を残すことがありますから、強く擦る必要が生じた場合は、ナイロンまたは天然の剛毛のブラシを使うようにします。自分でタイルにシール加工を施した場合は、半年から1年に1度の間隔で上塗りをします。

長所
- 非常に耐久性に優れている。
- メンテナンスが容易。
- 耐水性に優れている（ただし適正にシール加工されている場合）。
- 色、柄ともに豊富。
- 特にキッチン、バスルーム、廊下に適す。

短所
- 足元が冷たく、硬く感じられる。
- 移送中および施工中にタイルが割れることがある。

左：最も高価になりますが、磁器質タイルも陶器質タイルも、手描きのものを誂えてもらうことができます。御予算に応じて、世界に1つしかない床を仕上げてみてはどうでしょうか？

上：コントラストの強いインセットタイルを使い、1つの模様の中に別の模様を組み合わせています。

2.3

左：スレートタイルの外観を持たせた磁器質タイルです。これ以外にも、石灰岩、砂岩などを模したものが製造されています。本石よりも施工が簡単で、本石の雰囲気を出したいが扱うのはまだ自信がないという人に最適な床材です。

右：白い磁器質タイルの角に、黒のインセットタイルを嵌め込んだ古典的な様式です。どんな時代にも、決して流行遅れになることはありません。

左：色、形、質感の異なったタイルを自由気ままに配列することによって、1枚の抽象画が床の上に描かれているようです。

右：赤いタイルに白い目地の組み合わせが、錯綜した配列の妙味を浮き立たせ、伝統的な赤の陶器質タイルを現代的にしています。茶色や黒の目地にすれば、より抑えた、昔風の温かい雰囲気を出すことができます。

30　硬質床

2.4 磁器質・陶器質タイル張り仕上げ

難易度 ●●●○○

磁器質タイルは、他の硬質タイルにくらべ、軽く、取り扱いも比較的簡単ですが、施工には正確さが要求されます。陶器質タイルはそれよりも重量があり、硬く、カットもしにくくなります。しかし、目地はある程度ゆるやかなものにすることもできます。

工具箱
1. チョークライン
2. タイルスペーサー
3. マスキングテープ
4. タイルカッター、タイルソー、タイルニッパー（以上磁器質タイル用）
5. アングルグラインダー、ダイヤモンド・ホイールカッター（以上陶器質タイル用）
6. 石工用ビット、半丸やすり
7. 3mmくし目鏝
8. ゴムハンマー
9. 水準器
10. 直定規
11. プライヤー
12. 目地用ゴム鏝
13. だぼ／目地棒
14. 清潔な布／スポンジ
15. 1.25cmペイント用刷毛／ペイントローラー
16. コーキングガン（水を使う場所）
17. 掃除機／先の柔らかい箒またはブラシ

材料
18. 磁器質／陶器質床用タイル
19. 厚紙／工作用紙
20. 磁器質／陶器質床タイル用接着剤
21. 目地材
22. タイル用シーラント
23. コーキング材（水を使う場所）

磁器質・陶器質タイルの張り付けを始める前に、既存の床仕上げをていねいに剥がし、下地床を清潔、平滑にします。コンクリート下地床の場合は、下地調整材を塗布して水平を確保します。また木質下地床の場合は、その上から6mmのマリン合板をPVA接着剤で張り付けます（施工の詳細はp.18-21参照）。床見取図を描き、タイルの枚数を算出します。特殊なデザインを入れる場合は、それも正確に描き入れて、不釣り合いのないレイアウトを作成します（p.12-15参照）。目地通しを良くするため、スペーサーを使うようにします。特に磁器質タイルは、細い精緻な目地が決め手ですから、必ず使用するようにします。周囲に突起のついた「スペーサー付き」磁器質タイルも販売されています。厚い陶器質タイルを張り付けるときは、短いプラスチック製のスペーサーを使うよりも、合板や厚紙を細く切って自分で作製したスペーサーを使う方が便利な場合もあります。

重要事項
- 現場の下地調整をしっかりと行います（p.18-21参照）。特に磁器質タイルの場合は、下地床を堅固にする必要があります。
- 全量を同質のもので統一し、後で買い足すことがないように、材料は補修分も含めて一括して購入しておきます。
- 納入業者に助言を求め、メーカーの指示書に従った使い方をします。
- 安全には十分配慮します。接着剤、シーラント、目地材、コーキング材を使用するときは、厚手のゴム手袋を用い、部屋の換気に十分注意します。電動工具を使うときは、マスク、防護メガネ、イヤープロテクターを装着します。タイルをカットするときは、タイルを留め具でしっかりと固定します。

磁器質・陶器質タイルの施工

タイルの下準備

色や形状をみながらタイルの順番を並べ替え、部屋のまわりに取りやすいように重ねておきます。タイルを扱うとき、特に磁器質タイルの場合は、割れやすいので注意します。まず最初に、部屋の中心で直交する2本の線をチョークラインで引きます。「床の割り付け」の項の要領で作業を進め、4分割法によって調整します（p.14参照）。対照的な色柄のタイルでボーダーを作りたいときは、最初にその部分から仮敷きします（p.15参照）。

ステップ1
最終的なチョークラインに沿ってタイルを仮敷きしていきます。タイルを密に並べていきますが、磁器質タイルの場合は3mm以下の目地しかとりません。タイルの間にスペーサーを入れ、マスキングテープで互いを留めます。チョークラインの間のスペースを、中心から壁に向かって仮敷きしていき、部屋の周縁に当たる部分以外はすべて割り付けします。

ステップ2
周縁部に当たるタイルをカットします（p.26-27参照）。そのとき壁との取り合い部分にも3mmの目地を設けるのを忘れないようにします。パイプ、穴、角等の複雑な形状の部分は、厚紙や工作用紙を使って型紙を作製します（p.27参照）。磁器質タイルは、タイルカッターやタイルソーを使ってカットし、曲線はタイルニッパーを使います。陶器質タイルはアングルグラインダーやダイヤモンド・ホイールカッターを使ってカットします。穴を開けるときは、石工用ビットを使い、半丸やすりで滑らかにします。

2.4

ステップ3
仮敷きが終わり、全体の印象に満足できたら、部屋の入り口から一番遠い場所のタイルを10枚取り除きます。少量の接着剤を床の上に注ぎ出し、くし目鏝（なければ接着剤についてきたプラスチック製のスプレッダー）で、浅いくし目を入れながら延ばしていきます。その部分全体に約6mmの厚さで接着剤がむらなく行き渡るように作業を続けます。

ステップ5
同様にして、1度に10枚のタイルを取り除きながら作業を進めます。接着剤は固まりやすいので、1時間以内に張る分ずつ注ぎ出すようにします。新しく張ったタイルの上を足で踏んだり、膝を載せたりしないように注意します。タイルについた余分な接着剤は、1回ごとに湿らせた布かスポンジで拭き取ります。

ステップ7
目地材を詰めていきます。1回につき0.5リットルの量を使用するようにします。接着材のときと同様に、部屋の角から始めます。目地材を目地の上に注ぎ出し、目地用ゴム鏝を使い、均等に押さえていきます。鏝の先を60度の角度で傾け、目地材が完全に詰まるまで押し下げます。このとき目地材がくまなく入り込むように、目地の上を8の字を描くように動かしていきます。

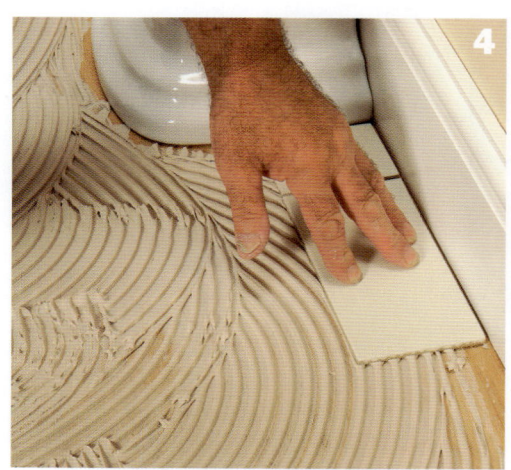

ステップ4
壁際から手前に向かってタイルを張り付けていきます。仮敷きのときと同様に、スペーサーを挟み入れておきます。タイルを接着剤の上に置くとき、接着を良くするために、少しひねりを加えます。その後、下の空気を追い出すために、ゴムハンマーでタイルを上から叩きます。次に進む前に、水準器で水平になっていることを確認します（必要ならば、直定規の上に置いて使います）。

ステップ6
タイルを一晩そのままにして、接着剤を固まらせます。それからプライヤーを使ってスペーサーを取りはずします。

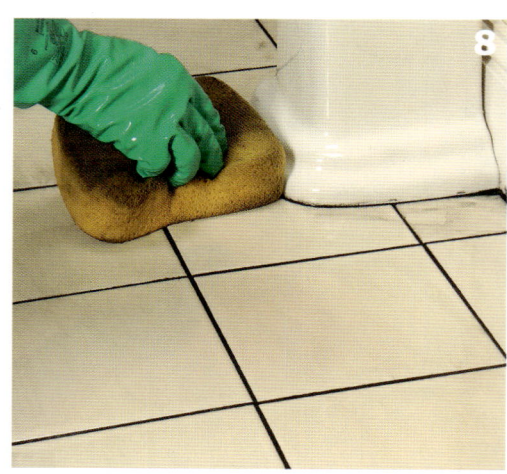

ステップ8
タイルの表面に残った目地材を、湿らせたスポンジで拭き取ります。タイルの上を対角線状に動かし、目地の中の目地材まで引き出すことがないように、1回でさっと拭き取ります。必要に応じてスポンジを水ですすぎますが、そのときは目地材に余分な水が加わらないように固く絞ります。

2.4

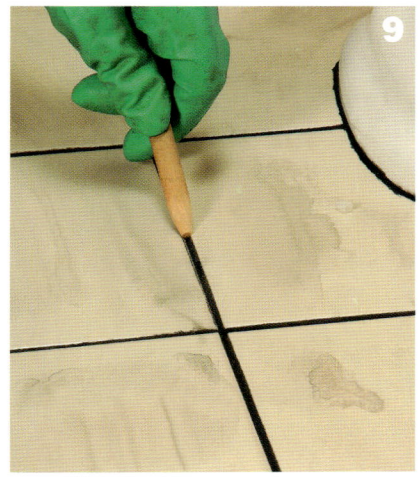

ステップ9
目地詰めが終わり、床全体をきれいに拭きあげたら、最初の位置に戻り、目地をだぼ、または目地棒で押さえて滑らかにします。そのまま3時間以上乾燥させます。

ステップ10
柔らかな布またはスポンジに水を含ませ、タイル表面の汚れをていねいに拭き取ります。

ステップ11（水を使う場所）
キッチン、バスルームなど水を使う場所では、タイルとタイルの間の目地をシール加工して防水処理し、また床と壁の取り合い、据付け設備と床の接合部もコーキング材で防水処理しなければなりません。コーキングはコーキングガンを用いて行い、24時間は触らないようにします。

ステップ12
床の上の塵や埃を掃除機または箒できれいに取り除きます。目地をタイル用シーラントでシール加工します。1.25cm幅のペイント用刷毛を使い、むらのないように塗っていきます。タイルの上にシーラントを落とさないようにし、はみ出した部分はすぐに拭き取ります。そのまま4時間以上乾燥させます。(無釉タイルを張り付けている場合は、ペイントローラーを使い床全体にシーラントを塗布します。塗布30分後に、きれいな布で余分なシーラントを拭き取ります。その後一晩乾燥させます。)

磁器質・陶器質タイル張り仕上げ階層構造

コンクリート下地床の場合

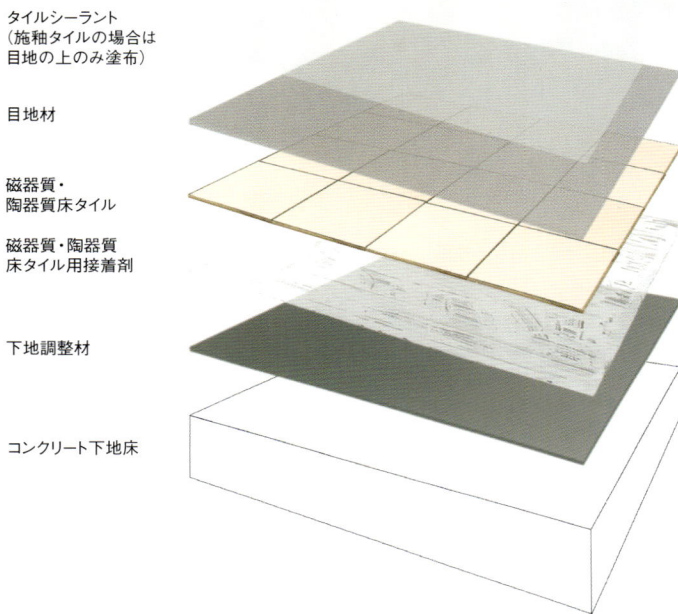

タイルシーラント（施釉タイルの場合は目地の上のみ塗布）

目地材

磁器質・陶器質床タイル

磁器質・陶器質床タイル用接着剤

下地調整材

コンクリート下地床

木質下地床の場合

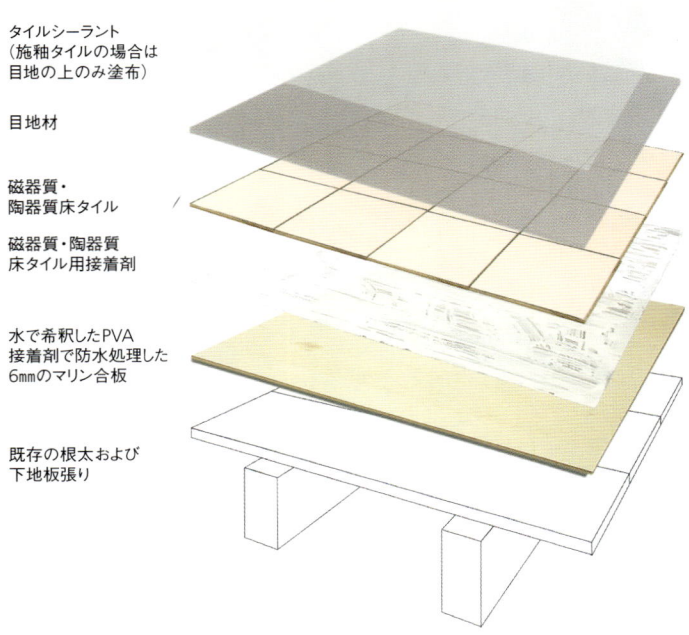

タイルシーラント（施釉タイルの場合は目地の上のみ塗布）

目地材

磁器質・陶器質床タイル

磁器質・陶器質床タイル用接着剤

水で希釈したPVA接着剤で防水処理した6mmのマリン合板

既存の根太および下地板張り

2.5 テラコッタ

性能チェック
(*低 **中 ***高)
- 耐磨耗性***
- 耐水性***
- 保温性**
- メンテナンスのしやすさ**
- 遮音性*

テラコッタとは、「焼いた土」という意味ですが、その床仕上げが独特の魅力を放つのは、まさにこの素材の持つ温かみのある土色の色相によるものです。陶器質や磁器質タイルと同じように、テラコッタも粘土から作られますが、それらとくらべるとかなり低い温度で焼かれます。そのことによって、タイルの中に空気を含むポケットが作られ、それが熱を保ち、硬質床の中でも最も温かい触感を与えます。空気を含むポケットが多くあるということはまた、陶器質や磁器質タイルに比べ、多孔質ということを意味します。通常テラコッタはシール加工せずに販売されているため、施工の過程で繰り返しシール加工する必要があり、その後も定期的なメンテナンスが必要です。テラコッタは他の硬質タイルにくらべ軟らかいので、すぐに摩滅し窪みができます。しかし年を経るごとに増していく古色は、その魅力の1つでもあります――しかも床全体の耐久性は非常に優れています。

テラコッタは素朴な味わいを出すため、通常最大2cmまでの大きな目地を設けます。そのため施工も比較的簡単で、少々のずれは完璧さを阻害するどころか、魅力を付け加えさえします。堅苦しい場所には似合いませんが、しっかりとシール加工をすればキッチンには最適です。またテラコッタの温かみは、バスルームの床としても望ましいものですが、こぼれた水が窪みにたまる心配はあります。

テラコッタ張り仕上げのデザイン

テラコッタの魅力は、何といってもそのアーストーンにあります。燃えるような橙色から渋いピンク、さらには赤レンガ色など。焼成温度や粘土の混合の違いによって、色と色とが柔らかく絡み合うまだら色のタイルが生み出されます。最近のテラコッタタイルは、表面を滑らかにしたものから、ポックマーク（あばた）で渋さを強調したものまで、さまざまな仕上げで販売されています。また歴史を刻んだアンティークものも市場に出ています。ハンドメイドのタイルは、機械生産のものにくらべ色調や厚みにむらがあります（そのため床に張り付けるとき、必ず仮敷きして色調や厚みを調整する必要があります）。通常テラコッタタイルはシール加工せずに販売されていますが、藍や緑の光を放つ釉薬を施してあるものも販売されています。

テラコッタタイルは多くの場合、単純なデザインで割り付けられます。というのも、ひとつひとつのタイルの微妙な色調や明度の違いが、自然で人を招き入れる印象を作り出すからです。しかし、例えば対照的な色を組み合わせて市松模様を作ったり、異なったサイズの正方形どうしを、あるいは、それと六角形や菱形を組み合わせたものなど、よりドラマチックに構成することもできます。テラコッタタイルはそれほど硬くありませんから、切断して自分独自のデザインを作り出すこともできます。

下：広い目地、均質でないあばた状の表面、これらが歴史の重さを感じさせる古色あふれる床を生み出しています。

テラコッタ張り仕上げのメンテナンス

テラコッタタイルは多孔質のため、定期的にワックスを塗布する必要があります。伝統的なやり方では、亜麻仁油とワックスで被覆して表面処理をしましたが、現在ではより簡便な仕上げ剤やシーラントが販売されています(納入業者に商品を推薦してもらいましょう)。新しく張ったテラコッタタイルは、最初の6週間は毎週1回の割りでワックス掛けをし、その後は6週間に1回の割りで上塗りを行います。ワックスを塗布した後、柔らかい布または電動ポリッシャーで磨きます。また定期的に掃除機または箒で掃除するようにしますが、タイルに傷をつけないように注意します。埃は、薄めた掃除用洗剤を含ませ、よく絞った布を使って拭き取ります。金属のブラシは永く残る傷をつけるおそれがありますから、擦る必要のあるときは、ナイロンまたは天然剛毛のブラシを使うようにします。

長所
- 耐久性に優れている。
- 耐水性がある(ただし適正にシール加工した場合)。
- 他の硬質タイルにくらべ、足元が温かく感じられる。
- 暖かみのある美しさ、柔らかな色調。
- キッチンや廊下に、またカントリースタイルの部屋によく似合う。

短所
- 防水性能を保つために定期的なメンテナンスが必要。

左:六角形のテラコッタタイルで仕上げた床は、懐かしい歩道の敷石を思い出させます。伝統的な素材に斬新で非日常的な雰囲気が添えられています。

上:色と形の独特の組み合わせ(三角形、矩形、異なったサイズの正方形が使われています)が、床に興趣を添えています。床を全体的に眺め、タイルの色調に注意しながらバランスよく割り付けることが肝要です。

右:アンティークの窯変タイルは、現在非常に高い人気を得ています。擦り減ったあともなく、年月の重さだけ古色となって良い味わいを見せています。

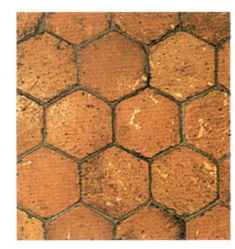

六角形タイル

正方形タイル

正方形タイルと矩形タイルの組み合わせ

2.6 テラコッタタイル張り仕上げ

難易度
●●●○○

テラコッタは多くの場合わりと大きな目地を取って張り付けますから、施工中の多少の失敗はカバーすることができます。しかし、磁器質タイルに比べ硬質のため、カットが難しく、さらに多孔質のため念入りにシール加工する必要があり、メンテナンスも欠かせません。

工具箱
1. 5cm幅のペイント用刷毛
2. チョークライン
3. マスキングテープ
4. タイルスペーサー（オプション）
5. アングルグラインダー
6. 石工用ビット／半丸やすり
7. 3mmのくし目鏝
8. ゴムハンマー
9. 水準器
10. 直定規
11. 清潔な布／スポンジ
12. 掃除機／先の柔らかい箒またはブラシ
13. ペイントローラー
14. 目地用ゴム鏝
15. だぼ／目地棒
16. コーキングガン（水を使う場所）
17. 電動ポリッシャー（オプション）

材料
18. テラコッタタイル
19. テラコッタタイル用シーラント
20. 厚紙／工作用紙
21. テラコッタ用接着剤
22. 目地材
23. コーキング材（水を使う場所）
24. テラコッタ用ワックス

テラコッタタイルの張り付けを始める前に、既存の床仕上げをていねいに剥がし、下地床を清潔、平滑にします。コンクリート下地床の場合は、下地調整材を塗布して水平を確保します。また木質下地床の場合は、その上から6mmのマリン合板をPVA接着剤で張り付けます（p.18-21参照）。床見取図を描き、タイルの枚数を算出します。特殊なデザインを入れる場合は、それも正確に描き入れて、不釣り合いのないレイアウトを作成します（p.12-15参照）。素朴な味わいが求められることが多いテラコッタタイル張り仕上げの場合、たいてい目地は最大2cmの大きなものを使いますから、スペーサーはほとんどの場合必要ありません。しかし目地の狭い割り付けをしたいときは、やはり他のタイルと同じように仮敷きの際スペーサーを入れておき、目地詰めの前に取り除きます。

重要事項
- 現場の下地調整をしっかりと行います（p.18-21参照）。
- 全量同質のもので統一し、後で買い足すことがないように、材料は補修分も含めて一括して購入しておきます。
- 納入業者に助言を求め、メーカーの指示書に従った使い方をします。
- 安全には十分配慮します。接着剤、シーラント、目地材、コーキング材を使用するときは、厚手のゴム手袋を用い、部屋の換気に十分注意します。電動工具を使うときは、マスク、防護メガネ、イヤープロテクターを装着します。タイルをカットするときは、タイルを留め具でしっかりと固定します。

テラコッタタイルの施工

テラコッタタイルの下準備

テラコッタは非常に多孔質な材料ですから、接着剤や目地材がしみとなって残る場合があります。すべてのタイルの表側を上にして（両面表側に使えるタイプのものもありますが、そのときはどちらを表側にするかを決めておきます）、よく絞った布で埃を拭き取った後、ペイント用刷毛を使い、テラコッタタイル用シーラントを塗布します。塗布後30分経過したら、余分なシーラントをきれいな布で拭き取り、そのまま一晩乾燥させます。シーラントが完全に乾燥するまでは、タイルに触れないようにします。

色調、厚みが均等に配分されるようにタイルを並べ替え、表側を上にして積み重ね、部屋のまわりに作業しやすいように置いておきます。テラコッタタイルは縁が欠けやすいので、もしそのようなタイルがでたときは、周縁用のカット分として、別にしておきます。

部屋の中心で直交する2本の線をチョークラインで引きます。「床の割り付け」の項の要領で作業を進め、4分割法によって調整します（p.14参照）。

ステップ1

最終的に決定したチョークラインに沿って、タイルを仮敷きしていきます。必要であれば、作業途中でタイルが動くことがないように、マスキングテープを使ってタイルどうしを留めておきます。タイルの間の目地は、希望するスタイルによりますが、最大2cmまでで取ります（目地を狭く取る場合は、タイルスペーサーを使います）。中央から壁に向かって部屋の4分の1ずつ仮敷きしていき、壁との取り合い部分を残してすべて仮敷きします。

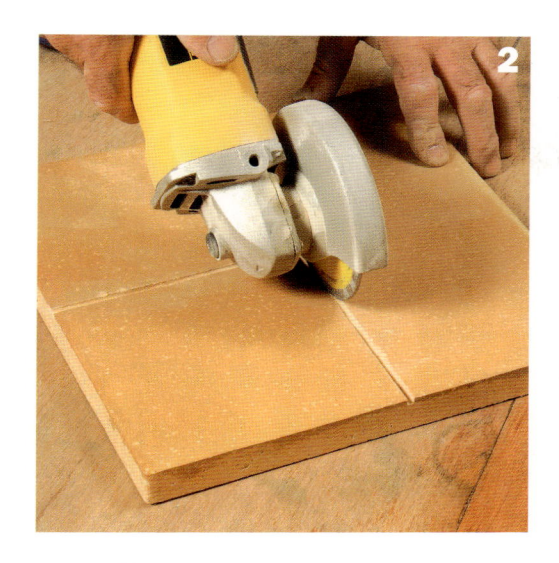

2.6

ステップ2
部屋の周縁部のタイルを、壁との間に少なくとも3mmの目地を取るようにして（この場合2cmの目地は大きすぎます）、カットします（p.26-27参照）。パイプ、穴、角の複雑な形状は厚紙や工作用紙を使って型紙を作ります（p.27参照）。アングルグラインダーでカットしますが、薄い場合は、タイルカッター、冷たがね、ハンマーを使って割ります。穴は石工用ビットを使って開け、半丸やすりで滑らかにします。

ステップ4
壁際のタイルから、入り口に向かって、タイルを張り付けていきます。接着剤の上にタイルを載せるとき、少しひねりを加えるようにして接着をよくします。スペーサーを使う場合は、再度はめ込みます。ゴムハンマーで軽く叩き、タイルの下の空気を追い出します。水準器を使い（必要な場合は直定規の上に置いて使います）、水平を確かめながら進みます。

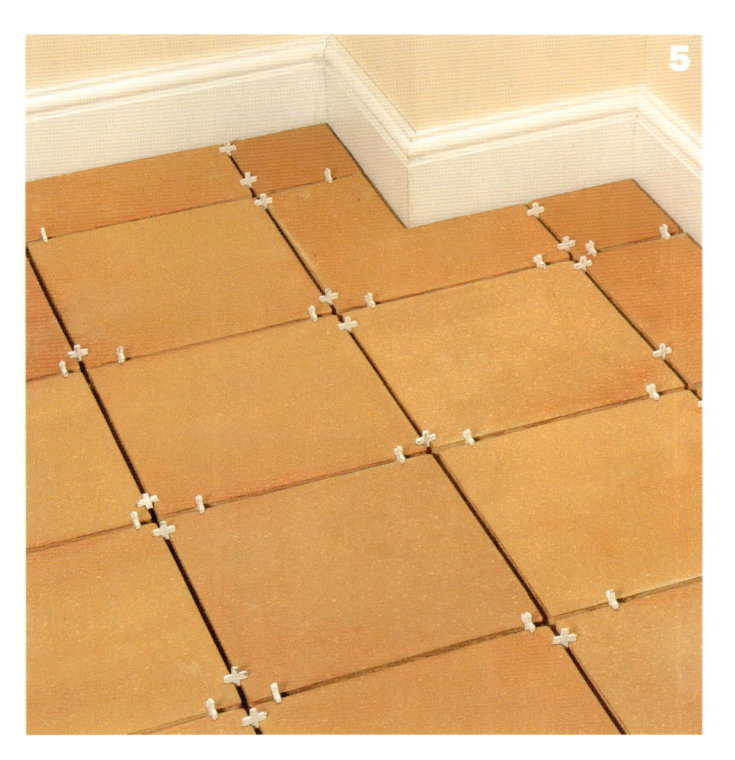

ステップ3
床全体に仮敷きが終わり、全体の印象に満足したら、入り口から最も遠い場所のタイルを10枚取り除きます。その床に接着剤を適量注ぎ出し、くし目鏝で柔らかなくし目をつけながら、6mmの厚さで均一に延ばします。

ステップ5
次にその横のタイルを10枚取り除き、同じように作業を進め、床全体を終わらせます。接着剤は固まりやすいので、1時間以上放置したままになる分量を注ぎ出さないようにします。新しく敷いたタイルの上を歩いたり、膝を載せたりしないように気をつけながら、タイルの上の余分な接着剤を、湿らせたタオルまたはスポンジで拭き取りながら作業を進めます。すべて敷き終わったら、そのまま一晩接着剤が固まるのを待ちます。

テラコッタタイル張り仕上げ

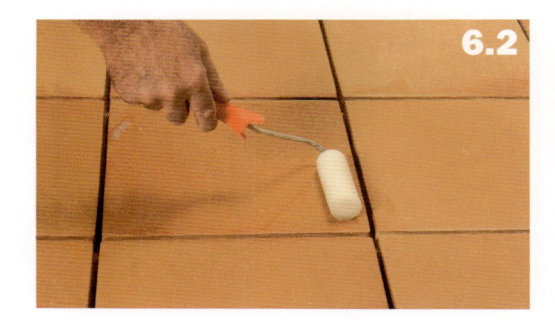

2.6

ステップ6
すべてのスペーサーを取り除きます。箒または掃除機で、表面に残っている埃の粒子を取り除き、次にペイントローラーで全タイルに2回目のシーラントを塗布します。塗布30分後に余分なシーラントをきれいな布で拭き取り、そのまま一晩乾燥させます。

ステップ7
目地詰めを行います。目地材は約0.5リットルずつ小出しにして使うようにします。角のタイルから始めます。目地材を目地の上に注ぎ出し、目地用ゴム鏝で均一に詰めていきます。ゴム鏝を床に対して60度の角度で傾け、目地の中に空洞ができないようにしっかりと押し付けながら詰めていきます。

ステップ8
湿らせたスポンジを使い、タイルの表面に残った余分な目地材を拭き取りながら進んでいきます。拭き取りは、目地に詰め込んだ目地材まで引っ張り出すことがないように、タイルを対角線状に横切るように、さっと1回で行うようにします。必要に応じてスポンジを水洗いしますが、そのときは固く絞って使うようにします。

ステップ9
目地詰めとその後の拭き取りが終わったら、最初の地点に戻り、だぼまたは目地棒で、目地の表面を滑らかに仕上げます。そのまま3時間乾燥させます。

ステップ10
水と柔らかい布で、タイル表面に残った目地材をていねいに拭き取ります。

ステップ11（水を使う場所）
キッチン、バスルームなどの水濡れの可能性のある場所では、タイルと壁および他の据付け設備との間の隙間をコーキング材を使って塞ぎ、防水加工をする必要があります。コーキング材はコーキングガンを使って塗布し、その後24時間触れないようにして乾燥させます。

2.6 テラコッタタイル張り仕上げ階層構造

コンクリート下地床の場合

- テラコッタ用ワックス
- テラコッタタイル用シーラント
- 目地材
- テラコッタタイル用シーラント
- テラコッタタイル
- テラコッタタイル用接着剤
- 下地調整材
- コンクリート下地床

木質下地床の場合

- テラコッタ用ワックス
- テラコッタタイル用シーラント
- 目地材
- テラコッタタイル用シーラント
- テラコッタタイル
- テラコッタタイル用接着剤
- 水で希釈したPVA接着剤で防水処理した6mmのマリン合板
- 既存の根太および下地板張り

ステップ12
掃除機または先の柔らかい箒を使い、床表面の塵や埃の微粒子を取り除きます。ペイントローラーを使い、3回目のシール加工を施します。目地の上にもシーラントを塗布するのを忘れないようにします。塗布30分後に、余分なシーラントをきれいな布で拭き取り、一晩乾燥させます。

ステップ13
テラコッタ用ワックスを塗布し、柔らかい布あるいは電動ポリッシャーで磨きます。テラコッタは非常に多孔質ですから、防水のためにワックス掛けは繰り返し行う必要があります（メンテナンスの詳細についてはp.35参照のこと）。

テラコッタタイル張り仕上げ

2.7 モザイクタイル

性能チェック
(*低 **中 ***高)
- 耐水性***
- 耐摩耗性**
- メンテナンスのしやすさ**
- 保温性*
- 遮音性*

　モザイクタイルほど、多くの表情を演出することができる床仕上げはありません。モザイクタイル床仕上げの醍醐味は、「テッセラ」という小さな彩色タイルを組み合わせることによって、無地のものから、幾何学的模様をあしらったもの、あるいは絵画的なデザインのものまで、多彩な床を作り上げられるところにあります。繊細さを極めたものでは、筆の代わりに小さな色つきのブロックを組み合わせて描いた絵画と呼べるものまであります。しかしテッセラを1個ずつ組み合わせて繊細な絵を描いていくためには、非常に熟練した技術と忍耐力が必要で、アマチュアの範囲を超えています(とはいえ、狭い部位に挑戦してみても良いでしょう)。より簡単でアマチュアでもできるように、あらかじめテッセラを組み合わせてネット状の裏張りに貼り付けているものが用意されています。これは張り付けが簡単で、必要な場合はハサミで適当な大きさにカットすることができます。モザイクタイルは他の硬質タイルや、多くの弾性床に比べ耐久性という点では劣るので、どちらかといえば耐用年数の長さではなく、その創造的可能性、独特な効果という点で選択されています。

　モザイクタイルは大きな部位に張り付けると、威圧感が生ずる場合があります。その精妙な美しさは、狭い部位に使われるときに最もよく発揮されます(裏張りユニットタイルをカットして組み合わせ、個性的なデザインを作ることも簡単にできます)。テッセラは通常施釉で、耐水性もありますから(無釉タイルの場合は、必ず指定されたシーラントでシール加工します)、バスルームが最高の活躍の場です

モザイクタイル張り仕上げのデザイン

　モザイクタイルのテッセラは、たいてい磁器質で施釉ですが、艶消しのものと光沢のあるものの両方あります。色も、白、黒はもちろんのこと、アーストーン——バスルームにアウトドアの雰囲気を出したいときには、敷石に似せたものもあります——から、赤や緑、藍色の宝石のように輝くものまで、多種多様にあります。初心者の場合は、単色のモザイクタイルを使い、違った色の目地で床を分節化するという方法が無難でしょう。さらにもう1色か2色のタイルを組み合わせて、単純で効果的な幾何学的模様を描き出すこともできます。またその場合は、施工前に方眼紙に見取図を描いておくこともできます。もう少し挑戦的なことを試してみたい人は、色の異なるユニットタイルを数種購入し、それを創造力にもとづいてカットして組み合わせることもできます。この場合も方眼紙で前もって見取図を描いておきます。また材質の異なった、ガラスや大理石のテッセラを組み合わせても独特の効果が生まれます。それらはタイル専門店においてあります。最初は同じ厚さの磁器質のテッセラを使い、単純な幾何学的模様から始めるのが良いでしょう。

　もしあなたが本当の豪華さをお望みなら、専門のモザイクタイル・アーティストにデザインから施工までを一貫して依頼しましょう。非常に高額な支出にはなりますが、足元に本物の芸術品が展示されることになります!

ギロシェ(縄編模様)ボーダー

グリークキー(ギリシャ鍵)ボーダー

スクロール(渦巻模様)ボーダー

上:最近ではモザイクタイルは施工しやすいように、ネット状の裏張りにテッセラを貼り付けたユニットで販売されています。

右:広い面積に複雑な外観を生み出すために、繰り返し模様が使われることがあります。全体のスペースにバランス良く配置するために、まず方眼紙に細かな見取図を描きます。

右端:少ない色で大胆な模様を描くことができます。最初は単純な模様から始め、必ず方眼紙に見取図を描くようにします。

——ローマ時代もそうでした。また、廊下に張ると劇的な効果を生み出すことができ、さらにはどんな部屋でも帯状に張り付けると、独特の雰囲気を演出することができます。

モザイクタイル張り仕上げのメンテナンス

　定期的に箒または掃除機で清掃します。表面の埃は、希釈した家庭用洗剤で湿らせたモップで拭き取ります。金属製のブラシは、表面に傷を残すことがありますから、強く擦る必要が生じた場合は、ナイロンまたは天然の剛毛のブラシを使うようにします。施釉タイルはシール加工する必要はありませんが（ただし目地にはする必要があります）、さらに強い輝きがほしいときは、納入業者が適切なシーラントを推薦してくれます——しかしあまり艶出しをしすぎると、滑りやすくなる危険性があります。

長所
- 耐水性に優れている。
- カットしやすい。
- 明るい生命力に満ちた印象を与え、創造力を発揮することができる。
- バスルームや廊下に最適。またどんな場所にも目を惹く演出ができる。

短所
- 他の硬質タイルにくらべ耐久性に劣る。
- 部屋の中で広く使いすぎると、圧倒する感じがすることがある。

2.7

左：非常に繊細なモザイクタイル仕上げの床です。絵筆で描いたような効果が生み出され、ローマ時代の遺跡にも匹敵する豪華さがあります。

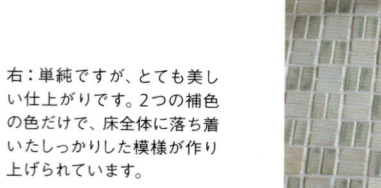

上：アンティーク石のテッセラを使うことによって、歴史を感じさせるモザイクタイルの床が一瞬のうちに出来上がりました。

右：単純ですが、とても美しい仕上がりです。2つの補色の色だけで、床全体に落ち着いたしっかりした模様が作り上げられています。

硬質床

2.8

モザイクタイル張り仕上げ

モザイクタイルの張り付けを始める前に、既存の床仕上げをていねいに剥がし、下地床を清潔、平滑にします。コンクリート下地床の場合は、下地調整材を塗布して水平を確保します。また木質下地床の場合は、その上から6mmのマリン合板をPVA接着剤で張り付けます（施工の詳細はp.18-21参照）。床見取図を描き、タイルの枚数を算出します。模様を入れる場合は、それも正確に描き入れて、不釣り合いのないレイアウトを作成します（p.12-15参照）。モザイクタイルは「スペーサー付き」になっており、ユニットは突き合わせるだけで自動的に同じ幅の目地ができるようになっています。しかし広い目地を取りたいときは、プラスチック製の、あるいは自分で作成したスペーサーを使い、正確な幅の目地を通します。

重要事項

- 現場の下地調整をしっかりと行います（p.18-21参照）。特にモザイクタイルの場合は、下地床が堅固で水平であることが不可欠です。
- 全量同質のもので統一し、後で買い足すことがないように、材料は補修分も含めて一括して購入しておきます。
- 納入業者に助言を求め、メーカーの指示書に従った使い方をします。
- 安全には十分配慮します。接着剤、シーラント、目地材、コーキングを使用するときは、厚手のゴム手袋を用い、部屋の換気に十分注意します。

難易度

●●○○○

モザイクタイルは軽量のため、作業はしやすく、簡単にカットすることができ、張り付けも楽です。モザイクタイルはほとんどのものが施釉ですから、たいていの場合は、自分自身でシール加工する必要はありません。しかし複雑なモザイクデザインを作り出すことはかなり難易度が高くなりますから、最初は簡単なデザインから始めましょう。

工具箱

1. ハサミ／ユーティリティナイフ
2. タイルニッパー
3. チョークライン
4. タイルスペーサー（オプション）
5. マスキングテープ
6. 3mmのくし目鏝
7. 水準器
8. 直定規
9. ゴムハンマー
10. 清潔なスポンジ／布
11. 目地用ゴム鏝
12. コーキングガン（水を使う場所）
13. 掃除機／先の柔らかい箒またはブラシ
14. ペイントローラー（無釉タイルの場合のみ）

材料

15. モザイクタイル
16. 厚紙／工作用紙
17. モザイク床タイル用接着剤
18. 防水目地材
19. コーキング材（水を使う場所）
20. タイル用シーラント（無釉タイルの場合のみ）

モザイクタイルの施工

モザイクタイルの下準備

デザイン上の必要から裏張りユニットをカットする必要があるときは、裏張りをハサミやユーティリティナイフでカットします。簡単にカットすることができます。テッセラを割る必要があるとき（星型の頂点を作りたいときなど）は、タイルニッパーを使います。準備が整ったら、適当な枚数を取りやすいように積み重ねておきます。部屋の中心で直交する2本の線をチョークラインで引きます。「床の割り付け」の項の要領で作業を進め、4分割法によって調整します（p.14参照）。対照的な色柄のタイルでボーダーを入れたいときは、その部分から仮敷きしていきます（p.15参照）。

ステップ1

最終的なチョークラインに沿ってタイルを仮敷きしていきます。ユニットタイルの裏張りをピッタリと接合すると、自動的に正確な目地ができあがります（広い目地が必要なときはスペーサーを入れます）。マスキングテープを短く切って、隣り合わせのユニットどうしを留め固定します。チョークラインの間のスペースを、中心から壁に向かって仮敷きしていき、部屋の周縁に当たる部分以外はすべて割り付けします。

2.8

ステップ2
パイプ、穴、角等の複雑な形状の部分は、厚紙や工作用紙を使って型紙を作製します（p.27参照）。周縁部の形状に合わせて、タイルユニットをハサミまたはユーティリティナイフでカットします。そのとき壁の周りに3㎜の目地を設けることを忘れないようにします。必要な場合は、タイルニッパーでその部分のテッセラをカットします。

ステップ3
仮敷きが終わり、全体の印象に満足できたら、部屋の入り口から一番遠い場所のタイルユニットを10枚取り除きます。少量の接着剤を床の上に注ぎ出し、くし目鏝で浅いくし目を入れながら延ばしていきます。その部分全体に約6㎜の厚さで接着剤がむらなく行き渡るように作業を続けます。

ステップ4
壁際から手前に向かってタイルを張り付けていきます。タイルユニットを接着剤の上に置くとき、接着を良くするために、少しひねりを加えます。次に進む前に、水準器で水平になっていることを確認します（必要ならば、直定規の上に置いて使います）。

ステップ5
同様にして、1度に10枚のユニットタイルを取り除きながら作業を進め、床全体に張り付けていきます。また1回ごとに、ゴムハンマーでタイルを軽く叩き、タイルの下の空気を抜きます。接着剤は固まりやすいので、1時間以内に作業を終える量ずつ注ぐようにします。新しく張ったタイルの上を足で踏んだり、膝を載せたりしないように注意します。タイルについた余分な接着剤は、1回ごとに湿らせた布かスポンジで拭き取ります。そのまま一晩おいて、接着剤を固まらせます。

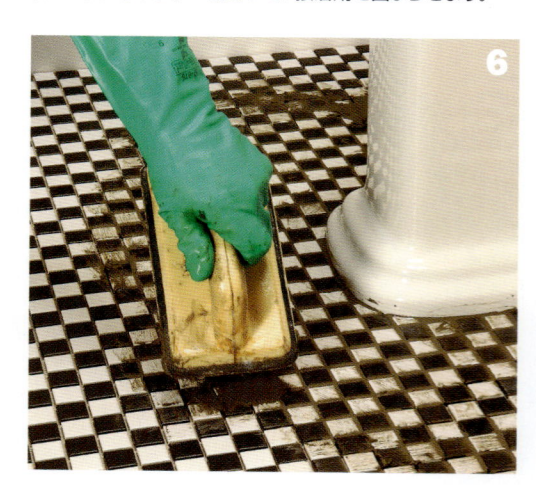

ステップ6
目地材を詰めていきます。1回に付き0.5リットルの量を使用するようにします（シール加工するには目地が多すぎますから、耐水性の高い目地材を使用するようにします）。入り口から最も遠い、部屋の角から始めます。目地材を目地の上に注ぎ出し、目地用ゴム鏝を使い、均等に押さえていきます。鏝の先を60度の角度で傾け、目地材が完全に詰まるまで押し下げます。このとき目地材がくまなく入り込むように、目地の上を8の字を描くように動かしていきます。

硬質床

2.8

ステップ7
タイルの表面に残った目地材を、湿らせたスポンジで拭き取ります。タイル上を対角線状に動かし、目地の中の目地材まで引き出すことがないように、1回でさっと拭き取ります。必要ならばスポンジを水ですすぎますが、必ず固く絞って使うようにします。

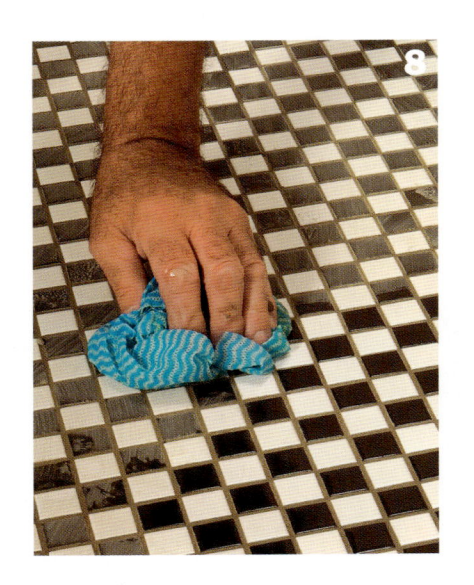

ステップ8
柔らかい湿った布で、タイル表面に残った目地材を拭き取ります。

ステップ9（水を使う場所）
キッチン、バスルームなどの水濡れの可能性のある場所では、タイルと壁および他の据付け設備との間の隙間をコーキング材を使って塞ぎ、防水加工をする必要があります。コーキング材はコーキングガンを使って塗布し、その後24時間触れないようにして乾燥させます。

ステップ10
モザイクタイル張り仕上げでは、目地の数が多く、ひとつひとつシール加工していくことは事実上不可能です。無釉タイルを使っているときは、全面的なシール加工をしていきます。この場合は、掃除機または箒でタイル表面の微細な埃を除去し、ペイントローラーでタイル用シーラントを塗布していきます。塗布30分後に、きれいな布で余分なシーラントを拭き取り、そのまま一晩乾燥させます。

モザイクタイル張り仕上げ階層構造

コンクリート下地床の場合

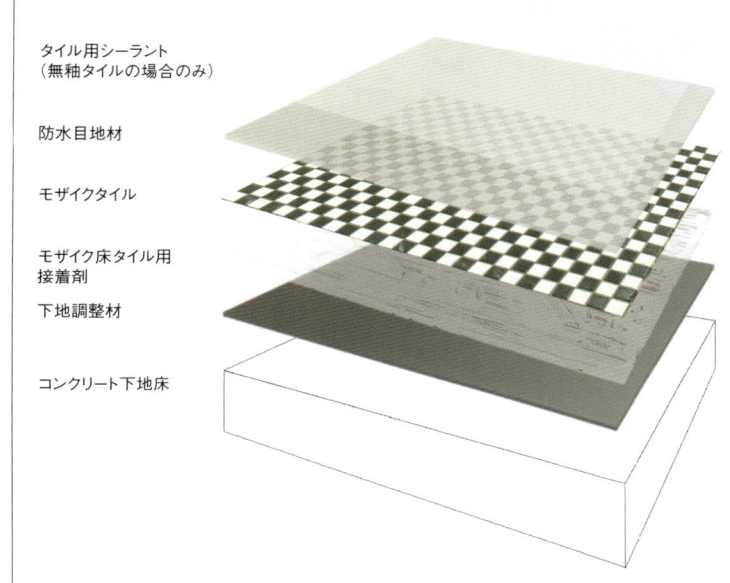

- タイル用シーラント（無釉タイルの場合のみ）
- 防水目地材
- モザイクタイル
- モザイク床タイル用接着剤
- 下地調整材
- コンクリート下地床

木質下地床の場合

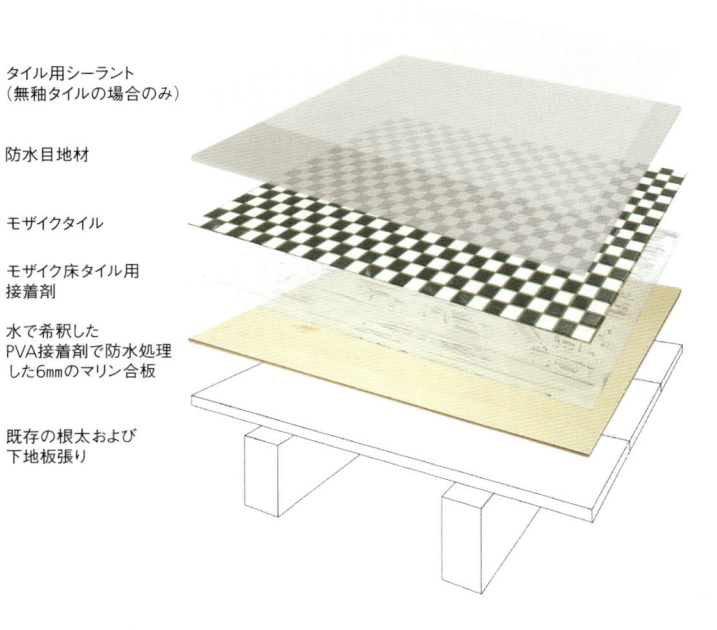

- タイル用シーラント（無釉タイルの場合のみ）
- 防水目地材
- モザイクタイル
- モザイク床タイル用接着剤
- 水で希釈したPVA接着剤で防水処理した6mmのマリン合板
- 既存の根太および下地板張り

2.9

スレート(粘板岩)

性能チェック
(*低 **中 ***高)
- 耐磨耗性**
- メンテナンスのしやすさ***
- 耐水性***
- 保温性*
- 遮音性*

天然の石であるスレート(粘板岩)は、非常に耐久性が高く、メンテナンスもほとんど必要とせず、埃もあまり目立ちません。面に沿って割れる性質があるため、薄く固い板にすることができ、床仕上げのための理想的な材料となります。またスレートはドラマチックな演出をすることができる素材で、1枚1枚のタイルが、それぞれ独自の色や模様を持っています。天然の石のため、決して安価なものではありませんが、大理石や御影石ほど高価ではなく、専門の職人でなくても美しく張り付けることは可能です。

スレートは自然に薄く割いた割り石か、タイル状に整形したものか、どちらかの形で販売されています。割り石の場合は、表面が多少粗くなっており、防滑性が高くなっています。また自然に割いたものですから、厚さが違うため、張り付ける場合はそれを計算に入れながら行います(厚いスレートから張り始め、薄いスレートは接着剤の厚みで調整します)。タイル状に整形したものは、サイズも一定で表面も滑らかですが、滑りやすい場合もあります——そのためあまり研磨しすぎないように注意します。

ほとんどのスレートは耐水性能が優れていますから、地階や、ベランダなどの屋内外の中間地域など、湿気が問題になりやすいところに適しています。また、素朴で耐久性に優れ、掃除がしやすいことから、キッチンに最適な素材です。スレートは硬度があるため、本石ではなく、薄いタイルの形状で販売されることが多く、そのため、中間階のバスルームに使うことも可能です(とはいえ、重量のある素材であ

スレート張り仕上げのデザイン

スレートといえば灰色または黒という固定観念は捨てましょう。ベージュ、赤、錆び色、藍、紫、茶色など、明るい色から暗い色まで、多彩な色が揃っています。また単色のものだけでなく、暗い色の背景の上に、オレンジや赤、金色などが浮かび上がっているきらびやかな天然の多色のものあります。

正確に切りそろえられた真四角なタイルを、眠り目地の突き付けで真っ直ぐ張り付けると、現代的な演出になり、不揃いの形状のタイルを幅広い目地で張り付けると、カントリースタイルの懐かしさを感じる雰囲気が出ます。スレートタイルは、正方形、矩形、八角形、さらには不揃いにカットした(歩道の自然石の「乱張り」のような外観を出すため)ものなど各種有り、サイズも豊富で、大きなスラブから敷石、インセットタイルまであります。

スレートはしっとりとした天然の輝きがあり、その輝きは仕上げ材でさらに美しくすることができます。好みに合わせて、輝きを強めることはできますが、磨きすぎて滑りやすくならないように注意します。普通、割り石は粗い仕上げにし、タイルはそれよりも滑らかな質感にします。

斑入り割り石

斑入り研磨石

アーストーン

錆び色

ブラック

銀青色

多色

青銅色(ブロンズ)とグレイ

ブラック

ることに変わりはありませんので、下地床がそれに耐えられるかどうかは良く確かめる必要があります）。またバスルームでは、床が滑りやすくならないように、表面のざらざらしたものを選ぶようにします。

スレート張り仕上げのメンテナンス

定期的に箒または掃除機で清掃します。希釈した家庭用洗剤で湿らせたモップで表面の埃を拭き取ります。金属製のブラシは、表面に傷を残すことがありますから、強く擦る必要が生じた場合は、ナイロンまたは天然の剛毛のブラシを使うようにします。スレートは通常、防水性が高く、シール加工はあまり必要ではありませんが、さらに光沢がほしいときは、ワックスなどの仕上げ材を使います。その場合は、光沢を維持するため、6カ月から12カ月おきに、定期的に塗布します。

長所
- 耐久性に非常に優れている。
- メンテナンスが容易。
- 耐水性に優れている。
- 美しく落ち着いた色、質感。
- 特にキッチン、廊下、玄関ポーチに適す。

短所
- 高価。
- 足元が冷たく、硬く感じられる。
- 滑りやすくなる場合がある。

左：スレートは黒または灰色という固定観念は捨てましょう。ベージュ色のスレートが床に温もりを与えています。

左：スレートは廊下の床仕上げによく用いられます。というのは、耐水性能が高く、掃除もしやすく、部屋への印象的な導入部になるからです。

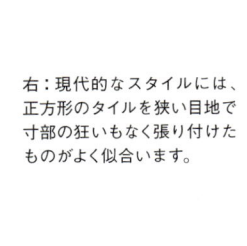

右：現代的なスタイルには、正方形のタイルを狭い目地で寸部の狂いもなく張り付けたものがよく似合います。

2.9

左：伝統的な市松模様のバリエーションが、部屋に動きを与えています。目地を縦横ともに通すのではなく、横の目地が隣り合う列のタイルの中間にくるようにずらして張り付けられています。

上：スレートには非常に美しい斑入りを持ったものがあります。1枚のタイルの中に、ベージュ、オレンジ、ブルーブラックが妖しく絡み合っています。

スレート張り仕上げ

2.10

難易度
●●●○○

スレートは厚さも不揃いで、欠けやすく、破片も鋭いという性質を持っているため、施工にはかなりの手間と注意深さが必要です。しかしスレートタイルは、ほとんどが防水性能があるため、シール加工は目地だけで済みます。

工具箱
1. チョークライン
2. タイルスペーサー（オプション）
3. アングルグラインダー
4. 石工用ビットと半丸やすり
5. 3mmのくし目鏝
6. ゴムハンマー
7. 水準器
8. 直定規
9. 清潔なスポンジ／布
10. 目地用ゴム鏝
11. だぼ／目地棒
12. コーキングガン（水を使う場所）
13. 掃除機／先の柔らかい箒またはブラシ
14. 1.25cm幅のペイント用刷毛

材料
15. スレートタイル
16. 工作用紙／厚紙
17. スレート床タイル用接着剤
18. 目地材
19. コーキング材（水を使う場所）
20. タイル用シーラント

スレートタイルの張り付けを始める前に、既存の床仕上げをていねいに剥がし（スレートタイルは、既存のタイル仕上げがしっかりと固着しているという条件の下で、その上から張り付けることもできますが、床の高さを限度以上に高くしてしまうことがあります）、下地床を清潔、平滑にします。コンクリート下地床の場合は、下地調整材を塗布して水平を確保します。また木質下地床の場合は、その上から6mmのマリン合板をPVA接着剤で張り付けます（p.18-21参照）。床見取図を描き、タイルの枚数を算出します。特殊なデザインを入れる場合は、それも正確に描き入れ、不釣り合いのないレイアウトを作成します（p.12-15参照）。タイルの割り付けをするときは、目地幅を一定にするためにスペーサーを使う場合もあります。X型のスペーサーを、「手を広げて立っている」状態にして嵌めると、取り除きやすいでしょう。化粧ハードボードや包装用帯を細くカットして代用することもできます。

重要事項
- 現場の下地調整をしっかりと行います（p.18-21参照）。
- 全量同質のもので統一し、後で買い足すことがないように、材料は補修分も含めて一括して購入しておきます。
- 納入業者に助言を求め、メーカーの指示書に従った使い方をします。
- 安全には十分配慮します。スレートは先端が鋭くなっていますから、手首全体をカバーする長い厚手の手袋を装着するようにします。接着剤、シーラント、目地材、コーキング材を使用するときは、厚手のゴム手袋を用い、部屋の換気に十分注意します。電動工具を使うときは、マスク、防護メガネ、イヤープロテクターを装着します。タイルをカットするときは、タイルを留め具でしっかりと固定します。

スレートタイルの施工

スレートタイルの下準備

スレートタイルは、他のほとんどの床材以上に切断面が鋭くなっていますから、取り扱いには十分注意します。たいていのものは、厚さが不揃いになっていますから、床に割り付ける前に、まず厚さに応じて並べ替えておきます。どんなに厚いタイルでも使うことができますが、床の高さを一定にするために、その厚さに応じて接着剤の厚さを加減する必要があります。スレートタイルは先端が欠けやすいので、そのようなタイルが出た場合は、部屋の周縁部のカット用として別にしておきます。またタイルの色や模様などによっても、順番を並べ替えておき、部屋の周りに取りやすいように重ねておきます。部屋の中心で直交する2本の線をチョークラインで引きます。「床の割り付け」の項の要領で作業を進め、4分割法によって調整します（p.14参照）。

役に立つヒント
スレートは、厚さだけではなく、表面のざらつき具合や色などもかなり異なっています。極端に他と違うものは、目立ちすぎる場合がありますから、気をつけましょう。

役に立つヒント
張り付けはまず厚いタイルから始め、次に薄いタイルの高さを接着剤の厚みで調節するようにして、水平を確保します。

ステップ1
最終的に決定したチョークラインに沿って、タイルを仮敷きしていきます。目地用の隙間を6mmまたは1.25cm幅で取ります（必要なときは、タイルスペーサーを使います）。中央から壁に向かって部屋の4分の1ずつ仮敷きしていき、壁との取り合い部分を残してすべて仮敷きします。

2.10

ステップ2
周縁部にあたるタイルをカットします（p.26-27参照）。そのとき壁との取り合い部分にも3mmの目地を設けるのを忘れないようにします。タイルはアングルグラインダーを使ってカットします（比較的薄いタイルは、タイルカッターと冷たがね、ハンマーで割ることもできます）。穴を開けるときは、石工用ビットを使い、半丸やすりで滑らかにします。パイプ、穴、角等の複雑な形状の部分は、厚紙や工作用紙を使って型紙を作製します（p.27参照）。

ステップ3
床全体に仮敷きが終わり、全体の印象に満足したら、入り口から最も遠い場所のタイルを10枚取り除きます。その床に接着剤を適量注ぎ出し、くし目鏝でゆるやかなくし目をつけながら、6mmの厚さで均一に延ばします。

ステップ4
壁際のタイルから始め、入り口に向かって後ずさりするようにタイルを張り付けていきます。接着剤の上にタイルを載せるとき、少しひねりを加えるようにして接着を良くします。スペーサーを使う場合は、再度はめ込みます。ゴムハンマーで軽く叩き、タイルの下の空気を追い出します。水準器を使い（必要な場合は直定規の上に置いて使います）水平を確かめながら進みますが、薄いタイルの下には多めに接着剤を使って高さを補います。

ステップ5
次にその横のタイルを10枚取り除き、同じように作業を進め、床全体を終わらせます。接着剤は固まりやすいので、1時間以上放置した状態になるような分量を注ぎ出さないようにします。新しく敷いたタイルの上を歩いたり、膝を載せたりしないように気をつけながら、タイルの上の余分な接着剤を、湿らせたタオルまたはスポンジで拭き取りながら作業を進めます。すべて敷き終わったら、そのまま一晩接着剤が固まるのを待ちます。

ステップ6
スペーサーを取り除き、目地材を詰めていきます。1回につき0.5リットルの量を使用するようにします。部屋の角から始めます。目地材を目地の上に注ぎ出し、目地用ゴム鏝を使い、均等に押さえていきます。鏝の先を60度の角度で傾け、目地材が完全に詰まるまで押し下げます。

2.10

ステップ7
湿らせたスポンジを使い、タイルの表面に残った余分な目地材を拭き取りながら進んでいきます。拭き取りは、目地に詰め込んだ目地材まで引っ張り出すことがないように、タイルを対角線状に横切るように、さっと1回で行うようにします。必要に応じてスポンジを水洗いしますが、そのときは固く絞って使うようにします。目地詰めとその後の拭き取りが終わったら、最初の地点に戻り、だぼまたは目地棒で、目地の表面を滑らかに仕上げます。そのまま3時間乾燥させます。

ステップ8
水で湿らせた柔らかい布で、タイル表面に残った目地材をていねいに拭き取ります。

ステップ9（水を使う場所）
キッチン、バスルームなどの水濡れの可能性のある場所では、タイルと壁および他の据付け設備との間の隙間をコーキング材を使って塞ぎ、防水加工をする必要があります。コーキング材はコーキングガンを使って塗布し、その後24時間触れないようにして乾燥させます。

ステップ10
塵や埃など、タイル表面の微粒子を掃除機または箒で取り除きます。1.25cm幅のペイント用刷毛を使い、目地の線に沿ってていねいにシーラントを塗布していきます。シーラントがタイルの上に滴下しないように注意し、余分なシーラントはすぐに拭き取るようにします。そのまま4時間乾燥させます。

スレート張り仕上げ階層構造

コンクリート下地床の場合

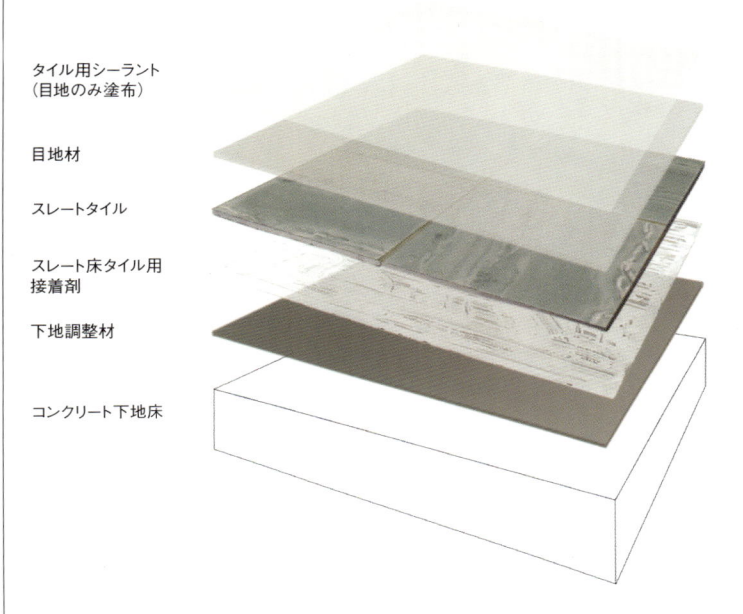

- タイル用シーラント（目地のみ塗布）
- 目地材
- スレートタイル
- スレート床タイル用接着剤
- 下地調整材
- コンクリート下地床

木質下地床の場合

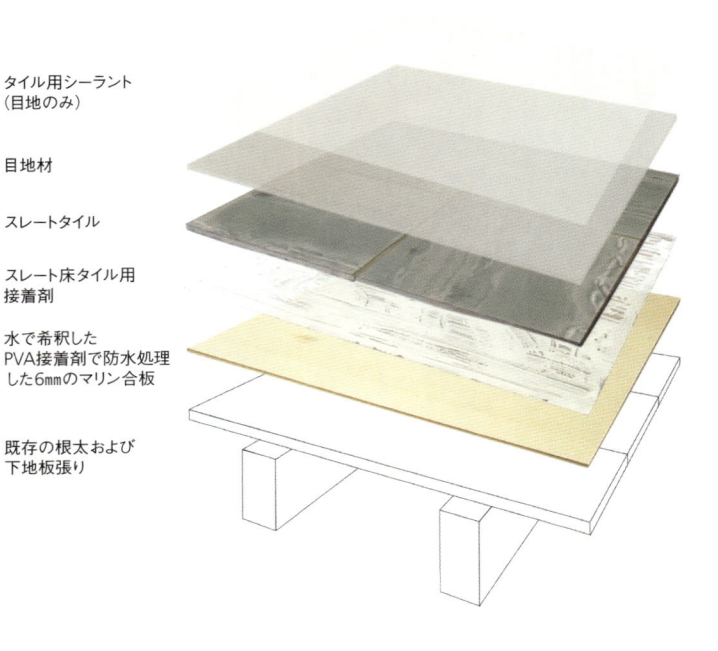

- タイル用シーラント（目地のみ）
- 目地材
- スレートタイル
- スレート床タイル用接着剤
- 水で希釈したPVA接着剤で防水処理した6mmのマリン合板
- 既存の根太および下地板張り

2.11

石灰岩および砂岩

性能チェック
(*低 **中 ***高)
- 耐磨耗性***
- メンテナンスのしやすさ***
- 耐水性***
- 保温性*
- 遮音性*

石灰岩および砂岩張り仕上げの床は、一千年以上もの永い時間存在し続けることができます。そのため、それらの石の微妙な色調は、どのような装飾スタイルに対しても最高の背景になることができるということを知ると安心させられます。それらの石から作られるタイルは、おそらく本石張り仕上げの床の中でも最も適応性が高く、その多彩な美しい中性的な色調は、どのようなスタイルのインテリアにも見事に調和することができます。さらにこれらの石は個性豊かな表情を持つものが揃っていますから、優美な邸宅であれ、カントリースタイルの別荘であれ、どのような建築様式に対しても、それにピッタリと適するものを見いだすことができます。

本石張りの床は、部屋に温かみのある外観を与えることもありますが、たいていは足元が冷たく厳しく感じられます。そのため、床暖房は一考する価値があります。砂岩は特に、その上を歩くとき足ざわりが粗く感じられる場合もありますが、しかし同時に、キッチンやバスルームなど、水濡れの可能性のある場所では、つるつるに磨きすぎると滑るおそれもあります。これらの場所では、滑りにくい艶消しの仕上げにするようにします。これらの本石タイルはシール加工をすることによって、防水処理を施すことができますが、それを怠るとすぐにしみがつきます。

石灰岩および砂岩は、スラブまたはタイルの形で販売されています。スラブは通常専門の職人によって張り付けられます。非常に取り扱いが難しく、前もって部屋の寸法に合わせて正確に切断しておく必要があります。本石タイルもまた重量がありますから、これらの素材を選ぶときは、そのことを計算に入れておく必要があります。基本的には、本石タイルはコンクリート下地床の上に張り付けます。木質下地床の上に張り付けることを検討している場合は、必ず住宅の施工業

石灰岩・砂岩張り仕上げのデザイン

砂岩はクリーム、イエロー、ピンク、赤などの仄かな色調を帯びているものが多く、石灰岩はそれにくらべ色の幅が広く、白、灰色、赤褐色、緑青から黒色に近いものまであります。トラヴァーチンは、温泉地から産出する石灰岩の一種で、明るい黄色が鮮やかです。両方の石ともに、天然の不純物を含むことによって、タイル1枚1枚の中にも、微妙な色の変化が作り出されています。石灰岩タイルはさらに、珊瑚や海ゆり、巻貝などの化石の断面が表面に浮き上がっているものもあります。そのようなタイルは、無地のタイルの中の飾りタイルと同じように、大きな効果を生み出します。

石灰岩および砂岩は、どのようなスタイルにも合わせられる表現力を持っています。シール加工を施すだけにして、艶消しの効果を出すこともできますし、磨きをかけて、好みの光沢を出すこともできます（しかし滑りやすくならないように注意します）。普通のデザインは、矩形のタイルを破れ目地でランダムに張り付けるというものですが、正八角形のタイルに、小さな菱形の、対照的な色あるいは補色のインセットタイルを組み合わせると、フォーマルな演出になります。大きさの異なったタイルを寄せ木張りにすると、床全体に規律正しい規格化された印象が生み出されます。その場合、補色の目地材で目地を際立たせることもできますし、眠り目地に近いものにすることもできます。また大きさの異なった本石を、「乱張り」にすることもできますが、その場合は乱雑な印象を与えないように気をつけます。

青灰色石灰岩

淡黄色砂岩

黄金色石灰岩

ばら色砂岩

各種表面仕上げ

補色的な色合いの石灰岩タイル

寄せ木張りの砂岩タイル

者にその下地床がタイルの荷重に耐えられるものであるかどうかを確かめます。本石は決して施工は容易ではありません。カントリースタイルの気取らない部屋の場合には、少しくらいの不揃いは許されるかもしれませんが、フォーマルな本石張り仕上げの床は、完璧に仕上げられる必要があります。目地の歪みや、表面の不陸は、効果を台無しにするおそれがありますから、くれぐれも注意します。

石灰岩・砂岩張り仕上げのメンテナンス

定期的に箒または掃除機で清掃します。希釈した家庭用洗剤で湿らせたモップで表面の埃を拭き取ります。金属製のブラシは、表面に傷を残すことがありますから、強く擦る必要が生じた場合は、ナイロンまたは天然の剛毛のブラシを使うようにします。艶出しか、艶消しかに応じて、種々の仕上げ材が販売されています。これらの床は、6カ月から12カ月おきに、定期的にシール加工する必要があります。

長所
- 耐久性に非常に優れている。
- メンテナンスが容易。
- どのようなスタイルの部屋にも似合う適応性の高さ。
- 特にキッチン、フォーマルなリビング、廊下に適す。

短所
- 足元が冷たく、厳しく感じられる。
- 高価。
- 中間階の部屋には重量がありすぎる。
- 張り付けが難しい。

2.11

左：インド産石灰岩の特徴である艶消しの黒、青緑、ベージュなどの多彩な色を惹きたてるのに丁度良い具合に、磨きが掛けられています。

上：石灰岩・砂岩にはさまざまな色合いのものが揃っていますから、どんなスタイルであれ、部屋の表情に合わせて選ぶことができます。ここでは、白色の石灰岩が家具と壁の白さを補完し、部屋全体に禅の境地を感じさせる落ち着きを演出しています。

石灰岩および砂岩　53

2.11

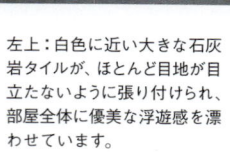

左上：白色に近い大きな石灰岩タイルが、ほとんど目地が目立たないように張り付けられ、部屋全体に優美な浮遊感を漂わせています。

上：正確に目地通しよく割り付けられた石灰岩タイルは、掃除がしやすく、メンテナンスも楽で、現代的なキッチンにとっては実用的で魅力的な選択となります。

右上：トラヴァーチンは、明るい蜂蜜色が目をひく石灰岩です。部屋に温かみを出したいときは、淡い白色系のものを選びます。

上：ばら色の本石タイルを背景にして、華麗なインセットタイルと、複雑な縁飾りが際立ち、床全体がすっきりした装飾性を浮び上がらせています。

石灰岩・砂岩張り仕上げ

2.12

これらの大きくて重量のあるタイルは、通常はコンクリート下地床の上に、接着剤よりも強い接着力を持つモルタルで張り付けます。木質下地床の上に、石灰岩または砂岩タイルを張り付けるときは、下地床がその荷重に耐えられるものであるかどうかをよく確かめます。その場合、下地床をポリエチレンシート、あるいは液状の防湿材で覆い、モルタル乾燥時の浸出液で下地床が傷むのを防ぎます。それを怠ると、モルタルの劣化および下地床の腐食を招きます。下地床の凹凸がはなはだしいときを除き、コンクリート下地床の上に下地調整材を塗ったり、マリン合板で下地を平滑にする必要はありません。というのは下塗りモルタルが床の凹凸を吸収し、表面を水平に保つからです（詳細はp.18-21の「下地調整」の項参照）。床見取図を描き、タイルの枚数を算出します。特殊なデザインを入れるときは、それも正確に描き入れ、不釣り合いのないレイアウトを作成します（p.12-15参照）。これらの本石タイルは重量がありますから、簡単にずれることはありませんが、細い目地を使う場合はスペーサーを使う方が目地ラインを正確に通すことができます。スペーサーは長い方が取り除くときに便利です。合板や包装用の帯を必要な長さにカットして、自分でスペーサーを作ることもできます。

重要事項

- 下地床がタイルと下塗りモルタルを合わせた荷重に耐えられるものかどうかを確かめます。
- 割り付けを始める前に、下地調整を行います（p.18-21参照）。
- 納入業者に助言を求め、メーカーの指示書に従った使い方をします。
- 安全には十分配慮します。接着剤、シーラント、目地材、コーキング材を使用するときは、厚手のゴム手袋を用い、部屋の換気に十分注意します。電動工具を使うときは、マスク、防護メガネ、イヤープロテクターを装着します。タイルをカットするときは、タイルを留め具でしっかりと固定します。

難易度
●●●●○

本石のスラブや大きなタイルは、重量がありかさばるため、取り扱いは容易ではありません。またこれらの石は多孔質ですから、しみを予防するためにはシール加工する必要があります。モルタルは乾燥が速いため、接着剤を使うときよりも、作業が難しくなります。

工具箱
1. チョークライン
2. タイルスペーサー（オプション）
3. アングルグラインダー
4. 石工用ビット／半丸やすり
5. ダイヤモンド・ホイールカッター
6. 掃除機／先の柔らかい箒またはブラシ
7. ペイントローラー
8. 泡立て器
9. 石工用鏝
10. ゴムハンマー
11. 水準器
12. 直定規
13. 清潔な布／スポンジ
14. 目地鏝
15. だぼ／目地棒
16. コーキングガン（水を使う場所）

材料
17. 本石タイル
18. 厚紙／工作用紙
19. 本石タイル用シーラント
20. 調合モルタル
21. コーキング材（水を使う場所）

石灰岩・砂岩タイルの施工

タイルの下準備

色合いを見ながらタイルを並べ替え、部屋のまわりに作業しやすいように重ねておきます。サイズが不揃いのアンティークの本石タイルを使うときは、大きなタイルを部屋の中央に敷き、小さいタイルを部屋の周縁部に割り付けるようにします（こうすることによって、カットする回数も少なくて済みます）。本石のスラブは非常に重いため、運搬時と積み重ねるときは、十分注意します。部屋の中心で直交する2本の線をチョークラインで引きます。「床の割り付け」の項の要領で作業を進め、4分割法によって調整します（p.14参照）。

役に立つヒント
砂岩および石灰岩タイルは大きいので、動かないように固定するためには、最低3～6mmの目地が必要です。

ステップ1
最終的に調整したチョークラインに沿って、タイルを仮敷きしていきます。緊張感のある緻密な仕上げにするか、あるいはカントリー調のゆるやかな仕上げにするかによって、3mmから2cmまでの目地をとります（必要な場合はスペーサーを使います）。中央から壁に向かって部屋の4分の1ずつ、壁との取り合い部分を残してすべて仮敷きします。

ステップ2
周縁部のタイルのサイズを出すため、部屋周縁部の隙間の大きさを測定します。その幅からタイルと壁の間の目地分を確保するために、最低でも6mmを引き算します（2×3mm）。

2.12

ステップ3
部屋の周縁部のタイルを形に合わせてカットします。パイプ、穴、角の複雑な形状は厚紙や工作用紙を使って型紙を作りながらカットします（p.26-27参照）。曲線部はアングルグラインダーを使ってカットします。穴は石工用ビットを使って開け、半丸やすりで滑らかにします。多量のタイルをカットする場合は、ダイアモンド・ホイールカッターが便利です。

ステップ4
タイルを張り付けていく前に、柔らかい箒または掃除機でタイル表面の塵や埃の微粒子を除去します。タイル（多孔質です）にモルタルのしみがつくのを防ぐために、タイル用シーラントを塗布します。30分後に、余分なシーラントを清潔なスポンジまたは布で拭き取ります。乾燥するまでそのままにしておきます（理想的には一晩置きます）。

ステップ5
床全体に仮敷きが終わり、全体の印象に満足したら、適量のモルタルを泡立て器または鏝を使って混ぜ合わせます。調合モルタルに水を合わせ、均質なクリーム状になるまで混錬します。モルタルは固着しやすいので、1時間以内に使い切る量ずつ混ぜ合わせるようにします。バケツ半分くらいから始めます。

ステップ6
入り口から最も遠い角のタイルを10枚剥がし、その部分に石工鏝を使い1.25cmの厚さでモルタルを延ばしていきます。

ステップ7
壁際のタイルから始め、入り口に向かって後ずさりするようにタイルを張り付けていきます。必要ならばスペーサーを挿入し、モルタルの上にタイルを載せるとき、少しひねりを加えるようにして接着をよくします。ゴムハンマーで軽く叩き、タイルの下の空気を追い出します。水準器を使い（必要な場合は直定規の上に置いて使います）、水平を確かめながら進みます。タイルの厚さが違う場合は、下に敷くモルタルの量で調整し水平を確保します。

ステップ8
次にその横のタイルを10枚取り除き、同じように作業を進め、床全体を終わらせます。新しく敷いたタイルの上を歩いたり、膝を載せたりしないように気をつけながら、タイルの上の余分なモルタルを、湿らせたタオルまたはスポンジで拭き取りながら作業を進めます。すべて敷き終わったら、そのまま少なくとも3時間は固まるのを待ちます。

ステップ9
すべてのスペーサーを取り除きます。下塗りに使用したものと同じ調合モルタルを使って目地詰めを行います。ステップ5の要領でモルタルを混錬し、一時にバケツ半分の量を作るようにします。角のタイルから始め、目地鏝を使いタイル周囲の目地にモルタルを詰め込んでいきます。タイルの表面に必要以上にモルタルをこぼさないように注意します。

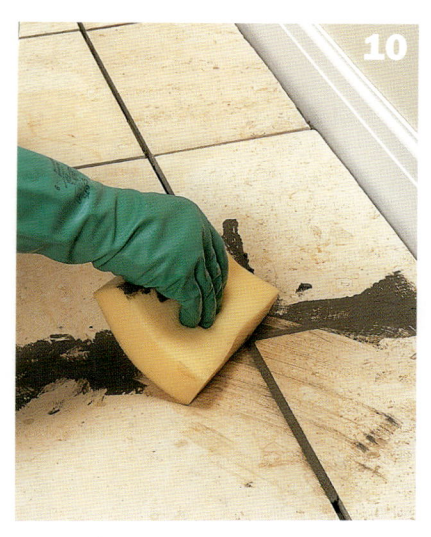

2.12

石灰岩・砂岩張り仕上げ階層構造

コンクリート下地床の場合

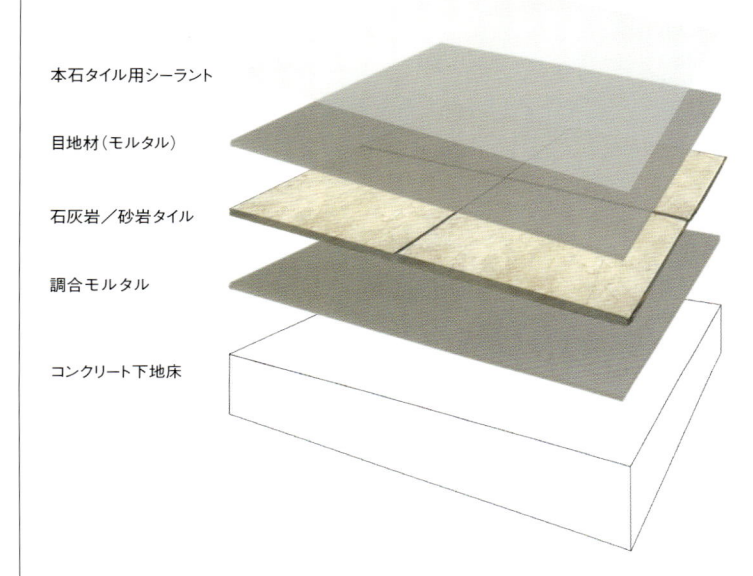

- 本石タイル用シーラント
- 目地材（モルタル）
- 石灰岩／砂岩タイル
- 調合モルタル
- コンクリート下地床

木質下地床の場合

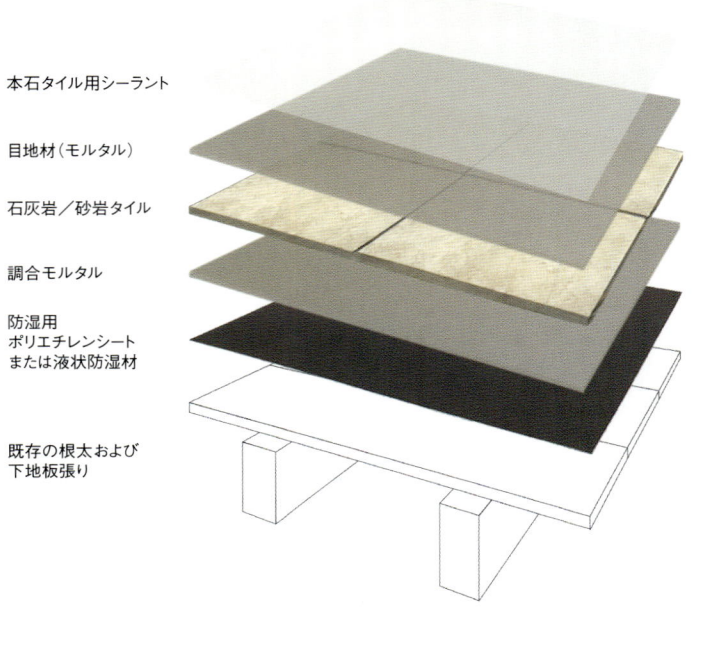

- 本石タイル用シーラント
- 目地材（モルタル）
- 石灰岩／砂岩タイル
- 調合モルタル
- 防湿用ポリエチレンシートまたは液状防湿材
- 既存の根太および下地板張り

ステップ10
湿らせたスポンジまたは布を使い、タイル表面に残った余分な目地材を拭き取りながら進んでいきます。拭き取りは、目地に詰め込んだ目地材まで引っ張り出すことがないように、タイルを対角線状に横切るように、さっと1回で行うようにします。必要に応じてスポンジを水洗いしますが、そのときは固く絞って使うようにします。

ステップ11
目地詰めとその後の拭き取りが終わったら、最初の地点に戻り、だぼまたは目地棒で、目地の表面を滑らかに仕上げます。そのまま3時間乾燥させます。

ステップ12
水と柔らかい布で、タイル表面に残ったモルタルのしずくをていねいに拭き取ります。そのまま乾燥のため少なくとも3時間置き、その後掃除機または箒で清掃します。ペイントローラーを使い、2回目のシール加工を施します。そのとき目地の上にもしっかりと塗布します。余分なシーラントを清潔なスポンジまたは布で拭き取ります。乾燥するまでそのままにしておきます（理想的には一晩置きます）。

ステップ13（水を使う場所）
キッチン、バスルームなどの水濡れの可能性のある場所では、タイルと壁の間の隙間をコーキング材を使って塞ぎ、防水加工をする必要があります。コーキング材はコーキングガンを使って塗布し、その後24時間触れないようにして乾燥させます。

2.13 れんが

性能チェック
(*低 **中 ***高)
- メンテナンスのしやすさ***
- 耐磨耗性***
- 保温性**
- 遮音性*
- 耐水性*

　れんがは建物の壁や床に使われるものとして、数千年の歴史を誇ります。れんがは、粘土を鋳型に詰め焼成して作られます。本石にくらべ耐久性は劣りますが、同様に摩滅しにくく、またその温もり(見た目も足触りも)と規則的な仕上がりが好まれ、多くの人に選ばれています。れんがはまた、他の硬質タイルほどには高価ではなく、メンテナンスも容易です。

　普通の建材用れんがを床仕上げ用として使うこともできないことはありませんが、それは非常に厚く、耐久性もあまり高くありません。耐用年数も長く、耐磨耗性の高い「ハイカラれんが」も販売されていますが、やはり床の高さをかなり高くすることに変わりありません。最上の選択は、ペイバー(敷きれんが)を使うことです。それは床仕上げ用に特別に製造されたれんがで、厚さも2－5cmの間で各種揃っています。ドアその他の造作の高さ調節が必要な場所には薄めのものを選ぶようにしますが、納入業者とよく相談して選択するようにしましょう。

　れんがは基本的には、コンクリート下地床の上に、モルタルの下塗りで張り付けます(そのためモルタルの荷重も計算に入れる必要があります)。木質下地床の上に張り付けたいときは、必ず建築業者に下地床が荷重に耐えられるかどうかを確認し、最も薄いペイパーを使用するようにします。木質下地床の上にモルタルを下塗りする場合は、モルタルに含まれる水分によって木材が腐食することのないように、防水塗膜を施す必要があります。ペ

れんが張り仕上げのデザイン

　れんが張り仕上げの成功の鍵は、パターンにあります——れんが特有の定型性のため、目は自然にその割り付けパターンを追うようになります。どのパターンも簡単に作ることができます。破れ目地で同一方向に並べたランニングボンド(馬踏み目地)は、最も簡単なパターンで、部屋の長さまたは広さ(どの方向に並べるかによります)を強調します。ヘリングボーンの対角線は、目をひきつける装飾性の高い模様ですが、敷くのはそれほど難しくはありません。縦、横と、数個のれんがを並べ方を交互に変えて組み合わせるバスケットウィーブは、織物のような面白さがあります。またれんがそのものにも、菱形のものや、マルタ十字架のレリーフをあしらったものなどもあります。

　れんがの多くは、赤、ピンク、茶系のアーストーンですが、灰砂や珪酸カルシウムを使った白っぽい色(白、クリーム、ソフトピンクなど)のれんがも製造されており、普通のれんがよりも光をよく反射します。藍色や緑色を出すために、材料に顔料が混ぜられる場合もあります。製品の種類によって、生み出される効果もまた変わってきます。表面を磨いたオレンジ色のペイバーは、車庫への私道と組み合わせて、現代的な外観を演出し(特に対照的な色の目地を使ったとき)、より古びた仕上げにしたものは、伝統的なスタイルに合います。

左：壁やテラスなど屋外で見られることの多いれんがは、部屋の中に用いられると、屋内の生活空間にアウトドアの感覚をもたらします。

イバーは、防水のためシール加工する必要があります。この過程で目地に砂を閉じ込めますが、そのことによって床全体に魅力的な輝きが加わります。しかし、既に防水加工済みのれんがもあり、その場合はシール加工をする必要はありません。

れんが張り仕上げのメンテナンス

定期的に掃除機または箒で清掃し、薄めた家庭用洗剤を含ませたモップで、表面の微細な塵や埃を拭き取ります。シール加工している場合は、推奨される頻度——通常は半年から1年に1回の割り——にしたがって上塗りします。仕上げ剤は必ずしも必要というわけではなく、また滑りやすくなるおそれがありますから、過剰に塗布するのは避けます。

長所
- メンテナンスが容易。
- 耐久性、防水性に優れている。
- 他のほとんどの硬質床にくらべ、温もりが感じられる。
- 印象的な割り付けパターンが数多くある。
- 特にキッチン、回廊、廊下、さらにはベランダのような半屋外に適す。

短所
- 天井高を低くする。
- 通常中間階の部屋には適さない。

右：古い建物のれんがを再利用したものは、その独特の摩滅した形状と古びた色合いで、視覚的に興味あふれる床を生み出します。歴史を感じさせる床仕上げと、新品のれんがを使った現代的な壁仕上げが鋭い対照性を浮び上がらせています。

下：何千年もの間使われてきたれんがは、床仕上げ材の中でも最も伝統のあるものといえます。

2.14

れんが張り仕上げ

　れんが張り仕上げの床には、決してたわむことのない堅牢な下地が必要で、1階のコンクリート下地床の上に張り付けるのが最も理想的です。れんがは下地床の上に接着剤やモルタルなしで直接張られる場合もあれば、下塗りモルタルの上に埋め込まれる場合もあります。前者の方法は最も簡単ですが、後者のモルタルを使う方法の方がより強固な床が仕上がります。木質下地床の上にれんが張り仕上げを行う場合は、下地床がその荷重に耐えられるかどうかをよく確かめます。普通れんがを使うこともできますが、それはペイバーと呼ばれる床敷き用れんがよりも厚く重量があります。また普通れんがは、腐食しやすいという欠点もあります。ペイバーは種々の厚さのものが販売されていますが、できるだけ薄いもの（それゆえ軽いもの）を選ぶようにします。どのようなタイプのれんがであれ、床を高くしますから、おそらくドア下端の切除が必要になるでしょう（p.21参照）。

　まず最初に、既存の床仕上げを除去し、下地床を準備します。コンクリートや木質下地床の上に下塗りモルタルを延ばし、それにペイバーを埋め込む場合は、下地床の凹凸がはなはだしいときを除き、下地調整材を塗ったり、マリン合板で下地を平滑にする必要はありません。下塗りモルタルが床の凹凸を吸収し、表面を水平に保つからです。木質下地床の上に敷く場合は、乾式（下塗りモルタルなし）で敷くのが理想的です。しかし目地を広く取りたい場合は、モルタルを使う必要があります（モルタルを使うことによって床の荷重がかなり増加することを計算に入れるのを忘れないようにします）。その場合、下地床をポリエチレンシート、あるいは液状の防湿材で覆い、モルタル乾燥時の浸出液で下地床が傷むのを防ぎます。それを怠ると、モルタルの劣化および下地床の腐食を招きます。れんがを下塗りモルタルなしの乾式で敷く場合は、コンクリート下地床の場合は下地調整材で床の水平を確保し、木質下地床の場合は、水で希釈したPVA接着剤で防水加工を施した6mmのマリン合板を下地板の上に張ります。床見取図を描き、れんがの枚数を算出します。計画している模様（ヘリングボーンやバスケットウィーブなど）を入れる場合は、それも正確に描き入れて、不釣り合いのないレイアウトを作成します（p.12-15参照）。

重要事項
- 割り付けを始める前に、下地調整を行います（p.18-21参照）。
- 全量同質のもので統一し、後で買い足すことがないように、材料は補修分も含めて一括して購入しておきます。
- 納入業者に助言を求め、メーカーの指示書に従った使い方をします。
- 安全には十分配慮します。接着剤、シーラント、目地材、コーキング材を使用するときは、厚手のゴム手袋を用い、部屋の換気に十分注意します。電動工具を使うときは、マスク、防護メガネ、イヤープロテクターを装着します。れんがをカットするときは、れんがを留め具でしっかりと固定します。

乾式（モルタルなし）れんが張り仕上げの施工

れんがの下準備

　色合いを見ながられんがを並べ替え、部屋のまわりに作業しやすいように重ねて置きます。他の硬質タイルと異なり、れんがの場合は4分割法を用いません。というのは、れんがは普通矩形で、破れ目地で張り付けていくからです。またれんがは比較的小さいものですから、壁際の大きさが多少不均衡になっていてもあまり目立ちません。長い方の直線の壁に沿って割り付けていきます。壁が直線になっていなかったり、平行になっていなかったりする場合は、水糸の両端をれんがに結びつけ、それをれんがの幅に合わせて一方の壁から向かいの壁までピンと張ります。こうすることによって直線と水平のラインが確保されます。壁がかなりきつく斜めになっている場合は、一方の壁かられんがが1個分の幅を取り、直角定規を使って直線を引きます。次にその線に沿って対面する壁まで水糸を張ります。

ステップ1
水糸に（あるいは壁がまっすぐなときは壁に）沿って、1列目のれんがをしっかりと突き合わせながら、敷いていきます。必要な場合は、引き続き水糸を張りなおしながら、そのまま少なくとも3列目まで進みます。こうして次の列のれんがを突き当てても動かない基礎が出来上がります。

ステップ2
周縁部のれんがをカットしてあわせます（p.26-27参照）。そのとき壁との間に3mmの伸縮目地を取ります。パイプ、穴、角の複雑な形状は厚紙や工作用紙を使って型紙を作りながらカットします（p.27参照）。れんがは、タイルカッター、冷たがね、ハンマーを使って割り、曲線はアングルグラインダーでカットします。穴は石工用ビットで開け、半丸やすりで滑らかに仕上げます。

難易度
●●○○○

れんがは小さくて軽量で、取り扱いも容易で、簡単に割ることができます（ただし曲線や突出した部分をカットするには、かなりの技術が必要です）。乾式の場合は、接着剤もモルタルも必要ありません。

工具箱
1. 水糸
2. 直角定規
3. 直定規
4. タイルカッター、冷たがね、ハンマー
5. アングルグラインダー
6. 石工用ビット／半丸やすり
7. だぼ／目地棒
8. じょうろ（目の細かい散水口の付いたもの）
9. 掃除機／先の柔らかい箒またはブラシ
10. ペイントローラー
11. 清潔な布、バーラップ（黄麻布）

材料
12. れんが／ペイバー
13. 厚紙／工作用紙
14. 調合モルタル（目地用）
15. れんが用シーラー

2.14

ステップ3
床全体に敷き終わったら、次は目地詰めです。調合モルタル（あらかじめ調合したものが建材店に置いてあります）を粉のまま、れんが表面に散布し、柔らかいブラシで壁際の伸縮目地も含めてすべての目地に、ブラシを動かす方向を変えながら、もれがないように詰めていきます。これを毎日2回、数日間繰り返し、すべてのれんがの隙間にモルタルが行き渡るようにします。

ステップ4
だぼまたは目地棒を目地に沿って動かし、調合モルタルをしっかりと詰めていきます。

ステップ5
接着剤を作るために、目の細かい散水口の付いたじょうろで床全体に散水し、水が均質に調合モルタルに吸収されるようにします。その後24時間乾燥させます。

ステップ6
箒または掃除機で余分な調合モルタルを取り除きます。ペイントローラーでれんが用シーラーを、れんが表面と目地にもれなく塗布します。塗布後30分経過したら、余分なシーラーを布で拭き取り、一晩乾かします。

れんが張り仕上げ階層構造

コンクリート下地床モルタルなし仕上げの場合

- れんが用シーラー
- 目地材（モルタル）
- れんが／ペイバー
- 下地調整材
- コンクリート下地床

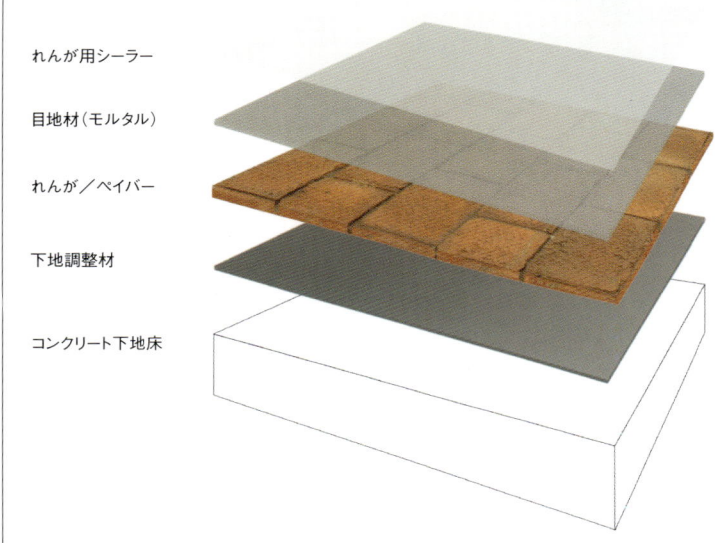

木質下地床モルタルなし仕上げの場合

- れんが用シーラー
- 目地材（モルタル）
- れんが／ペイバー
- 水で希釈したPVA接着剤で防水処理した6mmのマリン合板
- 既存の根太および下地板張り

れんが張り仕上げ

2.14

モルタルれんが張り仕上げの施工

れんがの下準備

モルタルなしれんが張り仕上げと同様に準備します（p.60参照）。木質下地床の場合は、防水加工をしっかりすることが肝要です（p.19参照）。この方法の場合は、たとえ床が真っ直ぐでも、目地を通し、水平を確保するために水糸を張る必要があります。

難易度
●●●○○

この方法は固着しやすいモルタルを使うため、下地床に接する形で直接れんがを敷いていく方法よりも難易度が高くなります。また目地通しをよくし、水平を確保するために水糸を張る必要もあります。

工具箱
1. 水糸
2. タイルカッター、冷たがね、ハンマー
3. アンググラインダー
4. 石工用ビット／半丸やすり
5. れんが鏝
6. 泡立て器（オプション）
7. ゴムハンマー
8. 水準器
9. 直定規
10. 清潔な布、バーラップ（黄麻布）
11. 目地鏝
12. だぼ／目地棒
13. 掃除機／先の柔らかい箒またはブラシ
14. ペイントローラー

材料
15. れんが／ペイバー
16. ポリウレタン防湿シート／液状防湿材（木質下地床の場合）
17. 厚紙／工作用紙
18. 調合モルタル
19. 3mm厚のポリエチレンシート
20. れんが用シーラー

ステップ1
水糸に沿って、6mm〜1.25cmの目地（目地幅は希望する効果によって異なります）を取りながら、1列目のれんがを敷いていきます。引き続き目地幅を一定に保つために、1列ごとに水糸を張りなおします。計画に従って敷いていきますが、バスケットウィーブの場合は写真のように第1列目かられんがの向きが変わります。

ステップ2
周縁部のれんがをモルタルなしれんが張り仕上げ同様にカットし合わせます（p.60参照）。

ステップ3
床全体に敷き終わったら、一定量のモルタルを混錬します。調合モルタル（調合済みのものが建材店にあります）に水を加え、れんが鏝または泡立て器で均質なクリーム状になるまで練り合わせます。1時間以内に使い切る量ずつ作るようにします——最初はバケツ半分の量から始めましょう。

ステップ4
入り口から最も遠い角のれんがを15枚ほど取り除き、その部分に鏝を使ってモルタルを1.25cmの厚さで延ばし、軽くくし目をつけます。

ステップ5
壁際から、入り口に向かって、れんがを張り付けていきます。モルタルの上にれんがを載せるとき、少しひねりを加えるようにして接着をよくします。ゴムハンマーで軽く叩き、れんがの下の空気を追い出します。水準器を使い（必要な場合は直定規の上に置いて使います）、水平を確かめながら進みます。

ステップ6
次にその横のれんがを15枚程度取り除き、同じように作業を進め、床全体を入り口まで終わらせます。新しく敷いたれんがの上を歩いたり、膝を載せたりしないように気をつけながら、れんがの上の余分なモルタルを湿らせたバーラップ（黄麻布）で拭き取りながら進行します。そのまま少なくとも3時間は固まるのを待ちます。

2.14

ステップ7
下塗りモルタルが乾いたら、同じモルタルを使って目地詰めを行い、れんがを固定します。ステップ3で示した方法でモルタルを混錬します。一度にバケツ半量ずつ作ります。入り口から一番遠い角から始め、目地鏝で周縁部の伸縮目地も含めてもれなく目地に詰めていきます。れんが表面に必要以上にモルタルをこぼさないように気をつけます。

ステップ8
湿らせたバーラップでれんが表面に残った余分なモルタルを拭き取りながら進んでいきます。拭き取りは、目地に詰め込んだ目地材まで引っ張り出すことがないように、れんがを対角線状に横切るように、さっと1回で行うようにします。必要に応じてバーラップを水洗いしますが、そのときは固く絞って使うようにします。

ステップ9
目地詰めとその後の拭き取りが終わったら、最初の地点に戻り、だぼまたは目地棒で、目地の表面を滑らかに仕上げます。そのまま3時間乾燥させます。

ステップ10
バーラップで余分なモルタルをていねいに拭き取ります。その後3mmのポリエチレンシートで床全体を覆い、4日間そのままにしておきます。（少なくとも24時間はれんがの上を歩かないようにし、その後もし必要が生じたときはできるだけ軽く踏むようにします。）その後、シートを取り除き、シーリング加工前に完全に乾燥させます――この期間はおよそ1カ月かかります。完全に乾燥させないままシーリング加工をすると、れんがの中に湿気を閉じ込め、退色の原因になります。

ステップ11
掃除機または箒で床表面の微細な塵や埃を取り除きます。ペイントローラーを使い、れんが用シーラントをれんが表面と目地の両方にもれなく塗布していきます。30分後に余分なシーラントをきれいな布で拭き取り、一晩乾燥させます。最後に必要ならばモールディングや幅木を再度取り付けます。

れんが張り仕上げ階層構造

コンクリート下地床モルタル仕上げの場合

れんが用シーラー
目地材（モルタル）
れんが／ペイバー
モルタル
コンクリート下地床

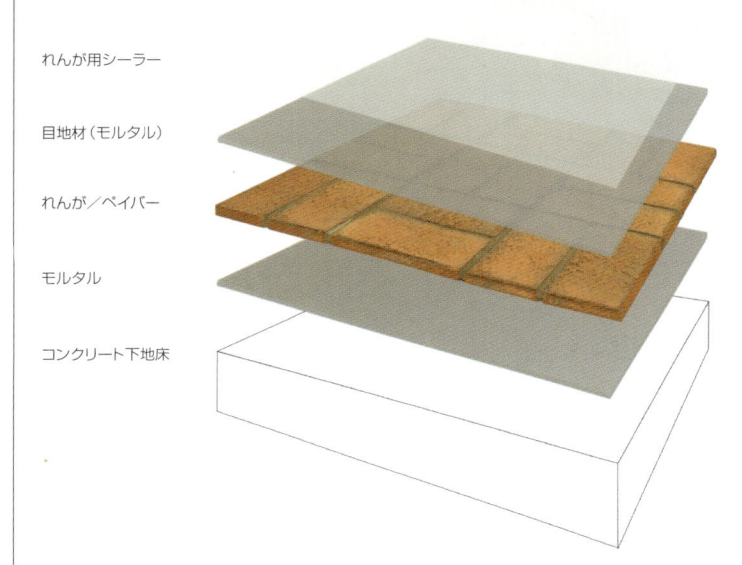

木質下地床モルタル仕上げの場合

れんが用シーラー
目地材（モルタル）
れんが／ペイバー
モルタル
水で希釈したPVA接着剤で防水処理した6mmのマリン合板
既存の根太および下地板張り

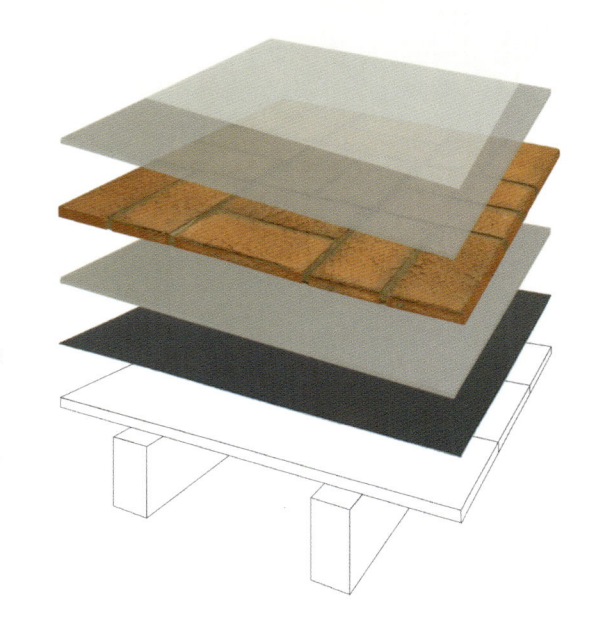

2.15

専門職人に依頼
大理石・御影石張り仕上げ

性能チェック
(*低 **中 ***高)
- 耐磨耗性***
- 耐水性***
- メンテナンスのしやすさ**
- 保温性*
- 遮音性*

　硬くて光沢のある表面、冷やかな感触、美しい紋様、大理石と御影石には他の材料には決して表現することのできない、またどんな合成材料も模倣することのできない豪華さがあります。これらの床仕上げは決して安価なものではありません。材料は非常に高く、要求される完璧な滑らかさ、水平の確保、寸部の狂いもない平行な線を実現するためには、熟練した職人の技が必要です。しかしできあがった床仕上げは、古典的で劇的な魅力を放ち、数世代にわたって存続します。大理石や御影石の床を自分で仕上げようと試みることは、おそらく逆に経費を増やすことに終わるでしょう。材料費が高いため、失敗は高額な損失となり、また施工には特別な機材が必要です。

　大理石はバスルームの床に最もよく使われています。バスルームはこの豪華な床で贅沢を楽しむのに丁度良い広さだからでしょう。ついでながら、バスルームの床に大理石を使うときは、必ずシール加工をする必要があります。御影石は防水性が高く、バスルームで大理石に代わるものとして最適です。下地床が計画している床仕上げの荷重に耐えられるものかどうかについて、専門家の意見を聞くことが重要です──特に御影石は、普通の中間階の下地床では重すぎて支えきれないでしょう。その場合は、建築業者に頼んで下地床を補強してもらう（これもかなり費用がかかります）か、より軽量な代替の方法を検討します。大理石と御影石は、玄関ホールや応接間のための華麗でフォーマルな床仕上げを作り出すことができます。これらの石の冷たさがいつも歓迎される暑い気候の地域以外では、床暖房も一考の価値があります。

大理石・御影石張り仕上げのメンテナンス

　御影石は非常に堅固で、定期的な掃き掃除と拭き取り以上の特別な手入れは必要ありませんが、大理石は注意深く手入れする必要があります。表面を掃くときは、先の柔らかい箒かブラシを使い、埃は家庭用洗剤を薄めて湿らせたモップで拭き取ります。部屋を区切って掃除をし、同じ場所ばかりに洗剤液が飛散することがないように気をつけます。大理石は、決して研磨剤入りの洗剤で拭いてはいけません。輝きを減退させ、退色の原因になります。大理石は施工の過程で、シーラントを塗布する必要があります。そうしないとしみがついてしまいます。納入業者の指示に従った頻度で、塗布を繰り返します。御影石は防水性能がありますが、輝きを強調したいときはシール加工することもできます。

注意すべき点

- 評判の良い施工業者を選び、どのような顧客の指定業者になっているかを尋ねましょう。
- あなた自身が何らかのデザインを希望している場合は、必ず施工業者にも

大理石・御影石張り仕上げのデザイン

　大理石も御影石も多彩な色のものが揃っており、その紋様が表現する独特の不定型性は、しばしば背景色と強い対照を示します。大理石は繊細かつ大胆な縞模様、条痕、そして「曇り」などによる流麗な模様に彩られていますが、御影石はそれにくらべて斑点としみがほぼ均等に連続しています。無地に近い大理石や御影石もありますが、これらの石の醍醐味はやはりその不定型性にあります。大理石は白、クリーム、ピンク、赤、緑、藍、灰色、黒など豊富な色のものが揃っており、御影石も同様の色のものが揃っています。大理石の中では、伝統的にイタリア産のものが最上といわれていますが、他の場所からも採石されており、採石地によって色が異なっています。

　色や紋様を強調したいときは、3次元模様、あるいは古典的なチェッカーボード模様のデザインを依頼すると良いでしょう。本石のスラブは、種々の大きさで正確に接合するようにカットすることができます。現代的なスタイルの部屋には、御影石も大理石も、あまり紋様の目立たない、よく磨かれた輝きのあるものが選択されます。仕上げは磨かれた光沢のあるものにすることも、より古びた歴史を感じられるものにすること（大理石の場合「タンブル加工」といいます）もできます。後者の場合は狭い空間によく似合い、防滑性が高くなっているため、バスルームによく用いられます。

グレイ大理石

ベージュ大理石

グリーン大理石

イエロー大理石

左：摩滅しにくく、流行に左右されない大理石は、玄関ホールや入り口の間に最適です。この古典的なチェッカーボード模様は、大きなモチーフと組み合わされることによって、なおさら印象的になっています。

右：タンブル加工された大理石で仕上げられたこのキッチンの床は、質朴な古びた味わいが演出されています。

硬質床

2.15

大理石・御影石張り仕上げ階層構造

コンクリート下地床の場合

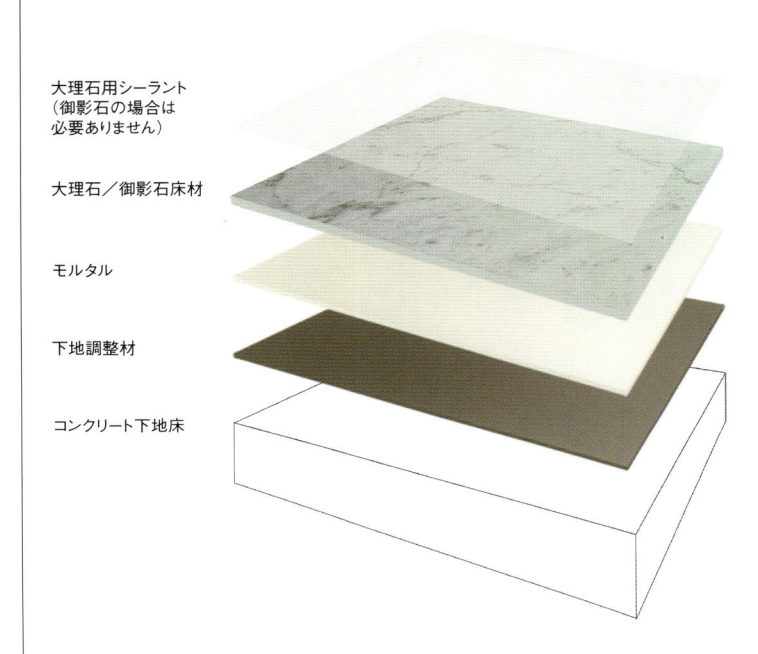

- 賛成してもらうようにします。
- 下地床が新しい床仕上げの荷重に耐えられるかどうかを施工業者に確認します。
- すべての石が同一のバッチからのものであることを納入業者に確認しましょう。
- 1枚1枚のスラブを、色、表面のきめ、縞模様などが全体と合うかどうかをチェックします。
- 大理石はしみを防ぐために、必ずシール加工するようにします。

長所
- 美しい流れるような紋様、驚異的な滑らかさ。
- 非常に耐久性に優れている。
- 耐水性に優れている(但し大理石はシール加工した場合)。
- 華麗な雰囲気を演出。
- 特に、バスルーム、玄関ホール、サンルーム、応接間に適す。

短所
- 高価。
- 大理石はしみがつく場合があり、シール加工が適正でなければ水濡れに弱い。
- 足元が冷たく、硬く感じられる。

大理石用シーラント
(御影石の場合は必要ありません)

大理石/御影石床材

モルタル

下地調整材

コンクリート下地床

下:小さなブルー系の大理石タイルの微妙な色合いの変化が、モザイクタイルに似た印象を生み出しています。

木質下地床の場合

大理石用シーラント

大理石床材
(御影石は木質下地床では支えられません)

硬質床タイル接着剤

水で希釈したPVA接着剤で防水処理した6mmのマリン化粧ハードボード

既存の根太および下地板張り

大理石・御影石張り仕上げ

2.16

専門職人に依頼
テラゾー張り仕上げ

性能チェック
(*低 **中 ***高)
- 耐磨耗性***
- 耐水性***
- メンテナンスのしやすさ***
- 保温性*
- 遮音性*

　材料が高価なこと、専門業者に施工を依頼する必要があること、こうした理由からテラゾーは最も費用のかかる硬質床仕上げの1つになっています。しかし耐久性とメンテナンスのしやすさを兼ね備えたそのシックな工業的美観は、倉庫を改造した住宅などの超現代的なスタイルにふさわしいものとして選択する人が増えています。

　ベネチアンモザイクと呼ばれることもあるテラゾーは、天然石の砕片（多くの場合大理石と御影石）をコンクリートまたは樹脂で固めたものです。材料となる砕片が現場に散布され、コンクリートまたは樹脂が固まった段階で機械により研磨し、テラゾー特有の光沢を出すために完璧に滑らかになるまで磨き上げられます。こうすることによって天然石の砕片の色が鮮やかに浮び上がり、輝きに満ちた継ぎ目のない床が仕上げられます。この工程は難しく、専門業者に依頼するのが最善です。テラゾーはタイルの形でも製造されていますが、同様に研磨と艶出しが必要で、これも素人が試みることは推奨できません。下地床のわずかなずれが、表面に亀裂を生じさせることがありますから、下地床を完全に堅固で平滑にすることが不可欠です。また亀裂の可能性を最小限度に抑えるために、目地メタル棒を敷設する必要もあります。木質下地床の上にテラゾー仕上げを検討する場合は、下地床がモルタルの荷重に耐えられるかどうかを住宅の施工業者に確認します。

　テラゾーの滑らかで光沢のある仕上がりは、サンルームや大きな玄関ロビーのようなオープンスペースで真価を発揮します。テラゾーはまた掃除もしやすく、耐水性もありますから、バスルームの床としても最適で、リビングにも現代的な美観を生み出します。テラゾーは夏場に部屋を涼しく保つものとして、特に地中海沿岸地域で好まれていますが、寒冷な地域に住んでいる人の場合は、床暖房を検討することもできます。

テラゾー張り仕上げのメンテナンス
　テラゾーの表面は非常に滑らかですから、汚れは拭き掃除で簡単に取れます。定期的に先の柔らかい箒で掃き掃除をし、薄めた家庭用洗剤を染み込ませたモップで拭きます。納入業者の推奨する製品で光沢を出しますが、ふさわしくない製品を使うと滑りやすくなる場合がありますから気をつけます。

注意すべき点
- 評判の良い専門業者を選び、どのような顧客の指定業者になっているかを尋ねましょう。

テラゾー張り仕上げのデザイン

　テラゾー張り仕上げの床は、非常に滑らかで、研ぎ澄まされた外観を創造しますから、現代的なスタイルの部屋で最もよく真価を発揮します。しかしそれはまた、広いバスルームや大広間などに使われると、豪華な堂々とした雰囲気を演出することもできます。天然石砕片の配分、色、サイズによってさまざまな模様や質感が生み出され、部屋にあった最適のものを作り出すことができます。丸みを帯びた砕片を使うと大理石に似た床が出来上がり、鋭い細かな砕片を用いると、モザイクのような味わいが生まれます。

　どこにもないような独創的な床に仕上げたいときは、施工業者にあなた自身の手によるデザインに合わせたモチーフを組み込んでもらうこともできます。星、魚、船、その他の幾何学的な模様をモチーフにあしらったものが多いようです。テラゾーをタイルではなく、現場で散布して固める場合は、デザイン的な可能性が広がり、色、砕片の配分、さらには他の素材を混ぜ合わせるということもできます。テラゾーはまた他の材料を主とした床仕上げの中に、対照的なストライプとして挿入し面白い効果を出すこともできます。

瑪瑙（めのう）

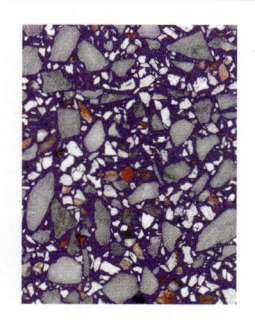

アメシスト（紫水晶）

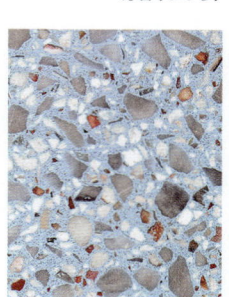

アクアマリン

ジェット（黒玉）

合成樹脂仕上げ
テラゾーに似ていますが、天然石の砕片を含まないこの床仕上げは、耐久性に優れ、工業的な美観を持っており、キッチン、サンルーム、そして人の出入りの激しい場所に適しています。現場に打設する形で仕上げられますが、全体を均一な色にすることも、大胆な抽象的模様を入れることもできます。

2.16

テラゾー張り仕上げ階層構造

コンクリート下地床の場合

- テラゾー
- モルタル
- 下地調整材
- コンクリート下地床

- テラゾーはモルタル下地の上に仕上げますから、モルタルに含まれる水分で腐食することがないように、下地合板は必ずポリエチレンシートまたは防湿材で防水加工するようにします。
- 下地床が新しい床仕上げの荷重に耐えられるかどうかを建築業者に確認します。

長所
- 非常に耐久性に優れ、メンテナンスも容易。
- 耐水性に優れている。
- 洗練された現代的な雰囲気を演出。
- 特に、玄関ホール、キッチン、サンルーム、リビングルーム、バスルームに適す。

短所
- 高価。
- 好みが変わったときに、除去するのが困難。
- 足元が冷たく、厳しく感じられ、靴音が響く。

木質下地床の場合

- テラゾー
- モルタル
- ポリエチレンシートまたは液状防湿材
- 水で希釈したPVA接着剤で防水処理した6mmのマリン合板
- 既存の根太および下地板張り

右：現代の室内装飾家は、商業的あるいは工業的場面で使用されている床仕上げ材料を大胆に住宅の文脈の中に持ち込み、再定義しています。

テラゾー張り仕上げ

2.17

専門職人に依頼
メタル張り仕上げ

性能チェック
(*低 **中 ***高)
- 耐磨耗性***
- 耐水性***
- メンテナンスのしやすさ**
- 保温性*
- 遮音性*

　銀色に輝くステンレス鋼板やアルミニウムシートほどスマートな床仕上げは他にありません。これらの材料は決して安価なものではなく、施工も、カットや穴あけ、溶接など、アマチュアの範囲を超えているため、専門職人に依頼する必要があります——しかし洗練された工業的美観を追及する人々にとっては、息を呑むほどに美しい現代的な仕上がりは、十分コストに見合うものです。メタル床材は、タイル、シート、プランク（厚板）の形で販売されます。たいていは、アルミニウムかステンレス鋼板から作られますが、真鍮、銅、青銅、その他の金属の外観が与えられている場合もあります。これらの床材は、一般にリサイクルした金属から作られています（購入する場合は、製品個々の製造履歴を納入業者に確かめましょう）。

　メタル床材は、コンクリート、木質の下地床のどちらの上でも問題なく張り付けることができます（下地床の強度に不安があるときは、ステンレスよりも軽いアルミニウムの方を選ぶと良いでしょう）。メタル床は通常ボルトあるいはプラグで固定されますが、接着剤を使う場合もあります。ボルト留めの場合は、必ず防湿・防音対策として少量の接着剤を併用しなければなりません。ただしそれによりメタル仕上げの床が音が響かなくなるというわけではありません。ともあれ、厳格な実用本位の外観もメタル床仕上げの魅力の1つです。多くのメタル床材は滑り止めのために表面に模様をつけていますが、これは特にキッチンやバスルームなど水濡れの可能性のある場所では効果的です。

メタル張り床仕上げのメンテナンス

　表面を擦る微粒子を取り除くために、定期的に掃き掃除をし、薄めた家庭用洗剤を含ませたモップで拭き掃除をします。表面はいつも光沢があり輝いていることが望ましいのですが、艶出しをしすぎて滑りやすくなることは避けます。滑り止め効果のある艶出し仕上げ材について納品元に尋ねましょう。

注意すべき点
- 評判の良い専門業者を選び、どのような顧客の指定業者になっているかを尋ねましょう。
- 下地床が新しい床仕上げの荷重に耐えられるかどうかを建築

メタル張り仕上げのデザイン

　メタル張り仕上げは、普通現代的テーマに沿った床仕上げとして選択されますが、工業的雰囲気を出すためのものとして限定する必要はありません。一般的には、格子縞やはと目などの建築材料仕様のものが用いられますが、その他にも、部屋におとぎ話のような輝きを演出するために、青銅、銅、金、銀など他の金属の風合いを出したものからも選ぶことができます。またメーカーでは、花、星、渦巻き、動物の足型、魚などの模様をあしらった目を惹くインセットタイルも用意しています。メタル仕上げの床は、空間を浮遊するような感覚を部屋に生み出しますが、暗い場所を明るくする効果もあります。ガラスタイルなどと組み合わせると、この効果はさらに一層高まります。その他、大理石や無垢材との組み合わせも面白い効果を生み出します。部屋の装飾スタイルにピッタリと合わせるために、表面の質感を選択することもできます。絹、鏡、漆、艶消し（あるいはこれらの組み合わせ）などの質感を表現したものが製造されています。

銅

金

銀

緑青

鉄

次ページ：銀の風合いを出したアルミニウムの床材に、浮き彫りを施したインセットタイルが組み合わされ、見事な装飾性を持った床仕上げが生み出されています。防水性、耐久性、実用性の面からも申し分ありません。

右：飾りびょうはメタルにリズム感を与えるだけでなく、防滑性能を損なわずに光沢を出すことを可能にします。

硬質床

2.17

業者に確認します。
- 使用する床材がリサイクルでできたものかどうかを確認します。
- あなた自身が何らかのデザインを希望している場合は、必ず施工業者にも賛成してもらうようにします。
- 表面を滑り止め加工するかどうかを決定します。

長所
- 耐久性に優れている。
- 耐水性に優れている。
- 暗い場所でも明るく輝かせる超現代的な外観。
- 特に現代的なリビングスペース、キッチン、玄関ホール、廊下に適す。

短所
- 高価。
- 足元が厳しく、靴音が響き、冷たく感じられる。

メタル張り仕上げ階層構造

コンクリート下地床の場合

- メタル床材
- メタル用接着剤
- 下地調整材
- コンクリート下地床

木質下地床の場合

- メタル床材
- メタル用接着剤
- 水で希釈したPVA接着剤で防水処理した6mmのマリン合板
- 既存の根太および下地板張り

メタル張り仕上げ

2.18

専門職人に依頼
ガラス張り仕上げ

性能チェック
(*低 **中 ***高)
- 耐水性***
- 耐摩耗性**
- メンテナンスのしやすさ*
- 保温性*
- 遮音性*

　透明なガラス張り仕上げの床は、豊かな自然光を住まいに導きいれると同時に、デザイン的にも独特の効果を生み出します。あらゆる床仕上げの中で、おそらく最も贅沢な印象を与えるであろうガラスの床は、相応に費用も高く、施工も難しく、アマチュアの手の届かない領域です。下地床は根太も含めてすべて撤去され、ガラスパネルは、金属性の枠によって支えられます。デザイナーはガラスの重量を正確に積算する必要があります。ガラス張り仕上げは、すべて現場の状況に応じた特注となりますから、特殊技能を持った熟練職人に依頼する必要があります。滑り止めコーティングを施したものか、表面に連続模様をつけ質感を出したものを選ぶことを推奨します。

　ガラスタイルは、磁器質タイル張り仕上げの床や、コンクリート張り仕上げの床に変化を持たせるものとしてモザイクの形で用いられることがあります。しかしその場合、そのガラスタイルが床仕上げに適したものかどうか（壊れやすかったり、滑りやすかったりするものがあります）をよく確認する必要があります。ガラスタイルの大きさは、テッセラほどの小さなものから、ブロック状のものまで種々あり、通常は主要床材と同時に張り付けられます。ガラスタイルだけで床仕上げを行う場合は、表面に滑り止め加工を施したものでないかぎり、滑りすぎて危険です。現在では多くのガラスタイルが、ビン類をリサイクルして作られていますが、それらには無数の気泡や亀裂が生じており、微妙な光の変化を生み出します。

ガラス張り仕上げのメンテナンス
　ガラス張り仕上げの床は、引っ掻ききずに注意する必要がありま

ガラス張り仕上げのデザイン

　透明なガラスは、床が中空に浮かんでいるような印象を生み出し、ミニマリスト的なスタイルにさらに高い洗練性を付与します。特にガラスでできた階段は見る人の心を打ち、支えなしに空中を昇っているような印象を生み出します。ガラスパネルはまた、メタルや大理石などの他の床材とさまざまな方法で組み合わせ、踊り場に光を導入したり、絵画や彫刻のための自然光を取り入れたりするのに用いることができます。多くの色合い、濃淡のものが提供されており、さらには表面にあなた自身のデザインによるエッチングを入れることも可能です。あなた自身のアイデアを喜んで受け入れ相談にのってくれる、スペシャリストの業者を探しましょう。

す。先の柔らかい箒で定期的に掃き掃除をし、表面を傷つけるおそれのある微粒子を除去します。埃は薄めた洗剤を含ませたモップで拭き取ります。新品の輝きを維持するために、頻繁に掃除する必要があります。滑りやすくなる危険性の少ない艶出しのシーラントを、納入業者に推薦してもらいましょう。

注意すべき点
- 評判の良い専門業者を選び、どのような顧客の指定業者になっているかを尋ねましょう。
- 使用するガラスがリサイクルでできたものかどうかを確認します。
- デザイン的可能性の追及に前向きな施工業者を選ぶようにしましょう。
- 納入業者に、ガラス表面の滑り止め加工について、またメンテナンス時のノンスリップ仕上げ材について相談しましょう。

長所
- 現代彫刻のような美しさを演出することができる。
- 空間に光を導入することができる。
- 耐久性および耐水性に優れている。
- 特に、階上のリビングルーム、階段、廊下、バスルームに適す。

短所
- 非常に費用が高額になる。
- 足元が厳しく、冷たく感じられる。
- 滑りやすい場合がある。

ガラス張り仕上げ階層構造

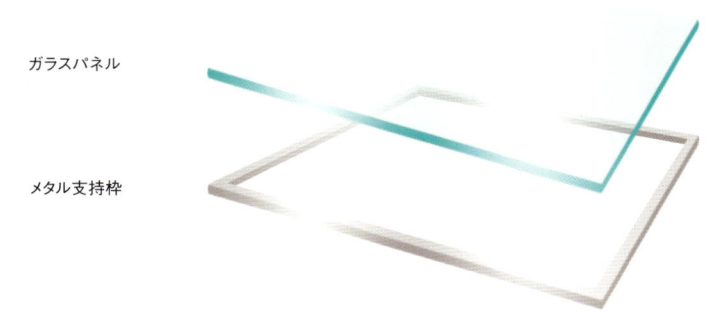

ガラスパネル

メタル支持枠

左：曇りガラスのタイルが、現代的なベッドルームに、透明感とプライバシーの両方をもたらしています。

上：鏡、ガラス張り仕上げの床、床下照明、これらが超現実的な空間を創造しています。

右：ガラス張り仕上げの床は、狭い場所で絶大な効果を発揮します。部屋に空間と深さの錯覚を生み出し、導き入れる光の量を増大させます。

第3章

弾性床

　メンテナンスのしやすさ、快適さ、効果に比した費用の安さ、これらの理由で以前から広く人気のあったリノリウムやビニルなどの弾性床材は、現在ではさらに、どのような予算、スタイルにも対応できる豊富な色、デザイン、質感をたずさえて提供されています。スレートや無垢材そっくりの美しさを表現できるビニル床材が製造されていますし、ボーダーストライプやインセットタイルも活用することができます。またあなた自身が創作した絵柄をあしらった、特別誂えのリノリウムで床を仕上げることも可能です。ゴムは息を呑むように美しい現代的な床を創造することができ、色の種類もますます豊富になっています。一方コルクは、穏やかで自然な雰囲気を醸し出し、どのような住まいにも似合います。本革で仕上げた床は、豪華さを極め、それゆえ当然にも非常に高価なものになります。タイル状の弾性床材は施工が最も簡単な部類に入りますが、シート状のリノリウムやビニルは、アマチュアが満足のいく仕上がりを実現するのはかなり難しいでしょう。

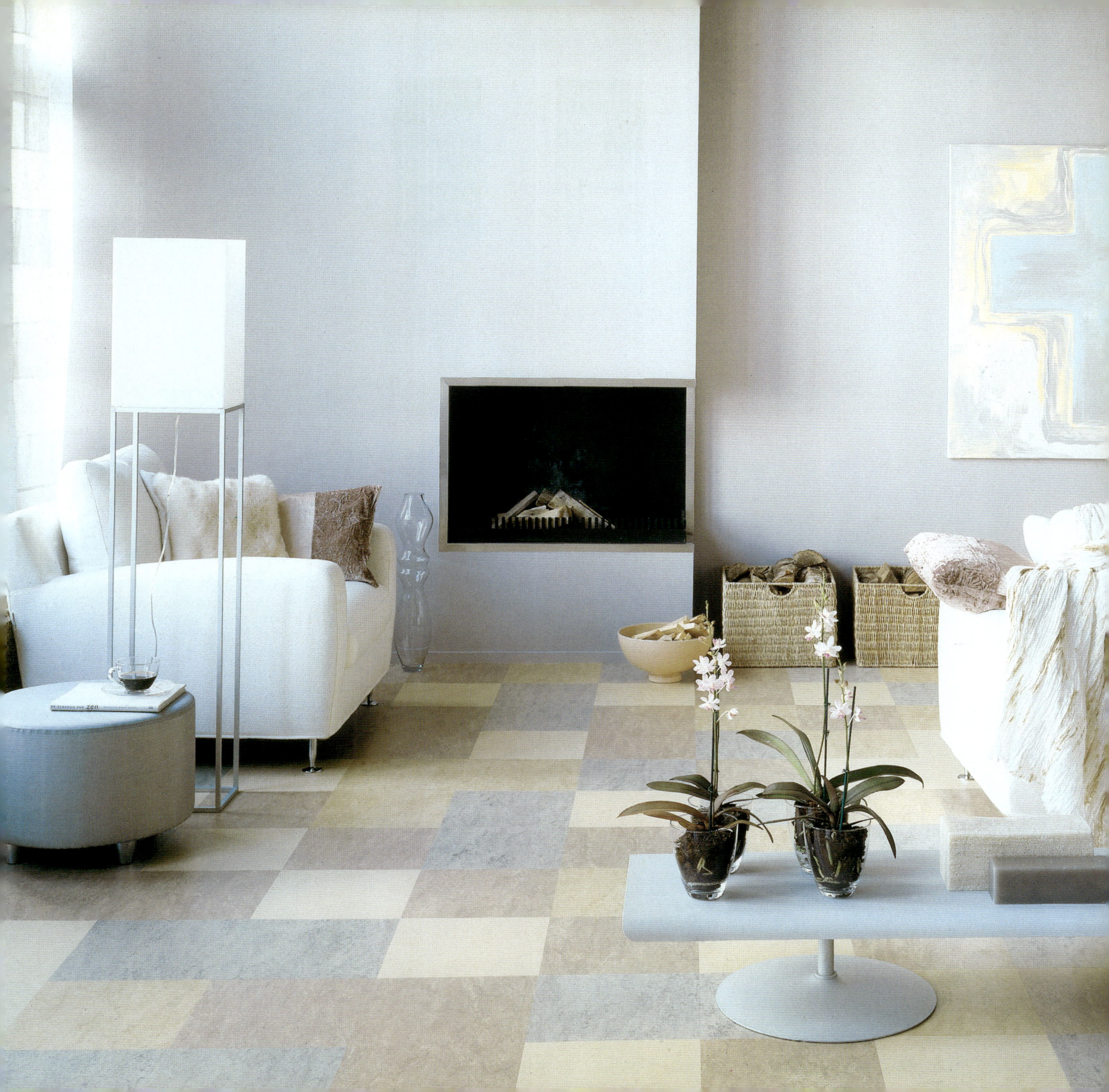

3.1

弾性床の施工

弾性床材はタイルまたはシートの形状で納品されますが、他のどんな床材よりも薄く柔らかいため、下地床のわずかな欠陥も表面に現れてきます。タイル状の弾性床材は、施工が最も簡単な床仕上げの部類に属しますが、シート状のビニルやリノリウムを自在に操り、周縁部の納めをプロ並みにするのは非常に難しいことです。シート状の弾性床材を張るときは、モールディングや幅木、換気網をあらかじめ取りはずしておく必要があります。またリノリウムの場合は、シートの継ぎ目を加熱溶接器で接合しなければなりませんが、その作業はアマチュアにはお薦めできません。

下地床の状態は？

弾性床材は軽量なので、重量的には中間階の木質下地床でもまったく問題ありません。しかし下地床が平滑で水平なことが不可欠です。木質下地床の場合は、その上に厚さ6mmのマリン合板を張って表面を平滑にする必要があり、コンクリート下地床の場合は、下地調整材を塗布する必要があります（p.18-19参照）。本革を張る場合は、コンクリート下地床でも木質下地床でも、その上から2cm厚の合板を張り、その高価なタイルのための堅固な下地を確保することを是非お薦めします。選択した弾性床材にふさわしい下地について、納入業者とよく相談しましょう。

弾性床材の順化

あらゆる弾性床材は、施工前現場に一定時間置き、部屋の温度に慣らすことが大切です。こうすることによって、ビニル、コルク、ゴム、本革、そして特に低い温度で弾性がなくなるリノリウムの温度を上げて、柔軟性を高め、ひび割れの危険性を少なくすることができます。それはまた、リノリウムやコルクなど木材を主成分としていて、周囲の温度や湿度の急激な変化に反応して伸縮する傾向の強い床材のため、新しい環境に順化する時間を取ることにもなります。ビニル、本革、ゴムの場合は施工前に少なくとも24時間、リノリウムとコルクの場合は少なくとも48時間は、部屋を温めたままにして、現場に置いておく必要があります。

タイルかシートか？

どのような床材であれ、タイルはシートにくらべ、はるかに取り扱いが容易です。シートによる床仕上げは、タイルにくらべ耐水性が高くなりますが、施工に時間がかかり、高度な技術のいる溶接も必要になります。シートの場合はまた、床の周縁部に合わせてカットし、納まりを完璧にするためには、かなり熟練された技術が必要です。美しく張るためには、床の周縁部すべてにわたって型紙を取る必要があります。またシートをカットする前に、床全体を1枚の型紙にすることさえ必要になる場合もあります。しかし施工前に部屋のすべての家具や造作を撤去することができ、面倒なへこみ箇所やパイプがない場合は、タイルよりも短時間で納まり良く張ることができる場合もあります。

部屋の下準備

タイル状の弾性床材の場合、部屋の周囲の形状に合わせてカットすることは比較的簡単ですから、施工前にわざわざモールディングや幅木などの造作を取りはずし、それらを損傷する危険を冒すことは推奨できません。しかしシート状の床材の場合、部屋の角の形状に合わせて正確にカットすることはかなり難しいため、施工前にモールディングや幅木、換気網をはずし、床材を張った後に付け直すことを推奨します。施工業者によっては、便器など床に据付けられている造作をすべて撤去してしまう場合がありますが、これは不必要な損壊をもたらす可能性があります。例えば便器は、多くの場合床にワックスシールで密着させていますから、再度便器を据付けた後同様の処理をする必要があります。この場合、そんなことをしないでも、床材を便器の型に合わせてカットし、接合部をコーキングで密封すれば済みます。

ステップ1
モールディングや幅木は、バールと冷たがねではずします（損傷しないようにていねいに行います）。床を張り終えた後、接着剤または釘で再度据付けます。

ステップ2
便器が床にワックスシールで密着されていない場合は、水道管を止め、便器を固定しているボルトをゆるめ、シートをその下に入れ込める所まで入れ込みます。

ステップ3
ユニットバスのなかには、床にボルト止めしていないものがありますが、その場合はシートをその下に敷くことができます。その場合は、水がシートの下に入り込み、床材が浮き上がったりたわんだりする心配はありません。もしバスタブユニットの床がタイル張り仕上げになっている場合は、ユニットと床の接合部をコーキングするのが最善の方法です。また据付け設備の縁にあたるシートの端を、モールディングで隠すこともできます。

弾性床仕上げのための技法

それぞれの床材に対して指定されている接着剤を使用することが肝心です——指示にしたがっていない場合は、メーカー保証が無効になる場合があります。接着剤、コーキング材、あるいはメンテナンス用材料を購入するときは、必ず納入業者にアドバイスを求めるようにしましょう。

張り付けを始める前に、必ず線形模様や幾何学模様などを含む割り付けプランを立てます（p.12-15参照）。対照的な色柄のタイルでボーダーを入れたいときは、ボーダー法（p.15参照）にしたがって割り付けします。大理石などの石目模様の入ったタイルを割り付けるときは、直前のタイルの向きから90度回転させて割り付けると、より自然な感じが生まれます。必ず床全体に仮敷きし、出来上がりの印象を確かめます。

タイルとタイルの間に、接着剤を溜めないように気をつけます。余分な接着剤は、接合部に醜い出っ張りを作り出すことがあります。もしそうなった場合は、その周りのタイルを持ち上げ、1枚1枚張り直します。

弾性床のカット

強力な切断工具を必要とする硬質タイルと異なり、弾性床材はユーティリティナイフでカットすることができます。替刃のついた良質なものを購入しましょう。リノリウムやゴムなど厚めの材料をカットするときは、曲線状のリノリウム用替刃が役に立ちます。しかし直定規に合わせて使うのは難しいため、まずユーティリティナイフと直定規で線を引き、その上からリノリウム用替刃でカットするようにします。

役に立つヒント
複雑な形で弾性床タイルをカットしたいときは、ヘヤードライヤーでタイルを温めると柔らかくなり、楽にカットすることができます。

ステップ1
部屋の周縁部に到達したら、最後のタイルの上にもう1枚タイルをきっちりと重ねます。

ステップ2
もう1枚別のタイルをその上に重ね、それを壁に突き当たるまで平行にずらします。

ステップ3
一番上のタイルの端に沿うようにして、中間のタイルに印をつけます。直角定規を使い、その線を真っ直ぐ引きます。ユーティリティナイフと直定規を使いその線に沿ってカットします。こうして縁の部分のタイルができあがります。

部屋の角、あるいはユニットバスなどの据付け設備の形状に沿って弾性床タイルをカットするときの型紙の作り方については、「ゴムタイルの施工」の項（p.92-93参照）で説明します。ビニルタイルを目地棒を使って張り付ける場合は、周縁部のカットするタイルの幅を計算するときに、タイルと壁の間の伸縮目地分を計算に入れるのを忘れないようにします。

役に立つヒント
タイルをカットするときは、決して別のタイルの上に置いたままでカットしないようにします。下のタイルの表面を傷つけてしまいます。不用な合板の上でカットするようにします。

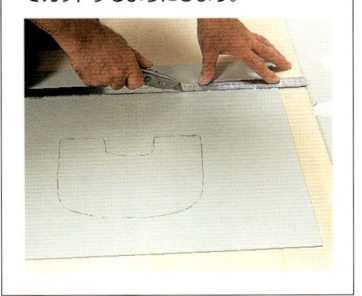

シート溶接

リノリウムやビニルのシートは部屋の幅よりも広くカットし、約2.5cm重なるようにしてテープで留めておきます。そのままの状態で、部屋の周囲に合わせて端をカットします。次に重ねたままの状態で、直定規を使いながら上から2枚をいっぺんにカットします。そうすることによって、完璧な接合部が作り出されます。シートの模様の線をそのままカットラインにすることもできますし、そうでない場合は、部屋の端から同じ長さを測り、その点を結んだ線をカットラインすることもできます。それからその2枚のシートを現場に敷き直し、接着します。リノリウムの場合は、接着剤が固まった後（少なくとも施工後10時間は必要です）に溶接します。接合部をルーター（溝かんな）で削って溝を作り、熱溶接コイル（リノリウムの細い帯）をあて、加熱溶接器で溶かし継ぎ目を塞ぎます。

3.2

ビニル

性能チェック
(*低 **中 ***高)
- メンテナンスのしやすさ***
- 耐摩耗性**
- 保温性**
- 遮音性**
- 耐水性**

　ビニル——PVC（ポリ塩化）ビニルと呼ばれることもあります——は、シートまたはタイルの形状で製造されます。リノリウムに似ていますが、同じ製品ではありません（p.86-87参照）。ビニルは等級と価格帯が非常に幅広く、安価ですぐに損耗するものから、高価で素晴らしく耐久性のあるものまで各種揃っています。ビニルは、掃除がしやすく、耐水性も高いという実用性の面から選ばれることが多いのですが、美観の面でも、市場には豊富な色とデザインのものが出回っており、どのようなスタイル、予算にもピッタリと適したものを見つけることができます。

　タイル状のビニルは、シート状のものよりも創造性を発揮する余地が多くあります。ストライプやボーダーなどで装飾性を持たせたり、異なった色や模様のものを組み合わせることができます。ビニルタイルはまた、標準サイズのビニルシートが部屋の寸法に合わず、かなり無駄が出る可能性があるときに、より経済的な選択となります。しかしシート状のビニルは、周縁部を除いて、ビニルタイルよりも水濡れに強いという利点があります（特に「木目調」のビニルは、無垢材や化粧ハードボードが適さない水を使う場所に最適です）。ビニルシートは、必ずその下にPVCクッション材を敷きますから、タイルにくらべかなり足にやさしい床仕上げとなります。しかしナイフなど先端の鋭利なものを落とすと、裂け目ができてその下から白いクッション材が顔をのぞかせるという、みっともない状態になることもあります。

　タイルはシートよりも簡単に張ることができます。というのは、シートは床の周縁部に合わせてカットするのがかなり難しいからです。しかし単純な形状の部屋の場合、経験を積んだ人なら、シートの方が張り付けの手間がかからず、工期も短くて済む場合があります。ビニルシートは必要な長さだけカットして購入することができ、幅もリノリウムよりも多くのサイズが揃えられています。そのため継ぎ合わせ箇所がリノリウムよりも少なくて済みます。タイルは正方形になっており、サイズは各種ありますから、部屋の大きさやデザインに応じて選ぶことができます。「木目調」の製品は、プランク（厚板）の形状で販売されているものもあり、これはビニルタイルを張るときと同じ方法で張り付けます。

スレート調タイル

目地仕上げテラコッタ風シート

ビニル張り仕上げのデザイン

　ビニル張り仕上げでは、さまざまな色、柄、模様を、ほとんど無限に活用することができ、またあらゆる種類の無垢材を模した木目調のものから、モザイクやテラコッタ、砂岩や大理石などの硬質床仕上げを模したものなど、幅広いスタイルを表現することができます。とはいえ、これらのイミテーションについては、賛否両論あります。合板の方が、ビニルよりも無垢材張り仕上げの床に似た本物らしさが出せるのは否めませんが、本石調のビニル仕上げが、本物と同じ雰囲気を出しながら、足元が冷たく厳しいという本物の短所を持たないものとして喜ばれる場合もあります。ここで強調しておきたいことは、ビニル張り床仕上げは長く親しめば親しむほど、その利点がますます強く感じられるようになるということです。ところで、イミテーションの質の良さを判断するときは、パンフレットなどでみるよりも、実際にそのサンプルを入手し、その目で確かめてみることをお薦めします。

　ビニル張り床仕上げは、あなたの創造力を発揮する大きな機会を提供します。ビニルタイルに装飾性の高いボーダーや飾りタイルを組み合わせたり、対照的な色や模様で床全体を大胆に構成したりすることによって、印象的な床仕上げを創造することができます。対角線状に張ると面白い効果が出せるタイルもあります。ボーダーストライプにも豊富な色柄のものが揃っていますし、タイルとタイルの間にはめ込むビニルタイル用の目地棒も、種々の色形のものが用意されており、タイル張りの面白さを強調したり、硬質タイルを目地仕上げで張り付けたときと同じような雰囲気を出すこともできます。一方、タイルを1枚1枚張り付けたり、目地棒をはめ込んだりする時間が惜しいという人には、目地仕上げタイル張りの効果を出したビニルシートも販売されています。

左：種々の硬質床仕上げそっくりのビニル床材が用意されています。タイル状のものもあれば、目地仕上げのタイルを模したシート状のものもあります。

右：ビニル床材は、プランク（厚板）、タイル、シートの形状で、ボーダーを組み合わせたり、対角線状に張り付けたりと、創造力を発揮しやすい形で提供されています。

オーク調プランク（厚板）

ボーダー入り対角線張り風タイル

ボーダー入りモザイク風タイル

接着剤つきのビニルタイルも販売されていますが、粗悪品が多く、あまりお薦めできません。またシートの端と継ぎ目の部分だけを接着剤で張る部分接着法のものも販売されていますが、これもまたあまりお薦めできません。というのは、それはこの章で詳しく説明する全面接着型シートにくらべ、安全面で劣るからです。

ビニル張り仕上げのメンテナンス

ビニル張り仕上げの床は全般的に掃除が楽です——泥汚れ防止仕様のものも販売されています。表面を傷つけるおそれのある微細な泥や埃は、先の柔らかい箒でやさしく掃き、希釈した洗剤を含ませたスポンジモップで表面を拭きます。モップはあくまでも湿らせる程度にとどめ、水滴がたれることがないようにし、また床表面を傷つけるおそれがありますから、泥などの付着していないきれいに洗ったものを使うようにします。建材店にはビニル床仕上げ専用の洗剤および強化材も用意されています。ビニル床仕上げ強化材は、実際にビニルの表面に驚くほどの輝きをもたらします。それは数カ月おきに塗布することが可能ですが、強化材とそれによって閉じ込められた汚れを取り除くために、毎年1回程度剥離材を使う必要もあります。

長所
- 実用的でメンテナンスが楽。
- どのような予算にも対応できる価格帯の広さ。
- 創造性を発揮しやすく、デザインの幅も豊富。
- 湿気に強い。
- 特に、キッチン、バスルーム、洗濯室、ユーティリティに適す。

短所
- 人の出入りの多い場所では、擦り切れることがある。
- 明るい色のものは、汚れが目立ちやすい。
- 必ずしも本物そっくりの質感が出せるとは限らない。
- 化学製品からできており、本物のリノリウムなどの天然素材にくらべ地球環境にやさしくない。

上:「木目調」のビニルプランクが、温かい雰囲気を醸し出しています。本物の無垢材にくらべ、掃除もメンテナンスも楽です。

上:より高級な商品になればなるほど、より本物らしい質感が表現されます。ここではビニル張り仕上げは、装飾性の高い本石張り仕上げの床そっくりの印象を生み出しています。

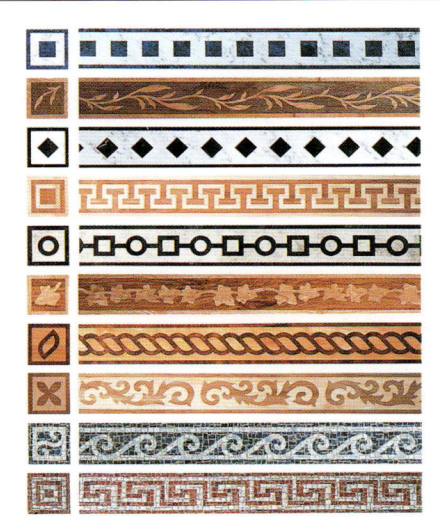

装飾用ボーダー

車輪飾りタイル

3.3 ビニル張り仕上げ

難易度
●○○○○

ビニルタイルは軽量で、カットも張り付けも簡単です。しかしタイルとタイルの間に目地を模した目地棒を入れる作業が、面倒に感じられる人がいるかもしれません。

工具箱
1. チョークライン
2. マスキングテープ
3. ユーティリティナイフ
4. 直定規
5. 3mmくし目鏝
6. リノリウムローラー
7. 清潔な布／スポンジ
8. コーキングガン
 （水を使う場所）

材料
9. ビニルタイル
10. 目地棒（オプション）
11. 工作用紙／厚紙
12. ビニル床タイル用接着剤
13. コーキング材（オプション）

ビニル床材を張り付ける前に、既存の床仕上げを除去します。既存の弾性床材の上から新しいビニル床材を張り付けることはお薦めできません（下の床材が膨張し、新しい床材を持ち上げる可能性があります）。特に、ビニルの上にビニルを張り付けることは絶対に避けます。というのは、両方の床材の間に化学反応が起こり、上のビニルの表面に黄色いしみがあらわれることがあるからです。ビニルは弾性床材の中でも最も薄い（ビニルシートはその下にクッション材を入れますから、ビニルタイルよりは厚くなります）ものですから、下地床を入念に掃除し、平滑にしておくことが重要です。コンクリート下地床の場合は、下地調整材で平滑にし、木質下地床の場合は、水で希釈したPVA接着剤で防水加工した6mm厚のマリン合板をその上に張ります。特殊な絶縁を行いたいときは、絶縁パネルを合板の代わりに張ります（p.18-21下地調整の項参照）。

床の見取図を描いてタイルの必要枚数を計算し、特殊なデザインを組み込みたいときは、正確な割り付けプランを作成します（p.12-15参照）。ビニルシートを張る場合は、できるだけ継ぎ目が少なくて済むように、いくらか無駄が出ますが、必要な幅よりも広いシートを購入するようにします。

重要事項
- 張り付けを始める前に、入念に下地調整を行い、下地床を完璧に平滑にします（p.18-21参照）。
- 全材料を一括して購入します。
- 納入業者に助言を求め、メーカーの指示書に従った使い方をします。
- 安全には十分配慮します。部屋の換気に十分注意し、接着剤やコーキング材を取り扱うときは、厚手のゴム手袋を装着します。

ビニルタイルの施工

タイルの下準備

ビニルタイルの弾性を増すために、施工前に張り付け予定の部屋にタイルを置き、部屋を温め、そのまま24時間放置し順化させます。タイルの色と模様の違いをチェックしながらタイルを並べ替え、部屋のまわりに取りやすいように重ねて置いておきます。部屋の中心で直交する2本の線をチョークラインで引きます。「床の割り付け」の項の要領で作業を進め、4分割法によって調整します（p.14参照）。対照的な色柄のタイルでボーダーを作りたいときは、最初にその部分から仮敷きします（p.15参照）。

ステップ1
3mm幅の目地棒を使うときは、まずそれを最終的なチョークラインに沿って固定します。次にその垂直に交わる線に沿ってタイルを密着させて並べ、短く切ったマスキングテープでそれぞれを留め固定します。チョークラインの間のスペースを、中心から壁に向かって4分の1ずつ仮敷きしていき、部屋の周縁部にあたる部分以外はすべて割り付けします。タイルを仮敷きしていくとき、自然な感じを出すために直前のタイルの向きに対して90度回転させながら敷いていきます。目地棒を入れる場合は、同じ方向に合わせてできるだけ長く切らずに済むように入れていきます。

ステップ2
重ねたタイルを真っ直ぐ壁に押し当ててカットラインを決め、ユーティリティナイフと直定規を使い周縁部に当たるタイルをカットします（p.75参照）。パイプ、穴、角等の複雑な形状の部分は、厚紙や工作用紙を使って型紙を作製します（p.92-93参照）。

3.3

ビニルタイル張り仕上げ階層構造

コンクリート下地床の場合

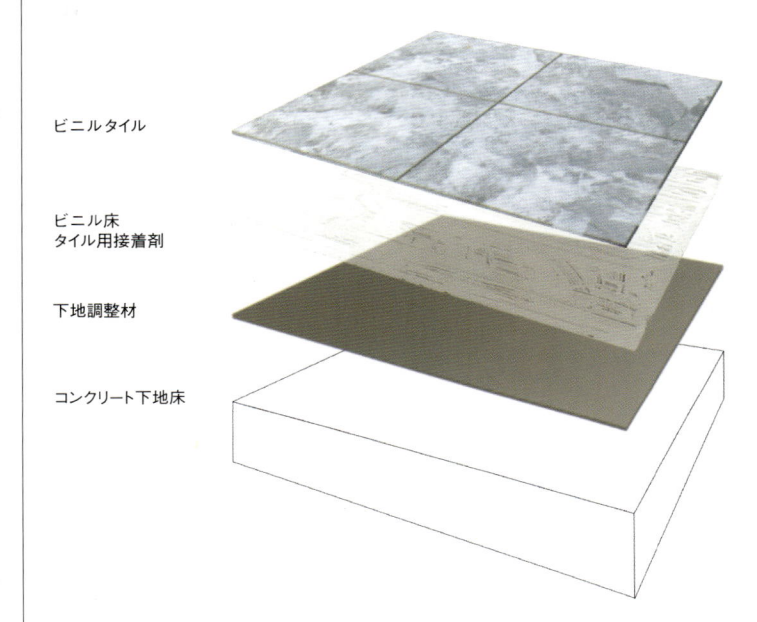

ビニルタイル

ビニル床
タイル用接着剤

下地調整材

コンクリート下地床

木質下地床の場合

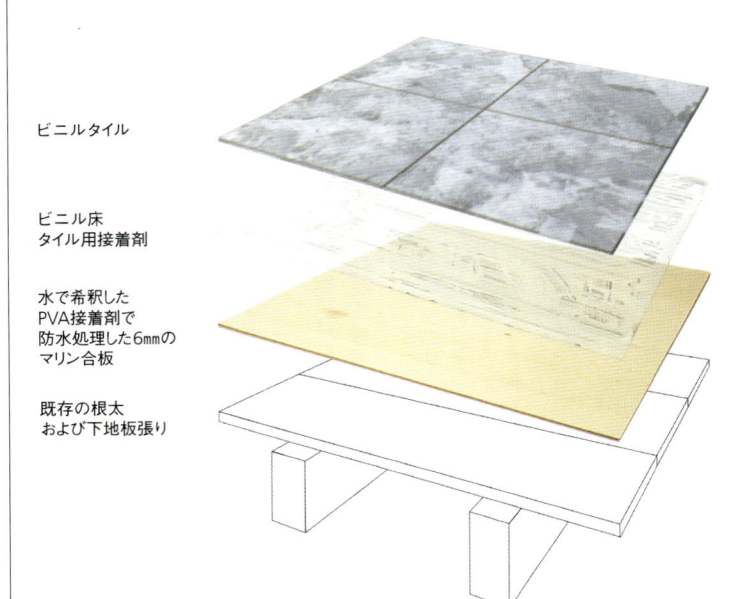

ビニルタイル

ビニル床
タイル用接着剤

水で希釈した
PVA接着剤で
防水処理した6mmの
マリン合板

既存の根太
および下地板張り

ステップ3
仮敷きが終わり、全体の印象に満足できたら、マスキングテープをタイルの上から、床を横断するように適当な間隔で張り付けていきます。こうすることによっていっぺんに接着剤を広く延ばすことができる区画を作ることができ、タイルと目地棒を1個1個接着していくよりもはるかに早く楽に作業を進めることができます。これはビニルタイルが非常に軽量だからできることです。タイルを1枚ごとに張る必要があるとき（例えば複雑な形状の大きな部屋に張るときなど）は、コルク張り仕上げの要領で張っていきます（p.84-85参照）。

ステップ4
テープ留めしたタイルの列を適当な幅で折り返し、接着剤を塗布できるようにします。

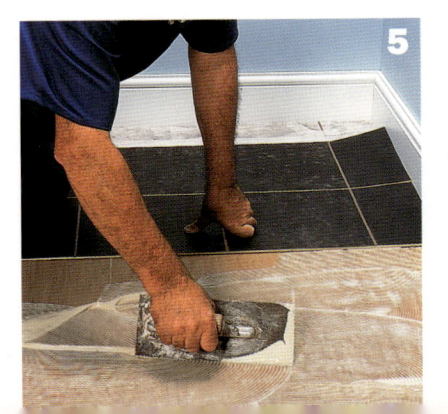

ステップ5
接着剤を床の上に注ぎ出し、くし目鏝で浅いくし目を入れながら、全体に約3mmの厚さで接着剤がむらなく行き渡るように延ばします。折り返したタイルを元の位置に戻し、しっかりと接着剤に密着させます。次に、部屋の反対側から接着剤で固定した部分までのタイルの列を折り返します。先ほどと同様の要領で接着剤を塗布し、再び元の位置に戻してしっかりと押さえつけます（折り返した部分は必ず接着剤が固まる前、塗布後1時間以内に元の位置に戻すようにします）。

ステップ6
清潔なリノリウムローラーをビニルタイルの上で縦横に動かし、タイルの下の気泡を取り除きます（複雑な角は指で押さえます）。そのとき、湿った布とスポンジで目地からはみ出した接着剤をきれいに拭き取っていきます。そのまま接着剤が固まるまで一晩置きます。

ステップ7（水を使う場所のみ）
キッチン、バスルームなど水を使う場所では、ビニル床の防水処理が不可欠です。タイルとタイルの間、タイルと壁の間はコーキング材で密封します。コーキング材はコーキングガンを使って挿入し、乾燥のため24時間触れないようにします。

接着剤付きビニルタイル
接着剤付きのビニルタイルを張るときは、仮敷きをした後、タイルの裏紙を剥がし、そのまま床に固定します。この方法は、接着剤を使うよりも楽ですが、必ず下地床が完璧に平滑であることを確かめてから張るようにします。というのも、この場合接着剤の厚みがほとんどないため、下地床の状態がそのままダイレクトに表面に現れてくるからです。ともあれ、接着剤付きのビニルタイルは粗悪なものが多く、接着剤を使って張るときほどしっかりした床仕上げにはなりません。

3.3

ビニルシート張り仕上げの施工

難易度
●●●○○

ビニルシートはビニルタイルよりも取り扱いが難しく、パイプや角、排気口などに合わせてカットするには、かなりのテクニックが必要です。幅木やモールディングは、できるだけあらかじめ外しておき、最後にもう一度取り付けるようにしましょう。

工具箱
1. ユーティリティナイフと替刃
2. 直定規
3. マスキングテープ
4. 水性ペン
5. 3mmくし目鏝
6. 先の柔らかいブラシ
7. 清潔な布／スポンジ
8. コーキングガン（水を使う場所用）

材料
9. ビニルシート
10. 質の良いフェルト紙／厚めの工作用紙
11. ビニル床タイル用接着剤
12. コーキング材（水を使う場所用）

シートの下準備

ビニルの弾性を増すために、シートを施工前に少なくとも24時間、保温した状態の現場に置いておきます。より納まり良く施工したいときは、施工前に幅木やモールディングを取りはずし、張り付け後に再度取り付けます（p.20参照）。部屋の大きさに合わせてカットしますが、最初は床の大きさよりも大きめにカットしておき、最後に端を整えるようにします。

役に立つヒント
既存のビニルシートを新しいものと交換するとき、その状態が良い場合は、それを型紙として使うことができます。

ステップ1
床の周囲（あるいはその方がやりやすいと思われる場合は床全体）を質の良いフェルト紙または工作用紙で覆います。型紙を壁の縁に正確に押し付け、折り目をつけていきます。また、パイプ孔、換気孔などは、形に合わせてユーティリティナイフで穴をあけます。モールディングをはずすことができなかったときは、型紙をモールディングの下にくぐらせ、押し込めるところまで押し込みます。型紙はマスキングテープで互いに留めておき、作業中に型紙が動くことがないように、ところどころに切れ込みを入れ、そこを通してテープで下地床に固定します。

ステップ2
広い部屋でビニルシートを模様を上にして広げます。シートを接合するときは、約2.5センチの重ねしろを取り、マスキングテープで留めておきます。型紙を部屋の向きに合わせて、ビニルシートの上に広げます。型紙の縁をビニルシートの模様の線に合わせ、マスキングテープで先ほどの切れ目を通して、今度はビニルシートに留めます。次に、型紙の形に合わせて、ビニルシートの上に水性ペンで線を引いていきます。

ステップ3
よく切れるユーティリティナイフと直定規を使い、その線に沿ってビニルシートをカットします。切れ味が悪くなったら、替刃はすぐに交換します。

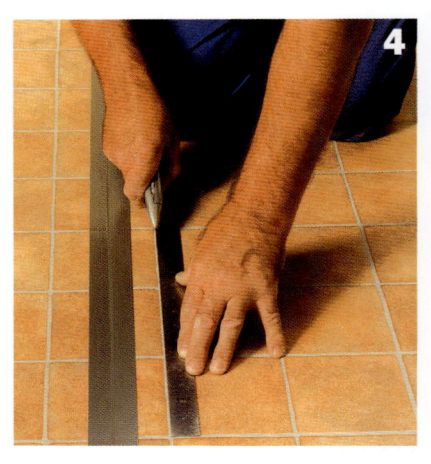

ステップ4
ビニルシート周縁部のカットが終了したら、次は接合部をカットします。ユーティリティナイフと直定規を使い、重ねあっている2枚をいっぺんにカットします。こうすることによって、2枚の端の線は完璧に一致するようになります。同じ模様の線や、端から同じ長さを取って直定規で引いた線をカットして接合することもできます。

ステップ5
シートを巻き、張り付け場所に戻ります。仮敷きをした後、シートを半分だけ巻き戻し、現われた下地床に接着剤を注ぎ出し、くし目鏝でゆるやかなくし目をつけながら延ばします。接着剤がダマになっていたりすると、薄いシートを通してその形が表面に現われますから、気をつけましょう。全体に均一に3mmの厚さになるように延ばします。

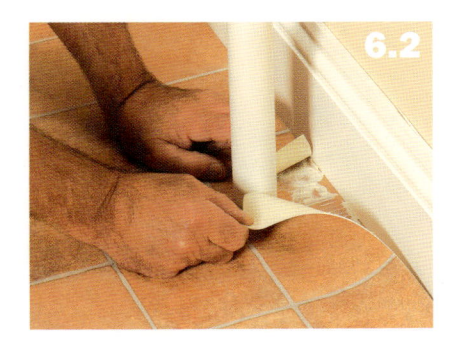

3.3

ビニルシート張り仕上げ階層構造

コンクリート下地床の場合

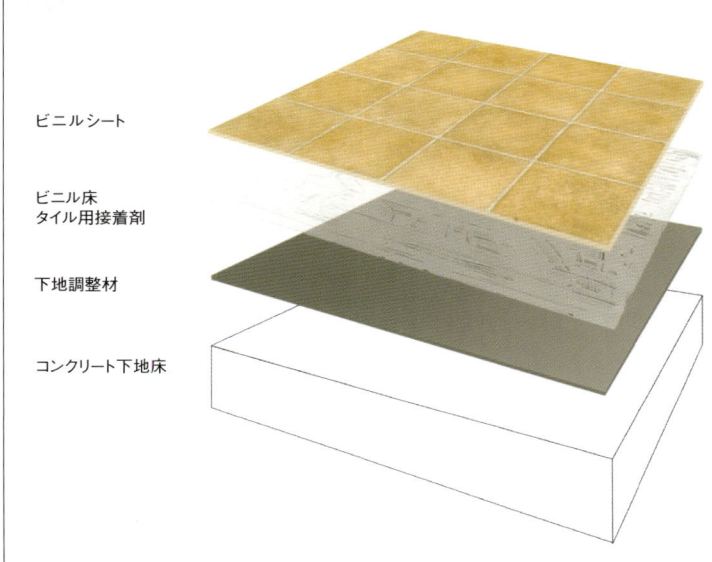

ビニルシート

ビニル床
タイル用接着剤

下地調整材

コンクリート下地床

木質下地床の場合

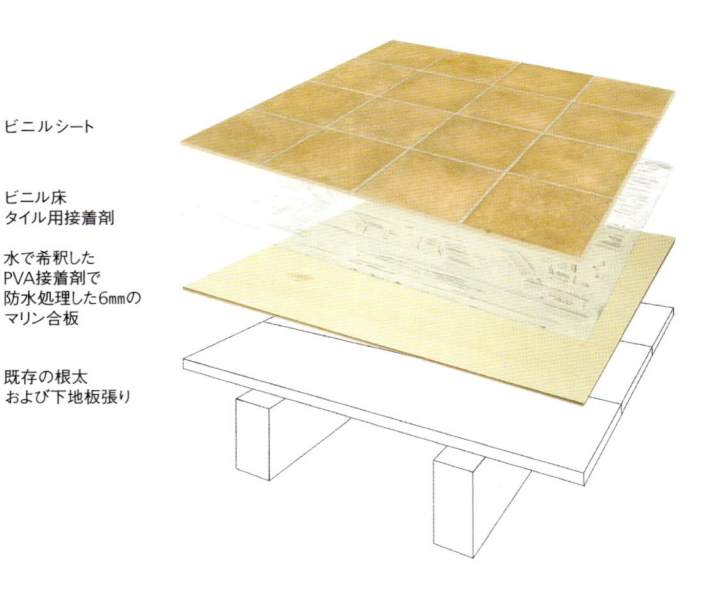

ビニルシート

ビニル床
タイル用接着剤

水で希釈した
PVA接着剤で
防水処理した6mmの
マリン合板

既存の根太
および下地板張り

ステップ6

ビニルシートを慎重に接着剤の上に広げながら進みます。先の柔らかいブラシを全方向に動かしながらシートを床に押し付け、シートと床の間にたまっている空気を追い出します（この場合は、リノリウムローラーはシートを延ばしてしまうおそれがあるので使わないようにします）。こみ入った周縁部は、指で押さえていきます。周縁部のはみ出た接着剤は、湿らせた布で拭き取ります。次に残り半分も同様に仕上げ、そのまま一晩置いて接着剤が固まるのを待ちます。接着剤が固まっているのが確認できたら、シートの上の水性ペンや鉛筆の跡を拭き取ります。

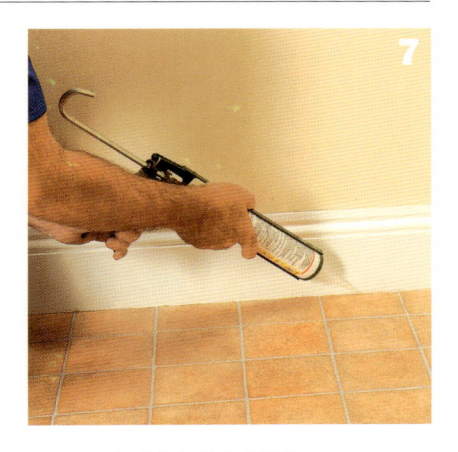

ステップ7（水を使う場所）

キッチン、バスルームなど水を使う場所は、防水のためシートと壁の境界をコーキング材でシール加工しなければなりません。コーキング材はコーキングガンで挿入し、乾燥のため24時間放置しておきます。

ステップ8

幅木やモールディングを取りはずしていた場合は、再度接着剤で、または以前使っていた釘穴を通して釘で壁に取り付けます。

3.4

コルク

性能チェック
(*低 **中 ***高)
- 保温性***
- 遮音性***
- メンテナンスのしやすさ**
- 耐水性**
- 耐磨耗性*

　コルクは床仕上げに非常に適した材料ですが、しばしば選択の対象から外されています。地球環境保護の観点からも、その使用はもっと推奨されるべきです。コルクは完全な天然素材で、再生可能な資源から収穫されます。ヨーロッパの地中海沿岸地域が主な原産地です。不幸なことに、最近ではワインの栓としてプラスチック製のものが使われるようになり、いくつかのコルク林が存続の危機に立たされています——床仕上げにコルクを選ぶことは、これらのコルク林の存続を助けることになります。

　コルク張り仕上げは、値段も手頃で、優れた防音性能を有し、足元も温かく快適です。そのため、木質床仕上げの代用として、それと同等の親しみのある自然な雰囲気を住まいにもたらすことができます。コルクは柔らかい素材ですが、玩具などを落としたときに生じるへこみは、すぐに元に戻ります。そのため、子供部屋の床仕上げには最適です。しかしコルクは、木質床やリノリウムにくらべ、あるいはビニル張り仕上げとくらべても、磨耗しやすいという欠点を持っています。そのため、汚れた履物による傷が心配される、人の出入りが頻繁な場所には向いていません。

　コルクは防滑性が高く、弾性があり、足元が温かく快適なため、バスルームの床にも適していますが、そのためにはシール加工をして防水処理を施さなければなりません。そうしないと、湿気を吸い込み、タイルの継ぎ目が大きく膨らんでくることがあります。シール加工済みのコルクタイルを購入することもできますが、その場合でも床に張った後もう一度シール加工をし、目地から水が入らないようにする必要があります。

　コルクは通常タイルまたはプランク（厚板）の形で施工します。さまざまなサイズのものが販売されており、軽量でカットもしやすいため、施工も楽です（プランクもタイルと同じように仕上げます）。掃除がしやすいようにビニルコーティングしたコルクタイルも販売

コルク張り仕上げのデザイン

　ビニルや化粧ハードボードの床材が多彩なデザインを獲得するにつれて、コルクはバスルームやキッチンから次第に駆逐されていきました。そしてコルクタイルの色——普通はアーストーンだけでした——は、変わりばえがしないと飽きられてきました。しかし近年、いくつかのメーカーがさまざまな色のコルクタイルを導入し始め、いまでは全色が揃うようになり、創造性を発揮する可能性が大いに広がりました。新しい色のものを使って、チェッカーボードの模様を入れたり、目地を目立たせながら、別の色のストライプを入れたりすることが可能になりました。

　また今までどおりの伝統的な外観を楽しみたいという人には、灰色やベージュでも微妙な色調のものが作り出され、また茶色も、明るい蜂蜜色から栗色、さらには暗めのマホガニー色まで、さまざまな雰囲気のものが揃えられるようになりました。茶系の色がコルク独特の質感を最もよく表現することができるといわれており、実際、コルクが好まれる最大の理由の温かい家庭的雰囲気は、濃い茶色のときに最も印象的に演出できるようです。

上左：コルクは再生可能資源からのみ収穫される素材で、他の床材にくらべ完全に地球環境にやさしい素材です。

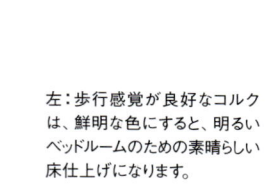

左：歩行感覚が良好なコルクは、鮮明な色にすると、明るいベッドルームのための素晴らしい床仕上げになります。

上：コルク張り仕上げのキッチンは、足元が柔らかで温かく、掃除も楽です。しかしコルクタイルを湿気から守るため、必ずシール加工をする必要があります。

されていますが、その場合完璧な自然素材としてのコルクの持ち味は、かなり損なわれています。

コルク張り仕上げのメンテナンス

　コルク張り仕上げは、柔らかく傷がつきやすいので、表面を擦るおそれのある微細な泥汚れなどを、できるだけ頻繁に先の柔らかいブラシで掃き取ります。希釈した家庭用洗剤を含ませたスポンジモップで拭き掃除をしますが、そのときはスポンジを固く絞り、表面を傷つけるおそれのあるゴミや埃を取り除くため、たびたび水洗いします。建材店には、コルク床専用のさまざまな洗剤や強化材が用意されています。仕上げ材を塗布したコルクタイルも、徐々に塗装が剥げてきますから、表面の光沢がなくなってきたと感じたら、アクリル系のワニスで再塗装します（当然人の出入りが激しい箇所が一番先に擦れてきます）。そのときは、塗装が付きやすいように、最初に目の細かいサンドペーパーでコルク表面を軽く擦り、その後にワニスを塗布します。

長所
- 足元の感触が柔らかい。
- 遮音性能が高い。
- 非常に弾性に富む。
- 特に、中間階の部屋、子供部屋、バスルーム（シール加工した場合）に適す。

短所
- 他の弾性床にくらべ、色や模様の種類が少ない。
- 防水のため、また埃から守るため、定期的なシーリングとメンテナンスが必要。
- 他の弾性床にくらべ耐久性に劣る。

上：コルクにも豊かな色彩がもたらされ、今ではどんなスタイルの部屋にも似合うようになり、選ばれるようになりました。

右：優美なアーストーンがコルク独特の質感を最もよく表現することができます。伝統的なスタイルだけでなく、現代的なスタイルにもよく調和します。

3.5

コルク張り仕上げ

コルクタイルを張り付ける前に、既存の床仕上げを除去します。下地床を入念に掃除し、平滑にしておくことが重要です。コンクリート下地床の場合は、下地調整材で平滑にし、木質下地床の場合は、水で希釈したPVA接着剤で防水加工した6mm厚のマリン合板をその上に張ります（詳細はp.18-21を参照）。床の見取図を描いてタイルの必要枚数を計算し、何らかのデザインを入れたいときはバランスよく割り付けます（p.12-15参照）。

難易度
●○○○○

コルクタイルは軽量で、カットも張り付けも簡単です。

工具箱
1. 目の細かいサンドペーパー
2. チョークライン
3. マスキングテープ
4. ユーティリティナイフ
5. 定規
6. 3mmくし目鏝
7. 水準器
8. 直定規
9. 清潔な布／スポンジ
10. リノリウムローラー
11. 先の柔らかい箒／掃除機
12. ペイントローラー
13. コーキングガン（水を使う場所用）

材料
14. コルクタイル
15. 工作用紙／厚紙
16. コルク床タイル用接着剤
17. コルクタイル用シーラント
18. コーキング材（水を使う場所用）

重要事項
- 張り付けを始める前に、入念に下地調整を行い、下地床を完璧に平滑にします（p.18-21参照）。
- 全量を同質のもので統一し、後で買い足すことがないように、材料は補修分も含めて一括して購入しておきます。
- 納入業者に助言を求め、メーカーの指示書に従った使い方をします。
- 安全には十分配慮します。部屋の換気に十分注意し、接着剤やコーキング材を取り扱うときは、厚手のゴム手袋を装着します。

コルクタイルの施工

タイルの下準備

コルクタイルは、温度や湿度の変化に反応して伸縮する性質を持つため、施工前に張り付け予定の部屋に置き、部屋を温めた状態でそのまま少なくとも48時間放置し、順化させます。そうすることによってコルクの柔軟性も高まります。割り付けを始める前に、タイルの端をすべて、目の細かいサンドペーパーで擦り、切断面のゆがみを取り除き、きっちりと接合できるようにします。色と模様の変化を見ながらタイルを並べ替え、部屋のまわりに取りやすいように重ねて置いておきます。部屋の中心で直交する2本の線をチョークラインで引きます。「床の割り付け」の項の要領で作業を進め、4分割法によって調整します（p.14参照）。対照的な色柄のタイルでボーダーを作りたいときは、最初にその部分から仮敷きします（p.15参照）。

ステップ1
最終的なチョークラインに沿って、タイルを仮敷きします。それぞれを突き合わせて密着させ、短く切ったマスキングテープで互いに留め固定します。チョークラインの間のスペースを、中心から壁に向かって4分の1ずつ仮敷きしていき、部屋の周縁に当たる部分以外はすべて割り付けます。タイルを仮敷きするときは、自然な感じを出すために直前のタイルの向きから90度回転させて敷いていきます。

ステップ3
仮敷きが終わり、全体の印象に満足できたら、入り口から一番遠い角のタイルを10枚ほど取り除きます。接着剤を床の上に注ぎ出し、くし目鏝で浅いくし目を入れながら、その部分全体に約3mmの厚さで接着剤がむらなく行き渡るように延ばします。

ステップ2
ユーティリティナイフと直定規を使い周縁部にあたるタイルをカットします。重ねたタイルを真っ直ぐ壁に押し当ててカットラインを決めます（p.75参照）。パイプ、穴、角等の複雑な形状の部分は、厚紙や工作用紙を使って型紙を作製し、カットします（p.92-93参照）。

役に立つヒント
コルクは他の弾性床材にくらべ、磨耗しやすいため、人の出入りの激しいドアの前には、カットしないタイルを張り付けるようにします。

3.5

ステップ4
壁から内側へ、部屋の入り口に向かって張り付けていきます。タイルの端と端は密着させますが、接着剤の付いたタイルをずらすと、接着剤が接合部にたまり、隙間ができてしまうことがありますから注意します。タイルの位置を修正するときは、必ず一度持ち上げ、再度定着させるようにします。水準器を使って床の水平を確かめながら進みます（必要な場合は、直定規の上に置いて使います）。

ステップ5
同様にして、1回に10枚のタイルを取り除きながら作業を進めます。接着剤は固まりやすいので、1時間以内にタイルを被せる量より多く延ばさないようにします。新しく張ったタイルの上を足で踏んだり、膝を載せたりしないように注意し、タイルについた余分な接着剤は、1回ごとに湿らせた布かスポンジで拭き取ります。

ステップ6
清潔なリノリウムローラーを全方向に動かし、タイルの下の気泡を取り除きます（複雑な角は指で押さえます）。そのとき、湿った布とスポンジで目地からはみ出した接着剤をきれいに拭き取っていきます。そのまま接着剤が固まるまで一晩置きます。

ステップ7
コルクは非常に多孔質な素材ですから、シール加工済みのタイルを購入したときも、必ず少なくとも1回はコルク用ワニスを塗布し、湿気が隙間からタイルの下に入り込むことがないようにします。床の上の埃を箒または掃除機で取り除き、ペイントローラーを用いて、タイル表面と接合部にくまなくシーラントを塗布していきます。塗布30分後に、余分なシーラントを湿らせた清潔な布で拭き取り、そのまま一晩乾燥させます。

ステップ8（水を使う場所のみ）
キッチン、バスルームなど、水を使う場所では、コルク床の防水処理が不可欠です。タイルとタイルの間、タイルと壁の間はコーキング材で密封します。コーキング材はコーキングガンを使って挿入し、乾燥のため24時間触れないようにします。

コルク張り仕上げ階層構造

コンクリート下地床の場合

- コルクタイル用シーラント
- コルクタイル
- コルク床タイル用接着剤
- 下地調整材
- コンクリート下地床

木質下地床の場合

- コルクタイル用シーラント
- コルクタイル
- コルク床タイル用接着剤
- 水で希釈したPVA接着剤で防水処理した6mmのマリン合板
- 既存の根太および下地板張り

コルク張り仕上げ

3.6

リノリウム

性能チェック
(*低 **中 ***高)
- 耐磨耗性***
- メンテナンスのしやすさ***
- 保温性**
- 遮音性**
- 耐水性**

　リノリウムが持つ魅力のなかで(ビニルではなく本物のリノリウムの)、最も特筆すべき2つの性質は、その耐久性——20年以上使用されることも稀ではありません——と、その成分です。リノリウムは地球環境にやさしいもの以外は含んでいません。リノリウムはジュート繊維の裏張りの上に、木やコルクの粉末、亜麻仁油、松脂、石灰岩の粉を混ぜたものを加熱圧着して作られます。このような優れた性質を持ちながら、残念なことに今なおリノリウムは、20世紀半ばに作られた病院や学校などの施設の床によく用いられ、今では端がめくれているようなものというイメージを払拭しきれていません。しかし今日リノリウムは、色や模様の幅が広まり、さらに地球環境を破壊せず有害物質を含まない素材として、再び床仕上げのなかで脚光を浴び始めています。

　リノリウムはビニルとくらべ全般的に高価ですが、相応に長い耐用年数を有しています。それはビニルと同じく柔らかな感触と弾性を持っていますが、ビニルのような人工的な雰囲気は持っていません(厚くクッション性の高いものも用意されています)。さらに良いことに、リノリウムには抗菌性があり、アレルギーを誘発しないといわれており、しかも生物分解性で、ビニルや化粧ハードボードにくらべより「グリーン」な素材ということができます。またメンテナンスが楽で、適正にシール加工すれば耐水性を保持し、ビニルや化粧ハードボードよりも高い耐火性能を有しています。

　リノリウムは、シートまたはタイルの形で製造されています。タイルはシートにくらべ施工が簡単で、無駄もあまり出ません。シートは水濡れに強いという利点を持っていますが、販売されている幅の種類が限られていて、床幅が2mを超える場合シートを継ぎ合わせる必要があり、その場合は継ぎ目を加熱溶接器と熱溶接コイルで溶接し

リノリウム張り仕上げのデザイン

　リノリウムはもともと多用途の床材ですが、現在ではさらに色も豊富になり、デザインの選択の幅も広まっています。それは現代的な廊下のための洗練されたデザインでも、20世紀半ばの雰囲気を持つキッチンのためのレトロなタイルでも、あるいは子供部屋のための明るい活気に満ちた模様でも、さまざまなスタイルを演出することができます。色も、柔らかなアーストーンから、大胆な原色、また時には墨流し模様まで、多彩です。

　異なった色のタイルを組み合わせ、古典的なチェッカーボード模様や、部屋を横切るストライプの連続といったシンプルかつ印象的なデザインを構成することもできます。また連続模様のボーダーストライプを使い、縁飾りをつけたり、異なった色のタイルとの境界線を強調したりしても面白いでしょう。

　公共施設の味気ない床用シートとして用いられた時代に別れを告げ、リノリウムシートは現在、刺激的な色と躍動的なデザインで登場してきています。ギンガムやチェッカーボードはもちろんですが、輝度の高い鏡面仕上げのものまで現われています。メーカーはシートにさまざまな表情を持たせており、シンプルな幾何学的主題の模様から、紋章をあしらったものまで多岐にわたっています。さらに素晴らしいことには、数種のシートを組み合わせ、あなた自身の主題に基づくオリジナルシートを制作してもらうこともできるようになりました。そのようなシートは、コンピュータによる正確な割り付け、カットによって制作されます。もちろん施工は専門職人の手によって行われなければなりません。

装飾ボーダー

紋章パネル

羅針盤パネル

インセットタイル

弾性床

防水加工しなければなりません。これは非常に難しい技術で、アマチュアには推奨できません。専門の職人に依頼しましょう。

リノリウム張り仕上げのメンテナンス

リノリウムは傷がつきやすいので、微細な泥汚れなどはやさしく掃き取ります。希釈した家庭用洗剤を含ませたスポンジモップで拭き掃除をしますが、そのときはスポンジを固く絞り、水が縁からリノリウムの下に浸入することがないように気をつけます。建材店には、リノリウム床専用のさまざまな洗剤や強化材、そして時々必要となる剥離材が用意されています。リノリウムは光を浴びると、本来の色を現すという特徴があります。その過程は、特に「ブルーム」と呼ばれています。例えば、敷物の下になっていたリノリウム床は少し黄ばんでいますが、光を浴びるようになるとその黄ばみは消え、再び「ブルーム」するようになります。

長所
- 非常に耐久性があり、メンテナンスが楽。
- 環境にやさしい。
- 歩行が快適。
- どのような予算、スタイルにも対応できる。
- 特に、キッチン、バスルーム、ダイニングルーム、廊下、子供部屋に適す。

短所
- ビニルよりも高価。
- シート張り仕上げの場合、アマチュアには推奨できない高度な技術が必要。

左：快適で耐久性もあるリノリウム仕上げは、子供部屋に最適です——思いっきり遊び心を発揮してみてはどうですか？

左：リノリウムは人の往来の激しい場所でも十分耐えることができます。訪問客をこのジグザグ模様のような印象的な演出でお迎えしてみてはいかがでしょうか？

上：角をカットしたタイルにインセットタイルを組み込み、ボーダーで縁飾りをあしらった床仕上げは、どこかノスタルジックな雰囲気を漂わせています。

上：明るく輝くリノリウムの床は、愉快な家族団欒の場所を創造します。掃除も楽です。

上：思いつくままに割り付けた柔らかいパステルカラーのタイルが、新鮮さに満ちた現代的な床仕上げを作り出しています。

3.7

リノリウム張り仕上げ

難易度
●●●●○

リノリウムシートは、ビニルシートにくらべ重く、弾性が劣ります。また、ビニルシートよりも規格品の幅が狭いので、接合部が出てくるでしょう――熱溶接器を使うことは、アマチュアには推奨できません。施工前に、幅木やモールディングを取りはずしておく必要もあります。

工具箱

1. ユーティリティナイフおよび替刃
2. 直定規
3. マスキングテープ
4. 水性ペン
5. リノリウム用替刃
6. 熱溶接器
7. 3mmくし目鏝
8. ヘアドライヤーまたはホットエアガン
9. リノリウムローラー
10. 清潔な布／スポンジ
11. 手動／電動ルーター（溝かんな）
12. コーキングガン（水を使う場所用）

材料

13. リノリウムシート
14. 質のよいフェルト紙／厚手の工作用紙
15. 熱溶接コイル
16. リノリウム床用接着剤
17. コーキング材（水を使う場所用）

リノリウム張り仕上げを開始する前に、既存の床仕上げを除去します。下地床は必ず入念に掃除し、平滑にしておきます。コンクリート下地床の場合は、下地調整材で平滑にし、木質下地床の場合は、水で希釈したPVA接着剤で防水加工した6mm厚のマリン合板をその上に張ります（p.18-21下地調整の項参照）。

リノリウムはシートまたはタイルの形で張り付けます。タイルはシートよりも取り扱いが容易ですが、広い場所に張る場合は、シートよりも長い時間を要します。タイルの形で張る場合は、コルクタイルの施工の順序に従います（p.84-85参照）。施工の工程は同じですが、ただコルクの場合は施工前24時間現場で順化させましたが、リノリウムは少なくとも48時間順化させる必要があります。

リノリウムシートを納まり良く張るのはかなり難しく、また接合には熱溶接器を使う必要があります。そのためシートを張るのは専門職人に依頼する方が無難です。

重要事項

- 張り付けを始める前に、入念に下地調整を行います（p.18-21参照）。
- 納入業者に助言を求め、メーカーの指示書に従った使い方をします。
- 安全には十分配慮します。部屋の換気に十分注意し、接着剤やコーキング材を取り扱うときは、厚手のゴム手袋を装着します。
- 熱溶接器は、少なくとも10時間接着剤が固まるのを待って使うようにします。

リノリウムシートの施工

シートの下準備

リノリウムシートはビニルシートにくらべ弾性が劣り、温度が低いと亀裂を生じるおそれがあります。また室温と湿度の変化に応じて、伸縮する性質があります。シートを温め、順化させるために、施工前に少なくとも48時間、シートを保温した状態の現場に、理想的には広げた状態で置いておきます。より納まり良く施工したいときは、施工前に幅木やモールディングを取りはずし、張り付け後に再度取り付けます（p.20参照）。既存のシート床仕上げをていねいに剥がすことに成功したときは、それを型紙として使うこともできます。部屋の大きさに合わせて大きめにカットしますが、その時、実際に張る部屋よりも広い部屋にシートを運び、そこで広げてカットすると楽にできます。

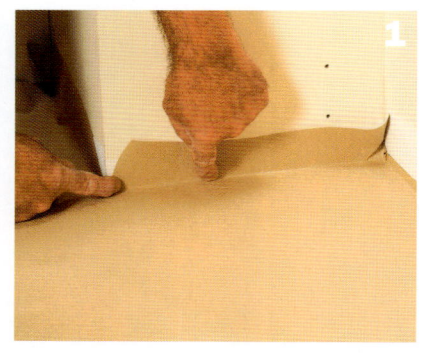

ステップ1

床の周囲を（あるいはその方がやり易いと思われる場合は床全体を）質の良いフェルト紙または工作用紙で覆います。その型紙を壁の縁にしっかりと押し付け、折り目をつけていきます。パイプ孔、換気孔などは、形に合わせてユーティリティナイフで穴をあけます。モールディングをはずすことができなかったときは、型紙をモールディングの下にくぐらせ、押し込めるところまで押し込みます。型紙はマスキングテープで互いに留めておき、作業中に動くことがないように、ところどころに切れ込みを入れ、そこを通してテープで床に固定します。

ステップ2

広い部屋でリノリウムシートを模様を上にして広げます。シートを接合するときは、約2.5センチの重ねしろを取り、マスキングテープで留めます。型紙を部屋の向きに合わせて、シートの上に広げます。型紙の端をシートの模様の線に合わせ、マスキングテープで、今度は先ほどの切れ目を通してシートに固定します。次に、型紙の形に合わせて、シートの上に水性ペンで線を引いていきます。

ステップ3

リノリウム用替刃（ユーティリティナイフに装着して使います）と直定規を使い、その線に沿ってリノリウムシートをカットします。リノリウム用替刃は曲線状になっていますから、直定規に合わせて使うのは難しいかもしれません。そのときは、最初にユーティリティナイフと直定規で線を入れ、その上からリノリウム用替刃でカットするようにします。切れ味が悪くなった替刃は、頻繁に交換します。

弾性床

3.7

ステップ4
リノリウムシート周縁部のカットが終了したら、次は接合部をカットします。ユーティリティナイフと直定規を使い、重ねあっている2枚をいっぺんにカットします。こうすることによって、2枚の端の線は完璧に一致するようになります。別の方法としては、2枚とも同じ模様の線にそってカットして接合することもできますし、端から同じ長さを取って直定規で線を引き接合することもできます。

ステップ5
シートを巻き（折ってはいけません）、張り付け場所に戻ります。注意深くシートを仮敷きします。シートを半分だけ巻き戻し、現われた下地床の上に接着剤を注ぎ出し、くし目鏝でゆるやかなくし目をつけながら延ばします。全体に均一に3mmの厚さになるように延ばします。

ステップ6
シートを、ヘアドライヤーまたはホットエアガン（シートに近づけすぎないように気をつけます）で温め、リノリウムの弾性を高めます。シートを慎重に接着剤の上に広げながら、進みます。リノリウムローラーでシートと床の間にたまっている空気を追い出します（込み入った周縁部は、指で押さえていきます）。周縁部のはみ出た接着剤は、湿らせた布で拭き取ります。次に残り半分も同様に仕上げ、そのまま少なくとも10時間以上（24時間置く必要はありません）置いた後、熱溶接器を使います。接着剤が固まったら、シートの上の水性ペンや鉛筆の跡を拭き取ります。

ステップ7
手動または電動のルーター（溝かんな）を使い、メーカーが指示した深さで、継ぎ目に溝を彫ります。熱溶接コイル（リノリウムの細い帯で、シートに同梱されています）を継ぎ目の長さにカットし、熱溶接器を使い溝に溶かし込みます。ユーティリティナイフで、盛り上がりすぎた部分を削り取り、そのまま2時間固まるのを待ちます。

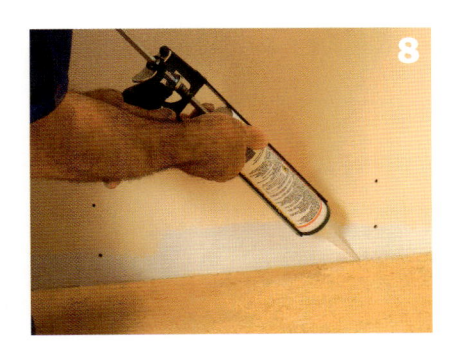

ステップ8（水を使う場所）
キッチン、バスルームなど水を使う場所は、防水のためシートと壁の境界をコーキング材でシール加工しなければなりません。コーキング材はコーキングガンで挿入し、固まるまで24時間ほど放置しておきます。

ステップ9
幅木やモールディングを取りはずしていた場合は、再度接着剤で、または、以前使っていた釘穴を使い釘で壁に取り付けます。

リノリウム張り仕上げ階層構造

コンクリート下地床の場合

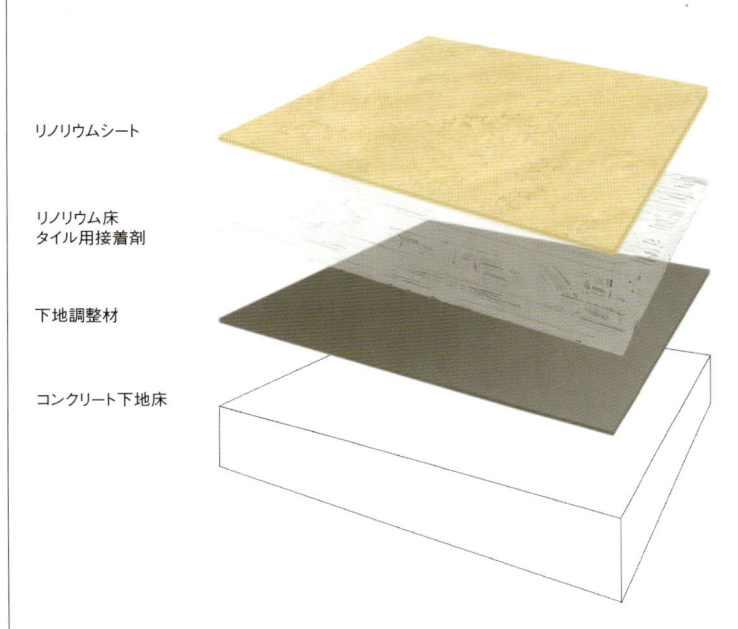

- リノリウムシート
- リノリウム床タイル用接着剤
- 下地調整材
- コンクリート下地床

木質下地床の場合

- リノリウムシート
- リノリウム床タイル用接着剤
- 水で希釈したPVA接着剤で防水処理した6mmのマリン合板
- 既存の根太および下地板張り

リノリウム張り仕上げ

3.8 ゴム

性能チェック
(*低　**中　***高)
- 耐摩耗性***
- 遮音性***
- 保温性**
- メンテナンスのしやすさ**
- 耐水性**

　ゴム張り仕上げの床は、元来産業用のもので、その色も長い間実用的な地味なものに限られていました。しかし現在では色もデザインも完全に一新して登場してきています。ゴムは現代的でスタイリッシュな外観と、価格にふさわしい価値をあわせ持っています。というのも、ゴムは決して安価ではありませんが、その予想される耐用年数は20年にも達するからです。ゴムはまた、タバコやマッチによる火の不始末に対しても、高い耐火性能を示し、適度な弾性で快適な歩行感覚を与え、吸音効果も特に優れています。

　ゴム張り仕上げはシートまたはタイルの形状で施工されます。タイルは自分で張る人がほとんどですが、シートは専門職人に任せた方が安心です。タイルは正方形をしており、サイズは各種あります。現在ほとんどのものが合成ゴムから作られています。天然ゴムは耐久性が低く、床材としてはあまり用いられていません。古タイヤを粉砕して作る環境保護的なゴム床材を購入することもできますが、現在それは家庭用というよりは、衝撃を吸収する必要のある体育館などの床材として多く用いられています。

　表面をエンボス加工したゴムは、防滑性があり、その防水性とあわせてバスルームなど水を使う場所のための最適な床材となります。キッチンの床仕上げとしてゴムを選択するときは注意が必要です。というのは、油脂類はゴムには特に有害で、また表面の凹凸に埃を蓄積させるおそれがあります。それ以外の点ではゴムは一般的に衛生的な素材で、とても安心できる温かな床仕上げとなります。

エンボス柄 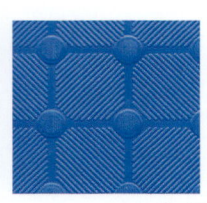　　エンボス柄
エンボス柄 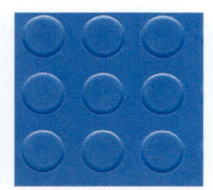　　エンボス柄 
テラゾー風 　　テラゾー風 
テラゾー風 　　大理石風 

ゴム張り仕上げのデザイン

　ゴム張り仕上げは、今では必ずしも工業的スタイルを表現するとは限りません。とはいえ、住まいをハイテク調に統一したい時には、非常に有効な手段となります（黒や灰色のメタルカラーのものをピカピカに磨き上げると、その効果は絶大です）。ゴムは今ではあらゆる色のものが揃っており、柔らかなアーストーンから、磨き上げるとゴム特有の印象的な濡れたような光沢を持つ明るい色まであります。また艶消しのままのものも独特の味わいがあり、素材のもつ柔らかな感触に温かみを加えます。さらに、スレートや大理石、テラゾーを模したものや、埃や傷の目立ちにくい抽象的な模様や斑状模様の入ったタイルも販売されています。

　ゴムタイルは、表面が平滑なものと、種々の柄をエンボス加工したものの2種類があります。後者には工場的な雰囲気のスタッド柄から、渦やその他の幾何学模様をあしらったデザイン性の高いものまであります。スタッド柄のものは、バスルームなど水を使う場所で防滑性を高めるだけでなく、工業的な雰囲気を演出します。

　他のタイル同様に、対照的な色柄のタイルでボーダーを入れたり、大胆な色づかいでチェッカーボードなどの模様をあしらうこともできます。狭い場所をゴム張り仕上げにするときは、複数の明るいタイルを組み合わせ、床全体にランダムな模様を作っても面白いでしょう。

上：防水性、耐火性に優れ、歩行感触も良好なゴム張り仕上げは、実用的で外観も美しいキッチンの床を創造します。

弾性床

ゴム張り仕上げのメンテナンス

　ゴム張り仕上げの床は、日常の清掃がとても大切です。それは傷がつきやすく、鮮やかな色彩のため埃が目立ちやすくなっています。先の柔らかい箒で出来るだけ頻繁に掃き掃除をし、表面に傷をつける可能性のある微細な埃の粒子を取り除きます。次に、希釈した家庭用洗剤で湿らせたスポンジモップで拭きます。モップは水が滴るほどに濡らすのではなく、湿らせる程度にし、塵埃が床に傷をつけることがないように、水はこまめに交換します。納入業者は、ゴム張り仕上げの掃除と艶出しのための種々の製品を紹介してくれます。

長所
- 非常に耐久性がある。
- 耐水性、耐火性に優れる。
- 吸音性が高い。
- 歩行が快適で足元が温かい。
- バスルーム、キッチン、ユーティリティ、子供部屋など現代的な雰囲気が望まれる場所に最適。

短所
- 材料費が高い。
- 定期的なメンテナンスが必要。
- 傷がつきやすい。

右：ゴムは工業的というイメージが完全に覆されています。現在ではエンボス加工を施した鮮烈な色のものが家庭用に製造されており、それは艶出し仕上げを行うと反射光をもたらし、部屋を明るくします。

3.9 ゴム張り仕上げ

難易度
●●○○○

ゴムタイルは、ビニルやリノリウムのタイルよりも高価で、厚く、重いため、それらよりも取り扱いが難しくなります。

工具箱

1. チョークライン
2. マスキングテープ
3. ユーティリティナイフおよび特殊替刃／リノリウム用替刃
4. 定規
5. よく切れるハサミ
6. 3㎜くし目鏝
7. 水準器
8. 直定規
9. リノリウムローラー
10. 清潔な布／スポンジ
11. 先の柔らかい箒、掃除機
12. コーキングガン（水を使う場所用）

材料

13. ゴムタイル
14. 工作用紙／厚紙
15. ゴム床タイル用接着剤
16. コーキング材（水を使う場所用）

ゴムタイルはコルクタイルやリノリウムタイルとほぼ同じ要領で張り付けます。そこで以下の写真では、弾性床タイルのカットや張り付けのためのより複雑な技法について解説していきます。

ゴム張り仕上げを開始する前に、既存の床仕上げを除去します。下地床は必ず入念に掃除し、平滑にしておきます。コンクリート下地床の場合は、下地調整材で平滑にし、木質下地床の場合は、水で希釈したPVA接着剤で防水加工した6㎜厚のマリン合板をその上に張ります（p.18-21下地調整の項参照）。床見取図を描き、タイルの枚数を算出します。何らかのデザインを入れる場合は、それも正確に描き入れて、不釣り合いのないレイアウトを作成します（p.12-15参照）。厚めのゴムタイルを張る場合は、ユーティリティナイフのためのゴム用の特別な替刃を購入し、また、ドア下端をカットする必要がないかをチェックします（p.21参照）。

重要事項

- 張り付けを始める前に、入念に下地調整を行います（p.18-21参照）。
- すべての材料は全量を一度に購入します。
- 納入業者に助言を求め、メーカーの指示書に従った使い方をします。
- 安全には十分配慮します。部屋の換気に十分注意し、接着剤やコーキング材を取り扱うときは、厚手のゴム手袋を装着します。

ゴムタイルの施工

タイルの下準備

ゴムの弾性を高めるために、タイルを施工前に少なくとも24時間、保温した状態の現場に放置します。部屋のまわりに取りやすいように重ねて置いておきます。部屋の中心で直交する2本の線をチョークラインで引き、「床の割り付け」の項の要領で作業を進め、4分割法によって調整します（p.14参照）。

ステップ1

最終的なチョークラインに沿って、タイルを仮敷きします。それぞれを突き合わせて密着させ、短く切ったマスキングテープで互いを留め固定します。チョークラインの間のスペースを、中心から壁に向かって4分の1ずつ仮敷きしていき、部屋の周縁に当たる部分以外はすべて割り付けします。重ねたタイルを真っ直ぐ壁に押し当ててカットラインを決め、ユーティリティナイフと直定規を使い周縁部に当たるタイルをカットします（p.75参照）。

ステップ2

洗面ボールスタンドなどのバスルーム設備の形に合わせてタイルをカットするときは、工作用紙または厚紙を使い型紙を作ります。障害物にあたる部分では、工作用紙をタイルの大きさに切り、直前のタイルに突き合わせておきます。工作用紙の壁側にあたる部分から切り込みを入れ、スタンドを囲むように工作用紙を置くことができるようにします。次に工作用紙がピッタリと床に張り付くようになるまで、数本の切り込みを入れます。そしてスタンドの底部に合わせて切り込みを入れた部分を切り離すようにして型紙を完成させます。最後に壁に突き当たる線に折り目を入れます。

役に立つヒント

ゴムは硬いので、カットするときはできるだけこまめに替刃を交換します。刃先の長い曲線状の強度のあるリノリウム用替刃を使うことを推奨します。

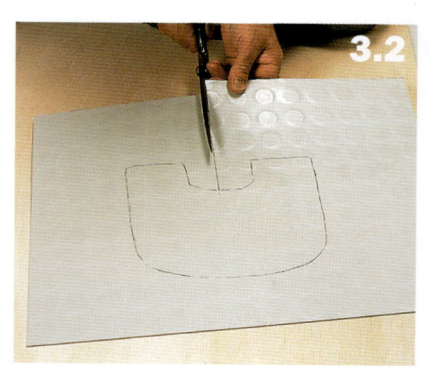

ステップ3

型紙をマスキングテープでカットするタイルの上に固定します。鉛筆で型紙の内側にできた設備の底部の線をなぞり、下のタイルに写します。直定規を使い、壁との接合部にあたる直線を引き、その線に沿ってユーティリティナイフでカットします。設備の基部との接合部にあたる内側の曲線は、よく切れるハサミでカットします。

ゴム張り仕上げ階層構造

コンクリート下地床の場合

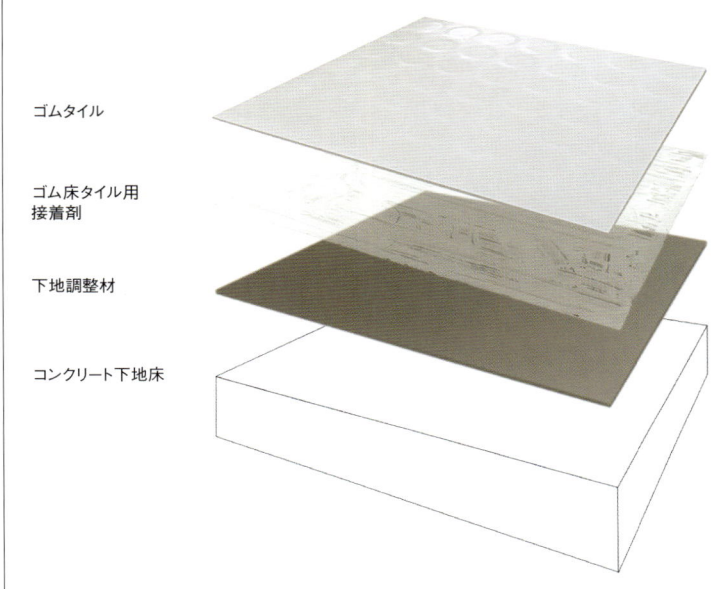

ゴムタイル

ゴム床タイル用接着剤

下地調整材

コンクリート下地床

木質下地床の場合

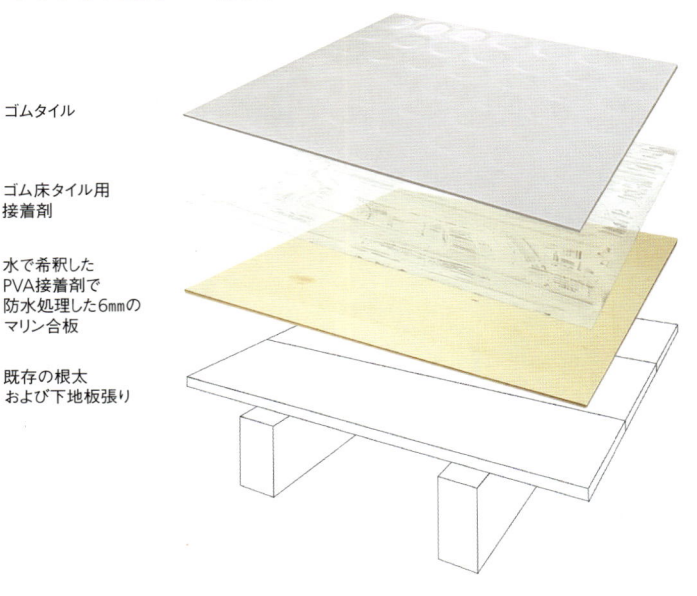

ゴムタイル

ゴム床タイル用接着剤

水で希釈したPVA接着剤で防水処理した6mmのマリン合板

既存の根太および下地板張り

ステップ4

部屋の角に合わせてタイルをカットするときも、型紙を使います。正方形の工作用紙を直前のタイルに突き合わせてマスキングテープで留め、壁との接線を指で押さえながら、しっかりした折り目をつけていきます。折り目に沿って型紙をカットし、それをマスキングテープを使ってカットするタイルに固定します。型紙の周囲を直定規とユーティリティナイフを使ってカットします。

ステップ5

仮敷きが終わり、全体の印象に満足できたら、入り口から一番遠い角のタイルを10枚ほど取り除きます。接着剤を床の上に注ぎ出し、くし目鏝で浅いくし目を入れながら、その部分全体に約3mmの厚さで接着剤がむらなく行き渡るように延ばします。タイルとタイルの端をしっかりと密着させながら、入り口の方に向けて張り付けていきます。継ぎ目から接着剤が漏れ出すことがないようにし、もし漏れ出た場合は即座に拭き取ります。水準器を使い、床表面が水平になっていることを確かめながら進みます（必要な場合は、直定規の上に置いて使います）。そのまま最後まで張り付けていきます（この場面の写真は、p.84-85を参照）。

ステップ6

バスルーム設備のような障害物の基部のタイルを張り付ける場合は、手を伸ばして窮屈な姿勢で下地床に接着剤を伸ばすよりも、直接タイル下部に接着剤をつける方が簡単です。

ステップ7

清潔なリノリウムローラーをビニルタイルの上で縦横に動かし、タイルの下の気泡を取り除きます（複雑な角は指で押さえます）。そのとき、湿った布とスポンジで目地からはみ出した接着剤をきれいに拭き取っていきます。そのまま接着剤が固まるまで一晩置きます。

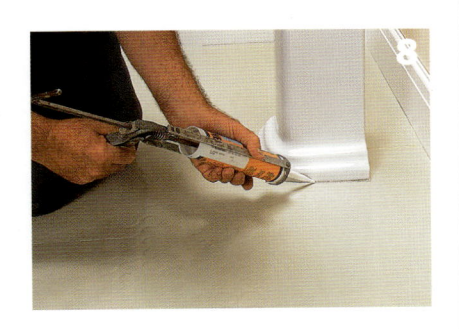

ステップ8（水を使う場所）

キッチン、バスルームなど水を使う場所は、防水のためタイルの継ぎ目、タイルと壁や設備の基部との接合部をコーキング材でシール加工しなければなりません。コーキング材はコーキングガンで挿入し、固まるまで24時間ほど放置しておきます。

3.10 本革

性能チェック
(*低 **中 ***高)
- 耐磨耗性**
- 保温性**
- メンテナンスのしやすさ**
- 遮音性**
- 耐水性*

さまざまな床素材があるなかで、本革ほどナチュラルな素材はないのではないでしょうか？　それは温かく、柔らかく、時とともに美しさを増していきます。本革はかなり高級品ではありますが、空間に洗練された感覚を付与し、他の床材にはない豊潤な色彩と温かさの結合をもたらします。本革は他の弾性床材にくらべ高価ですが、良質の無垢材やカーペットと比較するとそれほど高いものではなく、しかもひとたび張ると、その耐久性は驚くほどです。本革はゆっくりと磨耗していき、それとともにかえって例外的な古色を帯びていきます。本革の場合、時間とともに進む自然な磨耗は、その素材の美しさを損なうどころか、逆に高めていくようです。本革張り仕上げの床は、時とともに成熟していきます。人の生活のなかで人と共に歳をとっていく本革の特性は、その主要な魅力の一つになっています。

本革張り仕上げの床は、通常タイル張りの形を取ります。本革タイルは書面による要請に応じて、一品ずつ造られます。正方形または矩形のものが普通ですが、希望するデザインに応じて六角形や八角形のものも作ってもらうこともできます。

ほとんどの本革タイルは、プレフィニッシュ加工して出荷され、ある程度防汚性能を付与されていますが、それにもかかわらず、しみ予防のためには定期的にワックスを塗布する必要があります。本革は水分を嫌いますから、キッチン、バスルームなど、湿気の多い場所や、水を使う場所の床仕上げとしては適当ではありません。本革仕上げの床は、施工費用が比較的高くつきますから、下地床の調整には多くの時間を費やして入念に行うようにします。特に、コンクリート下地床の場合も木質下地床の場合も、どちらもその上から合板を張り平

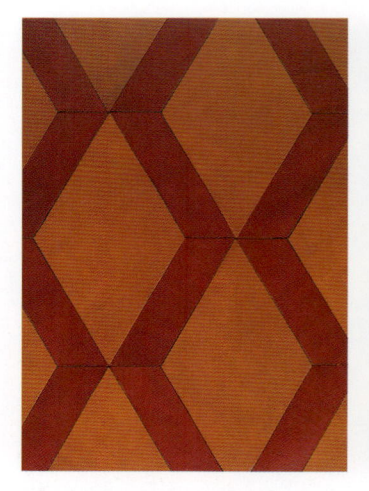

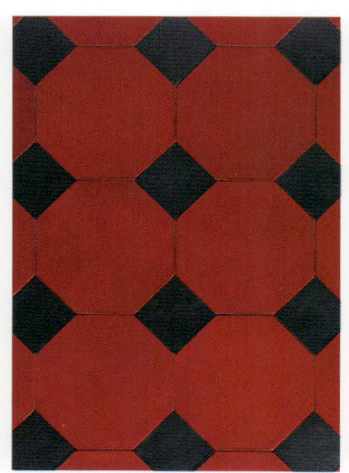

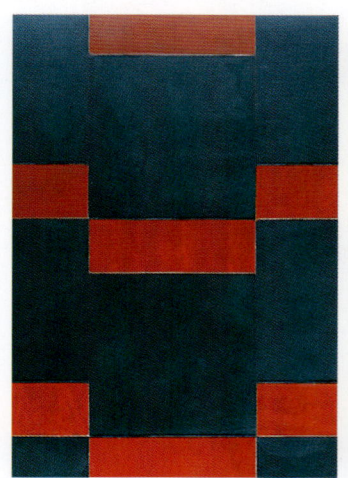

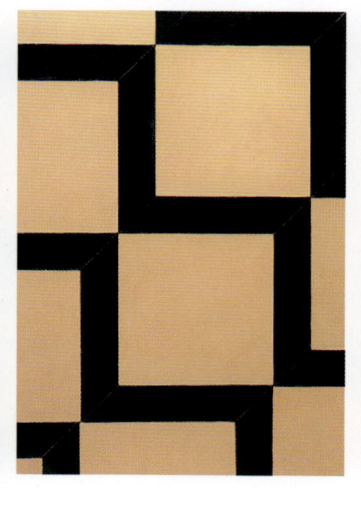

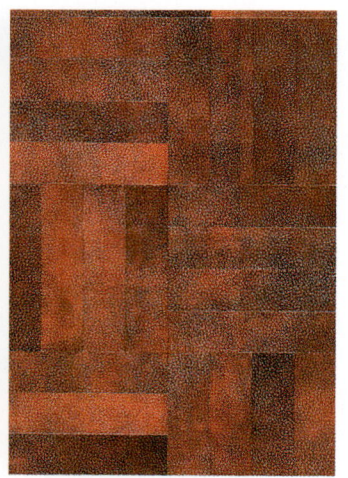

本革張り仕上げのデザイン

本革タイルは普通、その本来の美しさを強調するために、派手な色で着色した加工品としてではなく、自然な色のまま、素材そのものの贅沢な豊かさと気ままな風合いを活かすような形で作られています。ベージュ、赤、赤褐色、茶色、暗緑色、黒色など、ワックスをかけることによってより深い輝きをます濃密な暗めの色のものが揃っています。仕上げの種類には、柔らかくなめしたものと、動物の皮革そのものの質感を生かしたものがあります。

タイルの形は、かなり広く創造性が受け入れられるものとなっています。ほとんどがカスタムメイドですから、サイズも、六角形、八角形など複雑な形状も、自由に指定することができます。またボーダーストライプや、インセットタイル、中心となる飾りタイルなどを特注して、独自の幾何学的デザインを構成することもできます。あるいは、同じ色の、同一サイズの矩形タイルを、ヘリングボーンやランニングボンドなどの古典的割り付けで張っても面白いでしょう。

本革張り仕上げの場合、常に新品の状態に保とうと試みることは推奨できません。というのも本革は傷が入りやすく、また本革の魅力は、それが自然に時を刻んでいくところにあるからです。定期的にワックスをかけ、行き届いた手入れが行われるならば、本革張り仕上げの床は、時とともに威厳を増していき、他の弾性床にはない永遠という感覚をもたらすことができます。

左：本革タイルは、場所、好みに応じて注文するカスタムメイドですから、施工業者とともに、多くの選択肢の中から選びましょう。バスケットウィーブや3次元模様、さらにはサイズ、形状、色すべてが異なったタイルを組み合わせて独自のデザインを楽しむこともできます。

弾性床

滑にするべきです——そうしないと、本革の魅力である、強い統一感が損なわれる結果となってしまいます。

本革張り仕上げのメンテナンス

　本革張り仕上げの床は、少し特殊なメンテナンスが必要です。他の弾性床仕上げ同様に、埃など表面を傷つけるおそれのある微粒子を、先の柔らかい箒でやさしく掃き掃除します。本革には決して水分を与えてはいけません。表面を磨く必要があるときは、必ずワックスを使うようにします（それほど頻繁に行う必要はありません）。施工業者は、本革張り仕上げのメンテナンスに適した製品を紹介してくれます。斑点や細かな線は、取り除くことはできません。しかしそうした自然な磨耗や亀裂は、本革張り仕上げ独特の、時とともに醸成される美しい古色の一部となります。

長所
- 足元が温かく柔らかい。
- 吸音性が高い。
- 豪華な外観。
- 書斎、ベッドルーム、遮音性が必要とされる場所、高級感のある現代的な雰囲気のある部屋に最適。

短所
- 他の弾性床仕上げにくらべ、費用が高い。
- 斑点や引っ掻き傷がつきやすい（しかしそれらも魅力的な古色の一部となる）。
- 耐水性に欠けるため、水を使う場所には適さない。

右：本革は伝統的に、茶色や黒などの重厚な色のものが多いのですが、若葉色など明るい色のものもあります。

下：内部をバスケットウィーブ、外側をヘリングボーンというシンプルなデザインが、本革の自然な美しさを引き立てています。

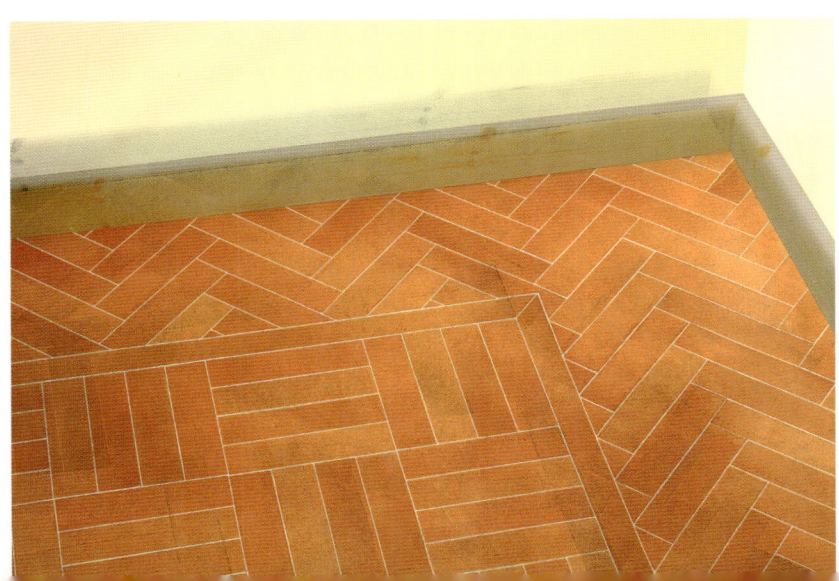

上：艶出しされた暗い色の本革タイルが、濃密な、宝石にも似た豊かさを床にもたらしています。

3.11 本革張り仕上げ

難易度
●●○○○

本革は張るのはそう難しくありませんが、高価なものですから取り扱いには注意します。接着剤でしみをつけないように気をつけます。

本革張り仕上げを開始する前に、既存の床仕上げを除去します。下地床は必ず入念に掃除し、平滑にしておきます。本革タイルは高価なものですから、その価値にふさわしい豪華な外観を損なわないためには、特に下地床を堅固に滑らかにしておくことが大切です。そのため、本革仕上げの下地には、必ず厚い合板を張るようにします。コンクリート下地床の場合も、木質下地床の場合も、水で希釈したPVA接着剤で防水加工した6mm厚のマリン合板をその上に張ります（p.18-19参照）。床見取図を描き、タイルの枚数を算出します。何らかのデザインを入れる場合は、それも正確に描き入れ、不釣り合いのないレイアウトを作成します（p.12-15参照）。

重要事項

- 張り付けを始める前に、入念に下地調整を行い（p.18-21参照）、堅固で平滑な下地床を用意します。
- 全量を同質のもので統一し、後で買い足すことがないように、材料は補修分も含めて一括して購入しておきます。
- 納入業者に助言を求め、メーカーの指示書に従った使い方をします。
- 安全には十分配慮します。部屋の換気に十分注意し、接着剤や仕上げ材を取り扱うときは、厚手のゴム手袋を装着します。

工具箱

1. チョークライン
2. マスキングテープ
3. ユーティリティナイフおよび替刃／リノリウム用替刃
4. 定規
5. 3mmくし目鏝
6. 水準器
7. 直定規
8. 清潔な布／スポンジ
9. リノリウムローラー
10. 電動床ポリッシャー（オプション）

材料

11. 本革タイル
12. 工作用紙／厚紙
13. 本革床タイル用接着剤
14. 本革用ワックス

本革タイルの施工

タイルの下準備

施工を容易にし、本革タイルの弾性を高めるために、タイルを施工前に少なくとも24時間、保温した状態の現場に置いておきます。ユーティリティナイフでタイルの縁のバリをていねいに取り除き、色調を見ながら順番を入れ替え、部屋のまわりに取りやすいように重ねて置いておきます。部屋の中心で直交する2本の線をチョークラインで引きます。「床の割り付け」の項の要領で作業を進め、4分割法によって調整します（p.14参照）。写真にあるような矩形タイルの場合は、破れ目地で割り付けるのが一番見映えが良いでしょう。その場合直交したチョークラインに沿って割り付けることもできますが、片方の軸に沿って割り付けていくこともできます。

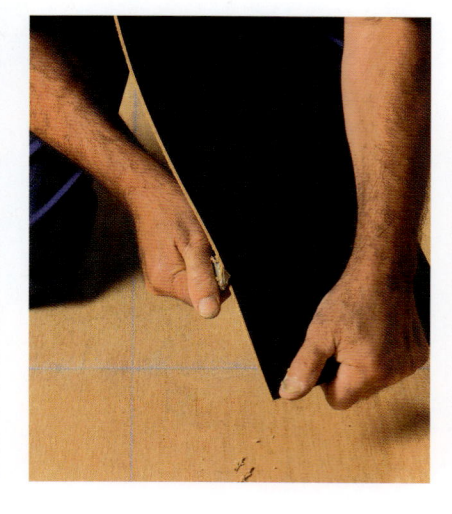

ステップ1

正方形のタイルの場合は、チョークラインに沿って、それぞれを突き合わせ密着させながら仮敷きします。矩形タイルの場合は、写真のような破れ目地にするのが一番見映えが良くなります。部屋の周縁に当たる部分以外はすべて仮敷きします。

ステップ2

ユーティリティナイフ（長めの曲線状のリノリウム用替刃を使うこともできます）と定規で、部屋の周縁部の形に合わせてカットします（p.75参照）。重ねたタイルを真っ直ぐ壁に押し当ててカットラインを決めます。パイプ、穴、角等の複雑な形状の部分は、厚紙や工作用紙を使って型紙を作製し、カットします（p.92-93参照）。

ステップ3

仮敷きが終わり、全体の印象に満足できたら、入り口から一番遠い角のタイルを10枚ほど取り除きます。接着剤を少量床の上に注ぎ出し、くし目鏝で浅いくし目を入れながら、その部分全体に約3mmの厚さで接着剤がむらなく行き渡るように延ばします。

3.11

ステップ4
壁から内側へ、部屋の入り口に向かって張り付けていきます。タイルの端と端は密着させますが、接着剤の付いたタイルをずらすと、接着剤が接合部にたまり、隙間ができてしまうことがありますので注意します。タイルの位置を修正するときは、必ず一度持ち上げ、再度定着させるようにします。水準器を使って床の水平を確かめながら進みます（必要な場合は、直定規の上に置いて使います）。

ステップ5
同様にして、1回に10枚のタイルを取り除きながら作業を進めます。接着剤は固まりやすいので、1時間以内に使い切る分ずつ注ぎ出すようにします。新しく張ったタイルの上を足で踏んだり、膝を載せたりしないように注意します。接着剤をタイルの表面にこぼさないように極力注意します。しずくが付いた場合は、すぐに湿らせた布かスポンジで拭き取りながら進みます。

ステップ6
すべてのタイルを敷き終わったら、清潔なリノリウムローラーを床の上縦横に動かし、タイルの下の気泡を取り除きます（複雑な角は指で押さえます）。そのとき、湿った布とスポンジで目地からはみ出した接着剤をきれいに拭き取っていきます。そのまま接着剤が固まるまで一晩置きます。

ステップ7
接着剤が固まったらすぐに、タイルを本革用ワックスで保護します。柔らかく清潔な布を使い、ワックスを革に染み込ませていきます。3時間置いて乾燥させ、乾いた柔らかい布で磨きをかけます。同様にしてあと2回、ワックス塗布を行います。必ずワックスが乾いた後に磨きをかけます。埃などの付着していない清潔なパッドを装着した電動床用ポリッシャーで磨くこともできます。

本革張り仕上げ階層構造

コンクリート下地床の場合

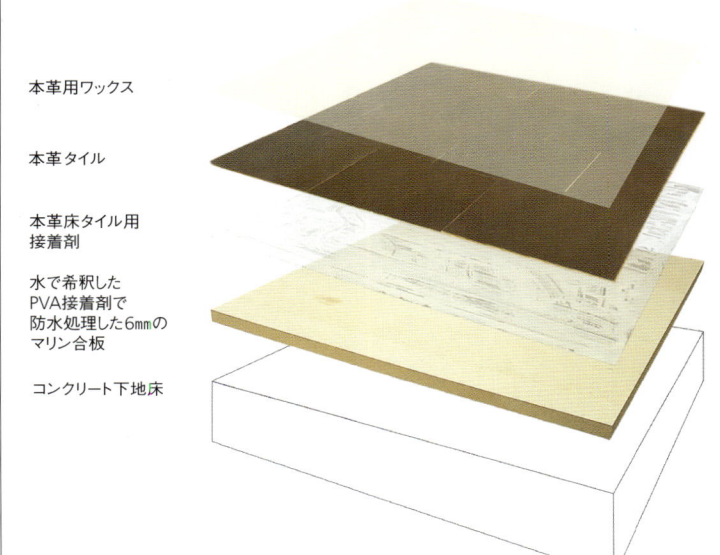

- 本革用ワックス
- 本革タイル
- 本革床タイル用接着剤
- 水で希釈したPVA接着剤で防水処理した6mmのマリン合板
- コンクリート下地床

木質下地床の場合

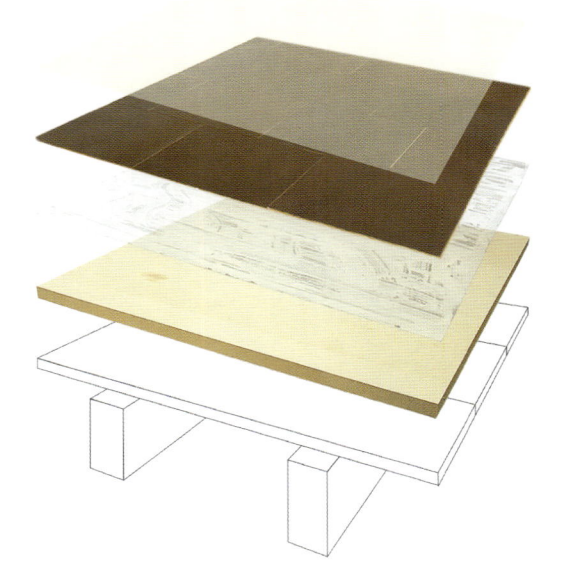

- 本革用ワックス
- 本革タイル
- 本革床タイル用接着剤
- 水で希釈したPVA接着剤で防水処理した6mmのマリン合板
- 既存の根太および下地板張り

本革張り仕上げ　97

第4章

木質床

　流行に左右されない美しさと実用性を兼ね備えた木質床仕上げは、いつの時代も変わらぬ高い人気を誇っています。真っ白なメープル（カエデ）から、深い暗色のウォールナット（クルミ）まで、無垢材のなかからあなたの感性に響くものを選ぶのも良いでしょうし、カーペットの下に隠されていた下地床を露出させ、あなたの好みの色に染め変えるのも良いでしょう。化粧ハードボード張り仕上げは木質床のすべての長所を安価な費用で提供するだけでなく、最近では硬質床そっくりの質感が出せるようになっています。さねはぎ継ぎを接着するだけの浮き床工法の開発により、木質床の施工はアマチュアでも手が届くほど容易になり、さらに現在では「クリック式」の化粧ハードボード浮き床仕上げが開発され、施工はさらに簡単になっています。しかし無垢材は釘打ち張りまたは接着剤張りの難しい技法で仕上げなければなりません。それは専門の職人か、経験を積んだアマチュアの手に委ねるのが最善でしょう。

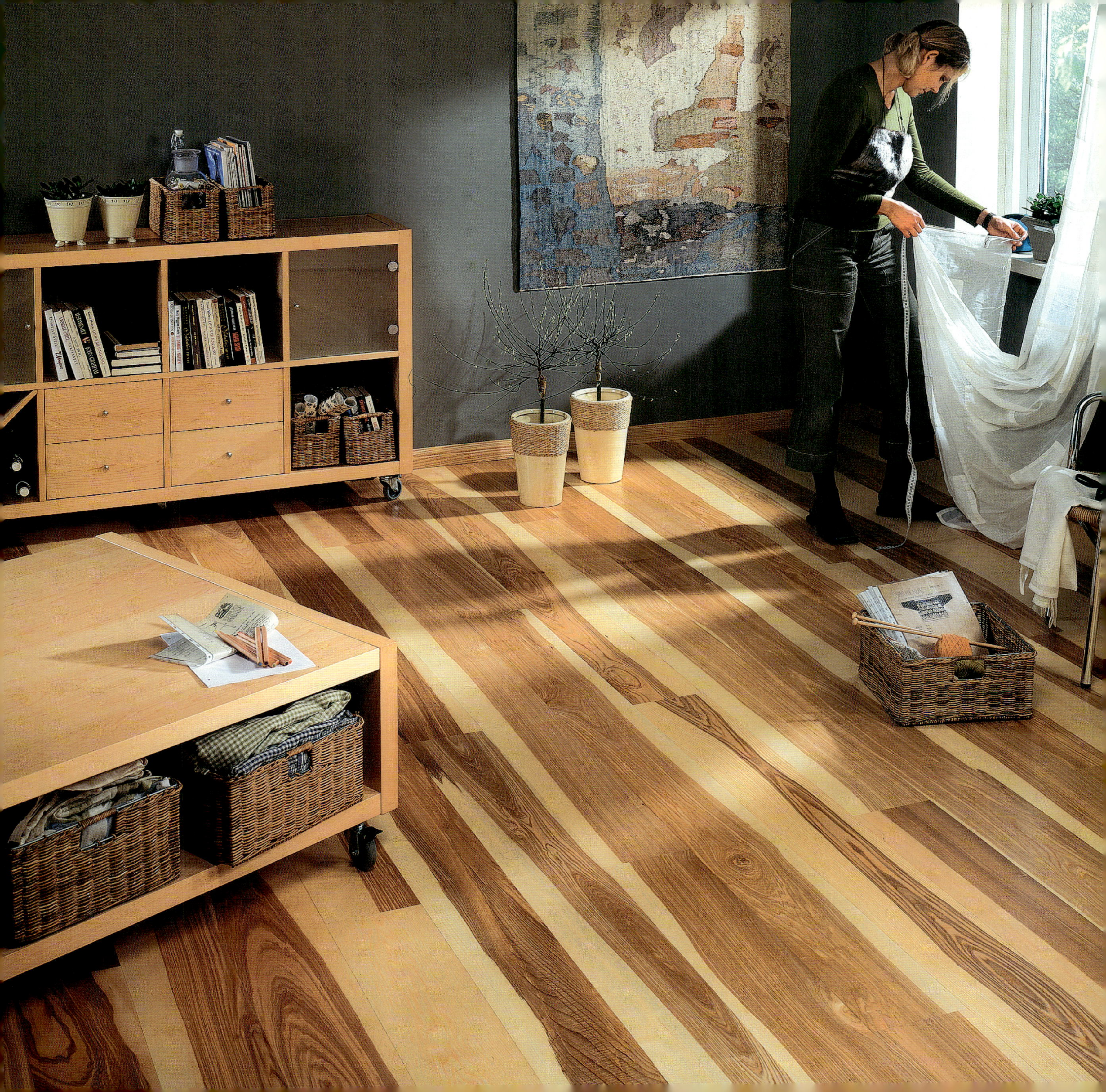

4.1

木質床の施工

　無垢材、化粧ハードボードを問わず、すべての木質床は湿気が禁物です。湿気の影響を受けにくい中間階および最上階の床仕上げにおいても、防水処置を施すことは重要です。そうしないと万一の場合、製造元の保証が無効になる場合があります。施工前に、材料を現場の気候に順化させることも肝要です。さらにすべての木質床材は、周囲の気温や湿度の変化に反応して伸縮しますから、壁との接合部には1.25cmの伸縮目地を設ける必要があります。木質床の施工には、浮き床仕上げ、接着剤張り仕上げ、釘打ち仕上げの3つの方法があります。

複合フローリング材および化粧ハードボードの浮き床仕上げ

　浮き床仕上げとは、接着剤や釘を使ってフローリング材を下地床に固定するのではなく、幅木、モールディング、家具、そして床板自体の重量で下地床の上に固定するものです。複合フローリング材も化粧ハードボードも、さねはぎ継ぎを接着剤で固定するものと、はめ込むだけのクリック式になっているものとがあり、どちらもアマチュアでも簡単に張り付けができるようになっています。

複合フローリング材

接着剤張り仕上げおよび釘打ち張り仕上げ

　現在では無垢材もさねはぎ継ぎ加工が施され、すぐにはぎ合わせられる形で出荷されており、接着剤または釘で下地床に固定します。さねはぎ継ぎ加工のない無垢厚板を張り付ける場合（たとえば再生床板を使うときなど）は、互いにきつく突き付け、下地床に接着剤で固定するのが最も良い方法です。釘打ち張りも接着剤張りも、どちらもかなり高度な技術を必要としますから、未経験者は避けた方が無難でしょう。

無垢フローリング材

その下地床は適していますか？

　無垢材または化粧ハードボードを購入する前に、必ず下地床の含水率をテストします（p.19参照）。その結果、湿気があることが確認された場合は、他のタイプの床仕上げを検討しましょう。どのような木質床であれ、必ずその下のコンクリート下地床または木質下地床の上に、直接ポリエチレンシートを敷くか、液状防湿材を塗布するかして防湿対策を施します（p.19参照）。ポリエチレンシートを接着剤張り仕上げの下に敷くのは推奨できません。というのは、その上から接着剤を均一かつ平滑に塗ることは困難だからです。また釘打ち仕上げの場合もビニルシートを敷くのは推奨できません。というのは、釘がビニルシートを破り、そこから湿気が浸入する場合があるからです。複合フローリング材および化粧ハードボードの浮き床仕上げのときは、ポリエチレンシートあるいは液状防湿材のどちらでも使用することができます。

　浮き床仕上げフローリング材のメーカーはまた、下地床の不陸を吸収し、床に弾性を加えるものとして、発泡下地材の使用を推奨しています。また発泡下地材に防水材の裏打ちを組み合わせ、2枚の下地を一体成型したものも販売されています。遮音効果という点に関しては、これらの下地材を使ったとしても、やはり吸音パネルには劣ります（p.18参照）。下地材を選ぶときは、それにより床の高さが高くなることを忘れないようにし、納入業者とよく相談しましょう。

　無垢材または化粧ハードボードのフローリング材を張る時は、必ずしもコンクリート下地床の上に下地調整材を塗布したり、木質下地床の上にマリン合板を張ったりする必要はありません。というのは多少の下地床の不陸であれば、床板の厚みがそれを吸収する場合があるからです。また、既存の床の上に化粧ハードボードを張ることもできますが、その場合は床が高くなりすぎることもありますから注意します。無垢材を釘打ち仕上げにする場合は、釘を受け止めるためにコンクリート下地床を2cm厚の合板で被覆する必要があります。パーティクルボードは、釘をしっかり受け止めることができないので、この場合不向きです。

床見切材

　木質床と他の床仕上げが接合する場所では、木質床仕上げが他の床仕上げよりも高くなり、床見切材を据える必要が出てくるかもしれません。多くの種類のものが製造されています。レデューサーは、片側がスロープになっていて、高低差のある2つの床を接合するものです。継手見切材も高低差のある2つの床を接合するもので、T型の腕が両方の床仕上げの端にかぶさる形になります。L型敷居（角段鼻）は、片方の角が直角になっているもので、木質床とカーペット張り仕上げの接合部に用います。床見切材についても納入業者に助言を求めましょう。

レデューサー

継手見切材

木の順化

　高密度繊維板であれ無垢材であれ、すべての木質床材は、周囲の気温や湿度に反応して伸縮します。そのため木質床材は必ず、施工前に現場の環境に順化させる必要があります。施工前最低でも1週間は室温を通常の生活温度である17℃に保ち、その場所に床材を48時間以上置いて順化させます。床材を、換気のため床から10cm離し、据え木の上に置くのが良い方法です。

木質床

木質床仕上げのための技法

見取図を描き、最後に張る板の幅を計算します。それがあまり細くなりすぎる場合は、最初に張る板と最後に張る板の両方を同じ幅でカットするようにします。無垢材は、長さが不揃いで納入されますから、床全体の釣り合いが取れるように、順序を並べ替えます。床の強度を増すために、最初の数列には、あまり短い板は使わないようにします。

木質床仕上げのデザインの重要なポイントは、どのように目地割りをするかということです。隣り合う列の目地と目地が直線状になる芋目地は避けましょう。破れ目地にはいくつかの方法があります。

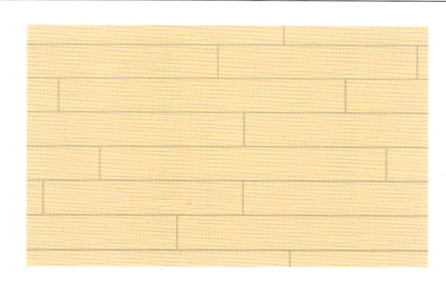

もっと自然な張り付け方法としては、隣り合う列の目地から46cm以上離してランダムに目地を取るように張っていく方法です。これは施工に際して、列の最後の板のカットした分を、次の列の最初に持ってくると、自動的に出来上がります。

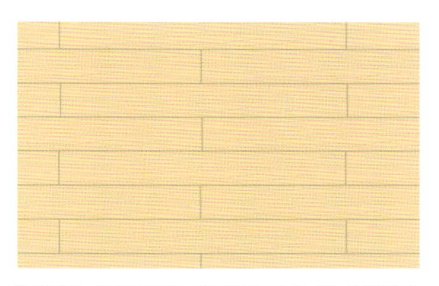

規則正しく感じられ、現代的なスタイルの部屋に合う割り付けは、隣り合う板の長さのちょうど真ん中に目地がくる形の破れ目地です。その結果、1本おきに、目地が揃うようになります。

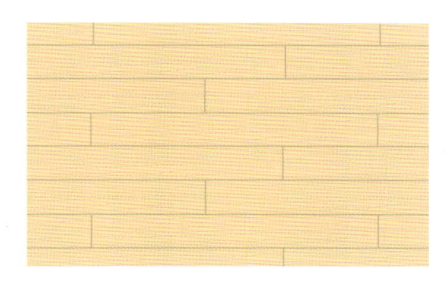

それよりも少し規則性のある張り付け方法としては、2列から3列離れた目地を断線のように合わせていくという方法です。何らかの疑問点がある場合は、メーカーの指示に従うようにします。全体的な効果を確かめるために、それぞれの方法を数列で試してみると良いでしょう。

伸縮目地

フローリング材を張り付ける際は、木の自然な伸縮を吸収するために、床と壁のすべての取り合い部にスペーサーを挿入し、均一に1.25cm幅の伸縮目地を取るようにします。建材店にはT型またはL型のスペーサーが販売されています。代用として、同じ厚さの木材をカットして使っても良いでしょう。伸縮目地を隠すために、施工前に幅木やモールディングを冷たがねとバールではずし、張り付け後に再度釘または接着剤で元に戻します（p.20参照）。幅木は、はずすのが困難な場合もあり、そのときは新しいモールディングで伸縮目地を隠します。そのとき、モールディングはフローリング材が自由に動くことができるように、幅木の方に釘止めします。

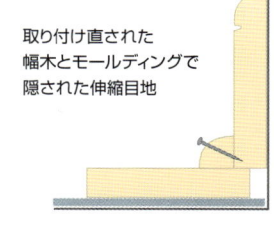

取り付け直された幅木とモールディングで隠された伸縮目地

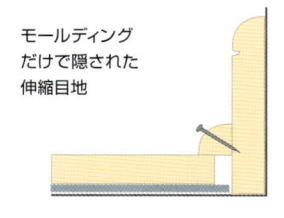

モールディングだけで隠された伸縮目地

特殊工具

タッピングブロックは木製のものとプラスチック製のものがあり、フローリング材をはぎ合わせるとき、角が傷まないようにその端にあてがい、その上からハンマーで叩くためのものです。タッピングバーは、両端が反対方向に曲がった金属製の工具で、床の周縁部でタッピングブロックやハンマーが使えないとき、フローリング材を引っ張り、きつくはぎ合わせるときに使います。フローリング材の納入業者は、施工キットの一部として、これらの工具を提供してくれるはずです。

釘打ち張り仕上げをする場合は、釘頭を材中に打ち込むために釘締めが必要です。またエアー釘打ち機が必要な場合は、レンタルすることもできます。

タッピングブロック

タッピングバー

釘締め

フローリング材のカット

無垢材または化粧ハードボードを鋸でカットするときは、微粒子を吸い込まないようにマスクをつけ、できるだけ屋外で作業するようにします。細目の手挽き鋸の方が電動糸鋸よりも適しています。というのは電動糸鋸は、無垢材および化粧ハードボードの端を裂いてしまうおそれがあるからです。（手動鋸は、板の表面が裂けるのを防ぐため、上から下に挽き下ろすように使います。）電気の力を借りる必要があるときは、電動丸鋸をレンタルしましょう。木工用ビットを装着した電動ドリルがあると、パイプ周りを納める場合に役に立ちます。板のカットラインは、慣れた人なら目測でもかまいませんが、後で述べる方法で木片と鉛筆を使って線を引くと良いでしょう。直角な線を引くときは、直角定規を使います。

フローリング材をカットするときは、クランプなどの留め具でしっかりと固定して行うようにします。板の表面に鉛筆で線を引き、切り落とす側に斜線で影をつけます。そして線の影側をカットします。カットの最後では、切り落とす側を軽く支えるようにします。そうしないと、最後の部分が裂ける場合があります。

たいていの場合、最後の列の床板を縦にカットする必要がでてくるでしょう。直前の板の上に、もう1枚最後の列の板を重ね、それを壁にあたるまで押します。次に、その板と壁の間にスペーサーを挿入し、伸縮目地を確保します。

細い木片を水平に持ち、それを壁に押し付け、同じ手で鉛筆を垂直に下ろし、下の板に線が引けるようにします。列の先端で鉛筆の位置を合わせたら、そのままゆっくりと木片を壁に沿わせて手前に引いてくると、下の板にカットラインが引けています。切り落とす側に斜線をつけ、カットします。

4.2

木質床

性能チェック
(*低 **中 ***高)
- 耐磨耗性***
- 保温性**
- メンテナンスのしやすさ**
- 遮音性*
- 耐水性*

化粧ハードボード材の開発や、簡便な施工方法の導入などにより、現在木質床仕上げは、これまでになく広く普及しています。掃除が簡単で、耐久性があり、見た目も美しい木質床は、私たちの時代を代表する床仕上げになっています。カエデ、カシ、サクラなどの広葉樹から、メルバウ、イロコなどの外来材まで、現在あらゆる種類の木材が、床仕上げ用に加工され市場に出回っています。そんななか良心的な消費者は、再生可能な資源から産出される木材だけを使うようにしています。熱帯雨林から産出される木材は、ほとんどが絶滅の危機にありますが、国産のカエデ、カシ、サクラなどは、再生可能な資源であり、製造者も認証されています。責任ある材木卸商は、それらの製造者を訪問調査し、包括的な再生産プログラムに沿って供給するように促しています。残念なことにすべての製造者が、そのことに熱心に取り組んでいるとはいえない状況にあります。環境保護に努めている製造者の商品であることを証明するために、認定章が発行されていますから、もし疑いのあるときは、材木卸商にそれを見せてもらうようにしましょう。The Forest Stewardship Council(FSC、森林管理協議会)は、こうした認証制度を推進している代表的なNPOです(詳しくは、http://www.fscus.orgを参照)。もっと資源保護に配慮したいと考える人は、再生床板の使用を検討してみてはどうでしょうか？　それは釘抜き、サンダー、鉋かけ、再仕上げなどの手間を掛ける必要があり

カシ(オーク)

ブナ(ビーチ)

トネリコ(アッシュ)

カエデ(メープル)

サクラ(チェリー)

クルミ(ウォールナット)

木質床のデザイン

木にはそれぞれ独特の個性があり、色も木目も違い、表現するものも異なっています。例えば、白っぽいカエデで仕上げられた床は、豊かな赤褐色のサクラで仕上げた部屋とは、全然異なった印象を生み出します。同じ広葉樹でも、種類によって価格に開きがあり、クルミは最も高いものの部類に属し、ブナは最も安いものに属します。また同じ木でも、品質によって値段がかなり変わってきます。ふしがほとんどなく、色が均一なものが最も高価になります。すべての広葉樹は、住まいのなかで使用するぶんには、どれも十分堅牢ですが、そのなかではカエデが最も耐久性があります。以下は、床仕上げに用いられる代表的な木の種類です。

右：サクラの豊かで深みのある色調は、洗練された高級感あふれる床仕上げを生み出し、現代的なスタイルのなかにあっても、カントリー風のスタイルのなかにあっても、どちらもよく引き立てます。

クルミ(ウォールナット)
クルミはカシ、カエデ、サクラなどとくらべると材質がかなり柔らかく、黒色系の広葉樹のなかでは、おそらく今最も人気の高いものでしょう。色は親しみやすい深い褐色をしています。

サクラ(チェリー)
味わい深い赤褐色をした広葉樹で、その色は歳月とともに濃くなっていきます。また木目の美しさは際立っています。

カシ(オーク)
カシは非常に耐磨耗性に優れた広葉樹で、中間的な茶色をしています。いま北アメリカで最も人気の高いフローリング材です。灰色がかった白カシは真っ直ぐで均質な木目をしています。一方、赤カシは模様のある木目を有し、カントリー風のスタイルによく似合います。

ますが、大部分が良質な床板となって再生します。あるいは、木類ではなく、草類に属し、収穫後すぐに再生産される竹の使用を考えることもできます。

　広葉樹（硬材）は針葉樹（軟材）にくらべ、耐磨耗性に優れ、色も木目も多彩です。しかし広葉樹は針葉樹よりもかなり高価で、それが化粧ハードボードの床仕上げが人気を得ている理由の1つにもなっています。化粧ハードボードは広葉樹の何分の1かの費用で、広葉樹と同じ視覚的効果を演出することができ、施工もより簡単です。木質床仕上げにしたいと思ったときは、まず最初に、既存の床仕上げの下に床板が張っていないかどうかを確かめましょう。あなたの住まいが、よほど古いものでない限り、その床板は針葉樹で、材質も一定していないでしょうが、古い針葉樹の床板のなかには、サン

長所
- 耐磨耗性に優れ、掃除がしやすい。
- 温かく自然な雰囲気を創造する。
- どんなスタイルの住宅にも合う。
- リビングルーム、書斎、玄関広間、階段の床に最適。

短所
- 遮音措置を施していない場合音が響くことがある。
- 根太の上に直接張る場合、埃やすきま風が入ることがある。
- バスルームなど水を使う場所には不向き。

左：繊細で優美な雰囲気を漂わせるブナは、軽やかな現代的スタイルのなかでその魅力を発揮します。

右下：何年間も慣れ親しんだ床ほど、気分を和ませるものはありません。カシのフローリング材は、ステイン塗装をすることによって古色を出し、豊かな伝統的な味わいを演出することができます。

モミ（ファー）
淡黄色から、明るい赤色までの色の幅を持ち、日光に曝されるとより暖色を増します。他の広葉樹にくらべ材質が柔らかく、そのため人の往来のあまり激しくない場所に使われます。

トネリコ（アッシュ）
独特の伸びやかな木目を持つトネリコは、最初は白い色をしていますが、歳月を経るなかで深みを増していきます。酸洗い（ピクリング・漂白）されたり、木目を際立たせ独特の味わいを出すためステイン塗装されたりします。

ブナ（ビーチ）
茶色からピンク色がかった白色までの色の幅を持った、斑状の木目をした広葉樹です。色と模様が一定のため、現代的な様式によく調和します。ステイン塗装するのに最適な素材です。

竹（バンブー）
竹のフローリング材は、無垢板ではなく、プレフィニッシュ加工された複合フローリング材の形で商品化されます。竹の縦じまの木目は、黒っぽく仕上げられる場合も、明るく仕上げられる場合もありますが、興趣に満ちた印象を生み出します。竹は異国情緒の雰囲気と環境保全への姿勢を一体化して表現します。

カバ（バーチ）
緻密で真っ直ぐな木目を持った白色系のカバは、室内に軽い浮遊するような感覚をもたらします。カシなどの広葉樹に比べ、柔らかい材質をしています。

マツ（パイン）
18世紀および19世紀の床仕上げのほとんどは、マツ板材が使われていました。針葉樹のなかでは床板として最も広く用いられています。本来は白っぽい色をしていますが、ステイン塗装するとアンティークな感じが生まれ、歳月とともに温かい色調に変わっていきます。

カエデ（メープル）
白色系の広葉樹で、非常に緻密な木目を持っています。現代的スタイルに最適な洗練された印象を持ち、耐磨耗性にも優れています。

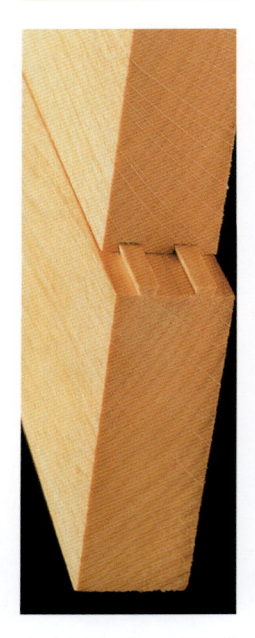

4.2

ダーをかけ磨き上げれば、美しく仕上がるものもあります。また修復すれば使えるというものもあります。しかし最近作られた家のカーペットの下に見いだされる下地板は、その多くが下地板以上のものとして使うことはできないでしょう。新規に木質床を施工する場合で、費用が最も安くあがる方法は、広葉樹ではなく針葉樹を使い、それをペイントまたはステインで塗装するという方法です。しかし針葉樹はへこみやすいため、玄関広間や廊下など、人の往来の激しい場所には使わない方が良いでしょう。

新規に木質床仕上げを施工することに決めたなら、次はフローリング材の選定です。複合フローリング材、無垢材、ウッドタイルなどがあります。フローリング材が決まると、それに応じて施工方法が決まります。複合フローリング材は、新規に木質床仕上げを行うときに最も人気の高いもので、浮き床仕上げで施工されます。それは木質床の施工のなかで最も簡便な方法で、フローリング材を幅木、家具、そしてそれ自体の重量で下地床の上に固定するものです。

木質床の仕上げ方法には、いろいろな形があります。透明クリアまたはステインのワニスを塗布する、オイルを使う、ワックスを掛ける、ペイントを塗る、酸洗い（ピクリング・漂白）するなどです。これらの方法を使うことによって、安価な材料でも高価に見せることができ、既存の床を新しい印象でよみがえらせることができます。

上：すべての化粧ハードボード材が、そしてますます多くの複合フローリング材が、クリック式になっており、さねはぎ継ぎは接着剤を使わず、ただ差し込むだけの形になっています。

木質床の種類

木質床の材料としては、無垢材、針葉樹（または集成材）の基材の上に広葉樹の薄板を張り合わせた複合フローリング材、ウッドタイルがあります。はぎ合わせる方法としては、単純に側面を突き付けるだけのもの、さねはぎ継ぎにするもの、精巧なクリック式のものがあります。

複合フローリング材

これはプレフィニッシュ加工されたフローリング材で、浮き床仕上げにします。針葉樹の基材の上に、広葉樹の薄板を圧着、接合して作られていますが、防水性能を高め形状を安定させるため、非常に薄い化粧ハードボードを底に貼っている場合もあります。表面の広葉樹の帯が1片だけのものと、2片ないし3片を合わせたものがあります。1片だけのものはプランクと呼ばれています。通常は側面がさねはぎ継ぎ加工されており、その部分を接着剤で接合します。現在では、化粧ハードボードと同じく、さねはぎ継ぎの部分をはめ込むだけのクリック式のものも製造されています。複合フローリング材のもう1つの種類のものが、高密度の集成材の上に非常に薄い広葉樹の薄板を貼り合わせたものです。これは他の複合フローリング材にくらべると安価ですが、化粧ハードボードよりもかなり高価です。他の木質床材と比較すると耐久性はあまり高くありません。

複合フローリング材は、通常ラッカーを5層から7層焼き付け塗装したプレフィニッシュ加工されており、それ以上の仕上げ加工をする必要はありません。無垢材よりも軽量で、また、浮き床仕上げは接着剤仕上げや釘打ち仕上げよりも簡単です。複合フローリング材のもう1つの長所は、合板の底板のおかげで、施工後の伸縮が起きにくいということです。とはいえ、部屋の周縁部には伸縮目地はやはり必要です。

無垢材

無垢材は通常、接着剤仕上げでも釘打ち仕上げでも、長さは不揃いで納品されます。（側面が平滑な無垢材は、通常再生木材で、側面をしっかりと突き付け、接着剤で下地床に固定させます。）無垢材は仕上げ加工しない状態で出荷される場合があります。その場合は、施主の側でワニス、オイル、ワックスなどで仕上げ加工をする必要があります。無垢材を2片から3片横にはぎ合わせ、一体化して広い板の形で販売しているものもありますが、施工方法は1枚の無垢材と同じです（表面の広葉樹を2、3片横にはぎ合わせた形にしてある複合フローリング材とは違います）。無垢材のフローリング材は、複合フローリング材よりも重量があります。また、釘打ち仕上げや接着剤仕上げは、浮き床仕上げよりもかなり難度の高い工法です。無垢材はまた、他のものに比べ施工後の伸縮はかなり激しいものがあります。

ウッドタイル（パーケット）

ウッドタイルは、パーケットまたはウッドモザイクと呼ばれることがあります。ウッドタイルは、薄い木片をヘリングボーンなどのさまざまな模様に組み合わせ、正方形の合板またはMDF（中比重繊維板）の上に貼り合わせたものです。施工法はコルクタイルなどと同様に、接着剤で下地床の上に張り付けます。接着剤付きのウッドタイルも販売されています。元来こうした寄せ木模様は、木片を1枚1枚張り付けながら作られていたもので、それは本当に芸術の域に達していました。そのような寄せ木張りの床は、是非とも修復されなければなりません。かつての伝統的な寄せ木張りは、現在既製品のウッドタイルとして復活し、施工も簡単になり、より入手しやすいものになっています。

左：燃えるような木目と生き生きとした色合いのトネリコ材が、現代的スタイルの部屋を完璧なものに仕上げています。

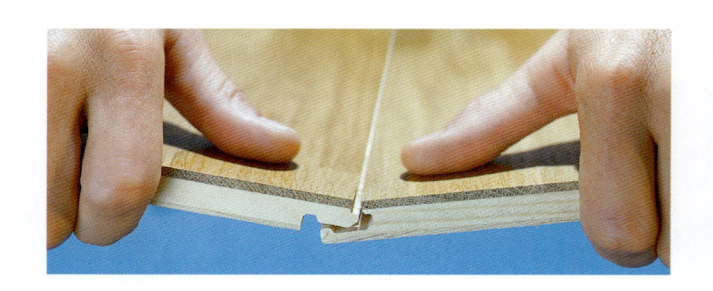

右：市場には簡便な施工方法の木質床材が多く出回っています。納入業者とよく相談し、あなたの住まいに最適な床材を求めましょう。

木質床のメンテナンス

仕上げ表面を傷つけるおそれのある微粒子を、先の柔らかい箒で掃き取ります。拭き掃除をするときは、希釈した家庭用洗剤で湿らせた清潔なスポンジモップを使いますが、必ず使う前によく水洗いし、付着している塵埃をすすぎ落としてからにします。湿気で木が傷むことがないように、水などをこぼした場合は、すぐに拭き取ります。納入業者は、スプレーまたはモップで塗布し、乾燥した後に拭き取る形のさまざまな掃除用品を推薦してくれるでしょう（必ずしも必要というわけではありません）。仕上げ加工をしていないフローリング材は、プレフィニッシュ加工したものよりも頻繁にメンテナンスする必要があります。自分で塗布した仕上げ材は、プレフィニッシュ加工で何層にも焼き付けられたシーラントほど長持ちしませんから、6カ月おきに再塗布する必要があります。床全体の輝きが薄れてきたと感じたり、表面に落ちた水滴が丸くならずに染み込んだりしているときは、再塗布が必要な時期になっていることを示しています。

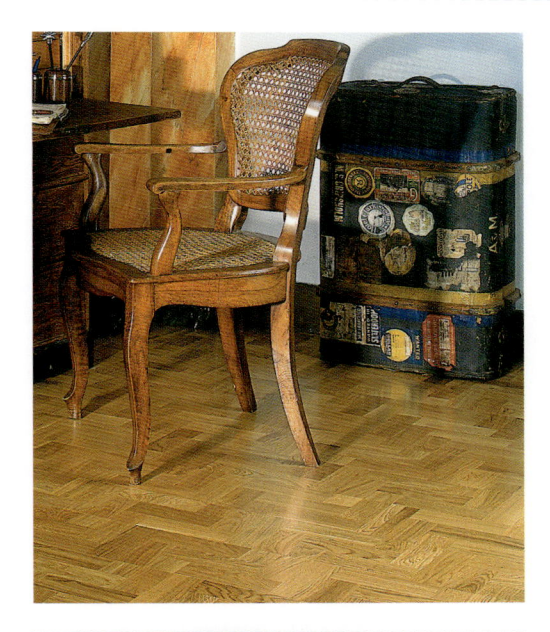

左上：伝統的な寄せ木張りの床は、匠の技だけに可能なものです。古い寄せ木張りの床を修復したものは、最高に価値のあるものですが、その代替として、ウッドタイルも同様の外観を出すことができます。

左：カエデは滑らかな質感と耐磨耗性に優れていることでよく知られています。

上：スカンジナビア産のホワイトスプルースが白い絨毯を敷きつめたような効果を出しています。この床材は耐磨耗性に優れ、メンテナンスも比較的楽です。

4.3 浮き床仕上げ

難易度
●●●○○

複合フローリングと呼ばれることもあるこの方法は、床板を幅木、モールディング、家具、そしてそれ自体の重量で下地床に固定するもので、アマチュアでも施工できる最も簡単な木質床仕上げです。

工具箱
1. ユーティリティナイフ／はさみ
2. ダクトテープ
3. チョークライン
4. 直角定規
5. 直定規
6. 1.25cmスペーサー
7. ハンマー
8. タッピングブロック
9. 清潔な布（目の荒い綿布）
10. 細目の手挽き鋸／電動丸鋸
11. 電動ドリルと木工用ビット
12. タッピングバー

材料
13. 複合フローリング材
14. 防水加工されたクッション材
15. 木工用接着剤
16. 木工用目止め材
17. 新しい床にマッチしたモールディングおよび幅木（必要ならば）
18. ミネラルスピリット

浮き床仕上げは一般に、既存の木質下地床の上に張られ、下地板の状態がよほどひどいとき以外は、合板による平滑化は必要ありません。同様に、コンクリート下地床の不陸が激しいとき以外は、下地調整材による平滑化も必要ありません（p.18-19参照）。ドア下端の切除が必要でないかどうかを確かめます（p.21参照）。可能ならば、できるだけ換気網やモールディング、幅木を取り外し、床施工後に伸縮目地を隠すような形で再度取り付けるようにします（p.20参照）。下地床の上には必ず防水塗膜を作り、さらにクッション材を入れます。防水材で裏打ちされたクッション材も販売されています。購入する床材に最も適したクッション材、および接着剤を納入業者に推奨してもらいましょう。床見取図を描き、必要な床板の枚数を計算します。そして、最初と最後の床板の幅を算出します。

浮き床仕上げに使われる複合フローリング材は、通常ステインまたはワニスで仕上げ加工されていますから、それ以上にステインまたはシーラントを塗布する必要はないでしょう。施工は、ほとんどのものが、さねはぎ継ぎの部分を接着剤で接着するだけですが、接着剤を使わないタイプのものもあります。接着剤を使わない「クリック式」の床板を張る場合は、合板浮き床仕上げ（p.120-121）の項の手順に従います。

重要事項

- 現場の下地調整をしっかりと行います（p.18-21参照）。
- 納入業者に助言を求め、メーカーの指示書に従った使い方をします。
- 安全には十分配慮します。接着剤を使用するときは、厚手のゴム手袋を装着し、部屋の換気に十分注意します。鋸を使うときは、床板をクランプなどでしっかりと固定し、埃を吸い込まないようにマスクを装着します。電動工具を使うときは、マスク、防護メガネ、イヤープロテクターを装着します。
- 現場の湿度を確認し、必ず床板の下に防水塗膜を作ります（p.19参照）。湿気が多い場合は、木質床をあきらめ、他の床仕上げを検討しましょう。

複合フローリング材の施工

床板の下準備

木材は、気温や湿度の変化に反応して伸縮します。部屋を生活温度に保温した状態にしておき、床板をその場に少なくとも48時間放置し、順応させます。実際に施工を始める前に数列仮敷きして、どのような形の破れ目地が良いかをテストしてみましょう。ステップ2のスタートラインを引く場合は、真っ直ぐな最も長い壁に平行に、壁から床材の幅、プラスさね（突起）の幅（通常は2.5cm）、プラス伸縮目地の幅（1.25cm）を取って、チョークラインを引きます。1枚目の床板のさね（突起）の部分をカットする場合は、その分を計算に入れる必要はありません。壁が真っ直ぐになっていない場合は、部屋の角から適切な長さを取り、そこに直角定規をあてて直線を引きます。その直線をガイドにして、チョークラインを引き、その線をスタートラインとします。壁面の歪みのためにできる隙間は、飼い木や床板を長手方向にカットして詰めるか、モールディングで隠すかします。

ステップ1
床板を張る前に、防水材で裏打ちされたクッション材を下地床の上に敷きます。ユーティリティナイフとはさみを使い、部屋の周縁部に合わせてカットしていきます。シートとシートは端を突き合わせ、ダクトテープで接合します。別の方法としては、ポリエチレン製の防水シートを敷くか、液状防湿材を塗布するかし、その上からクッション材を敷きます（p.120化粧ハードボード張り仕上げの項参照）。木質下地床の状態がひどすぎる場合を除いて、合板で下地調整をする必要はありません。化粧ハードボードを張る必要がある場合は、下地を防水加工した上に張ります（p.18参照）。

ステップ2
1列目の床板の外側の線を、前述したように（床板の下準備）、チョークラインで引きます。1枚目の床板をその線に沿って、さね（突起）の側を壁に向けて敷きます（よりていねいに張りたいときは、さねの部分をカットします）。床板と壁の間に伸縮目地を取るために、1.25cmのスペーサーを挿入しておきます。

ステップ3
2枚目の上端のさねの部分に接着剤を塗布し、床に対して斜めに持ちながら、1枚目の溝の部分に挿し込んでいきます。タッピングブロックとハンマーを使い、床板を一定の力で叩きはめ込みます。壁と床板の間にスペーサーを入れながら、1列目を敷いていきます。はみ出た接着剤は、湿らせた清潔な布ですぐに拭き取ります。

4.3

ステップ4
列の最後に来たら、最後尾の床板を1.25cmの伸縮目地分を取ってカットします（p.101参照）。直角定規で正確な真っ直ぐな線を引き、細目の手挽き鋸または電動丸鋸で切断します。鋸を挽くときは、板の表面が裂けないように上から下に挽き下ろすようにします。パイプなどの障害物があるところでは、電動ドリルを使い穴を開けます。

ステップ5
切断した残りの床板を、切断した方の端を壁に向けて、2列目の先頭に持ってきます。こうすることによって、納まりが良く見た目も自然な破れ目地が出来上がります。目地と目地の間隔は、46cm以上取るようにします。さねの部分に接着剤を塗り、溝に差し込みながら張り付けていきます。ハンマーとタッピングブロックでやさしく叩きながら、納めていきます。もし失敗した場合は、接着剤が固まらないうちに、取りはずします。

ステップ6
ドアの脇柱をカットした場合は、ハンマーとタッピングブロックで、床板をその下にやさしく叩き込みます。壁の形に合わせて床板の端をカットしなければならなくなるかもしれません。最後の列では、床板を1.25cmの伸縮目地を取った上で、長手方向にカットする必要が出てくるかもしれません。壁と床板の間にスペーサーを入れ、最後の板をその前の列の板にしっかりと接合するために、タッピングバーで引っ張ります（p.121化粧ハードボード張り仕上げの写真参照）。壁面の歪みで大きな隙間が生じた場合は、飼い木を詰めます。

ステップ7
そのまま一晩接着剤が固まるまで放置し、その後スペーサーを取り除きます。接着剤の残りを清潔な布と少量のミネラルスピリット（溶剤）で拭き取ります。小さな隙間は、木工用目止め材で埋め、余分なものは湿らせた清潔な布で拭き取り、1時間ほどそのまま乾燥させます。

ステップ8
モールディング、幅木、換気網などを再度取り付け、伸縮目地や壁面の歪みで生じた小さな隙間を隠します。

浮き床仕上げ階層構造

コンクリート下地床の場合

複合フローリング材

防水加工されたクッション材

コンクリート下地床

木質下地床の場合

複合フローリング材

防水加工されたクッション材

既存の根太および下地板張り

浮き床仕上げ

4.4

無垢材接着剤張り仕上げ

難易度
●●●●○

接着剤は固着時間が短く、無垢材は重量があることから、この床仕上げの難易度はかなり高くなります。しかも施工途中にしばしば無垢材を知らずに動かしてしまうことがあります。

工具箱
1. ペイントローラー
2. チョークライン（色のついたもの）
3. 直角定規
4. 直定規
5. 3mmくし目鏝
6. 清潔な布（目の荒い綿布）
7. 1.25cmスペーサー
8. マスキングテープ
9. 細目の手挽き鋸／電動丸鋸
10. 電動ドリルと木工用ビット
11. ハンマー
12. タッピングブロック
13. タッピングバー

材料
14. 無垢フローリング材
15. 液状防湿材
16. 木工用接着剤
17. 木工用目止め材
18. ミネラルスピリット
19. 適当なモールディングおよび幅木（必要ならば）

　無垢材接着剤張り仕上げは、通常既存の木質下地床の上に張られますが、下地板の状態がかなり悪いときは、水で希釈したPVA接着剤で防水加工したマリン合板で水平を確保します。同様に、コンクリート下地床の不陸が激しいとき以外は、下地調整材による平滑化も必要ありません（p.18-19参照）。新しい床仕上げに伴うドア下端の切除が必要ないかどうかを確認します（p.21参照）。可能ならば、できるだけ、換気網やモールディング、幅木を取り外し（p.20参照）、床施工後に伸縮目地を隠すような形で再度取り付けるようにします（あるいは新しい床にマッチした新しいモールディングや幅木を取り付けます）。床見取図を描き、必要な床板の枚数を計算します。そして最初と最後の床板の幅を算出します。

　接着剤張り仕上げの場合は、必ずコンクリート下地床または木質下地床の上に、液状防水塗膜を作る必要があります。この場合ポリエチレンシートを防水用に使うことは、その上から接着剤を塗布することが困難なので推奨できません。納入業者にあなたが張ろうとしている無垢材に最も適したクッション材や接着剤を推薦してもらうようにしましょう。

　無垢材は多くの種類があり、また仕上げの状態もさまざまです。仕上げ加工していない無垢材を、自分自身でステイン塗装、酸洗い（ピクリング・漂白）、あるいはシール加工する場合は、張り付け終了後に、木質床の仕上げの項（p.114-115）のステップにしたがって行います。

重要事項
- 現場の下地調整をしっかりと行います（p.18-21参照）。
- 納入業者に助言を求め、メーカーの指示書に従った使い方をします。
- 安全には十分配慮します。接着剤を使用するときは、厚手のゴム手袋を装着し、部屋の換気に十分注意します。鋸を使うときは、床板をクランプなどでしっかりと固定し、埃を吸い込まないようにマスクを装着します。電動工具を使うときは、マスク、防護メガネ、イヤープロテクターを装着します。
- 現場の湿度を確認し、床板の下には必ず防水塗膜を作ります（p.19参照）。湿気が多い場合は、耐水性に優れた他の床仕上げを検討しましょう。

無垢材接着剤張り仕上げの施工

無垢材の下準備

　無垢材は、気温や湿度の変化に反応して伸縮します。部屋を生活温度に保温した状態にしておき、床板をその場に少なくとも48時間放置し、順化させます。無垢材は長さが不揃いで納品されますから、実際に施工を始める前に順番を並べ替え、数列仮敷きして、破れ目地の間隔を確かめます。長さの異なった床板が、部屋全体に均等に分散されるようにしますが、あまり短い板を部屋の入り口に使うと、床の強度が下がりますから避けます。

　ステップ2のスタートラインを引く場合は、真っ直ぐな最も長い壁に平行に、壁から床材の幅、プラスさねの幅（通常は2.5cm）、プラス伸縮目地の幅（1.25cm）を取って、チョークラインを引きます。チョークラインは接着剤の上から透けて見えるように、色の付いたものを使います。壁が真っ直ぐになっていない場合は、部屋の角から適切な長さを取り、そこに直角定規をあてて直線を引きます。その直線をガイドにして、チョークラインを引き、その線をスタートラインとします。壁面の歪みのためにできる隙間は、飼い木や床板を長手方向にカットして詰めるか、モールディングで隠すかします。

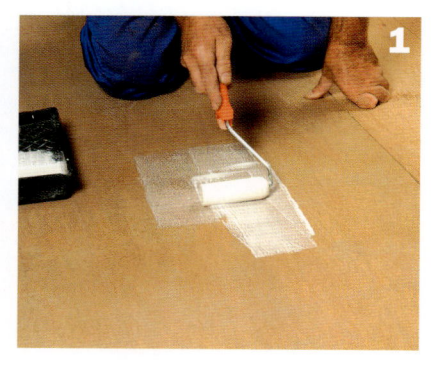

ステップ1
下地床の上に、液状防湿材（DPM）を塗布します（通常は合板下地板は必要ありませんが、張る場合はその表面に防水加工を施します、p.18参照）。そのまま2時間以上乾燥させます。

ステップ2
1列目の床板の外側の線を、前述した方法で（床板の下準備）、チョークラインで引きます。1列目の床板を張り付ける場所に、少量の接着剤を注ぎ出します。3mmのくし目鏝を使い、接着剤を壁から1.25cm離れた所からチョークラインの上まで延ばします。1枚目の床板をその線に沿って、さねの側を壁に向けて敷き、しっかりと押さえつけます。床板と壁の間に一定の伸縮目地を取るために、1.25cmのスペーサーを挿入しておきます。

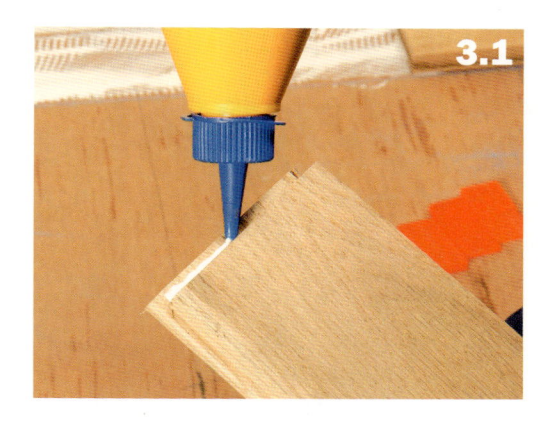

ステップ3
2枚目の上端のさねの部分に接着剤を塗り、床に対して斜めに持ちながら、1枚目の溝の部分に差し込み、そのまま下地床の接着剤の上にしっかりと押し付けます。壁と床板の間にスペーサーを入れながら、1列目を敷いていきます。はみ出た接着剤は、湿らせた清潔な布ですぐに拭き取ります。

役に立つヒント
床板は互いにマスキングテープで止め、施工中動かないように固定します（板の上に跡が残らないように、テープは24時間以内に取り除きます）。

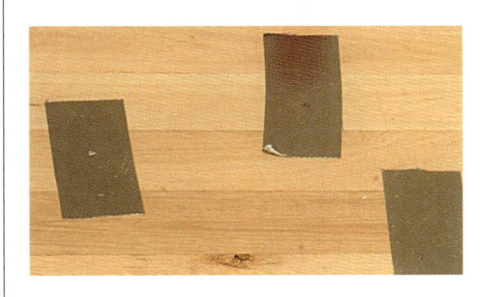

ステップ4
列の最後に来たら、最後尾の床板を1.25cmの伸縮目地分を取ってカットします（p.101参照）。直角定規で正確な真っ直ぐな線を引き、細目の手挽き鋸または電動丸鋸で切断します。鋸を挽くときは、板の表面が裂けないように上から下に挽き下ろすようにします。パイプなどの障害物があるところでは、電動ドリルを使い穴を開けます。1列目が張り終えたら、そのまま1時間放置して接着剤を固まらせ、次からの列を強く押し付けることができる強固な基盤を作ります。

ステップ5
切断した残りの床板を、切断した方の端を壁に向けて、2列目の先頭に持ってきます。こうすることによって、納まりの良い効果的な破れ目地が出来上がります。目地と目地の間隔は、46cm以上取るようにします。一度に1列分ずつ接着剤を注ぎ出し、さらに、さねの部分に接着剤を塗り、溝に差し込みながら張り付けていきます。各列ごとに1時間の乾燥時間を取る必要はありませんが、張った後の床板の上に足を乗せないように気をつけます。

ステップ6
数列張り終えたら、ハンマーとタッピングブロックで床板の側面をやさしく叩きながら、板どうしを密着させていきます。以後も同様にしてしっかりと接合させていきます。

ステップ7
最後の列の床板を、1.25cmの伸縮目地を取り、長手方向にカットします（p.101参照）。その板を接着剤の上に置き、写真のようにタッピングバーでしっかりと手前に引っ張りながら、スペーサーを挿入し、位置を固定します。壁面の歪みで生じた大きな隙間がある場合は、床板を切断し飼い木にして埋めます。

無垢材接着剤張り仕上げ

4.4

ステップ8
そのまま一晩接着剤が固まるまで放置し、その後スペーサーを取り除きます。接着剤の残りを清潔な布と少量のミネラルスピリット（溶剤）で拭き取ります。小さな隙間は、木工用目止め材で埋め、余分なものは湿らせた清潔な布で拭き取り、1時間ほどそのまま乾燥させます。

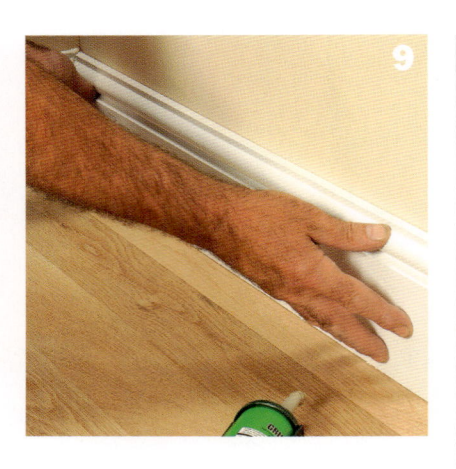

ステップ9
モールディング、幅木、換気網などを再度取り付け、伸縮目地や壁面の歪みで生じた小さな隙間を隠します。

無垢材接着剤張り仕上げ階層構造

コンクリート下地床の場合

- 無垢フローリング材
- コンクリート下地床
- 液状防水塗膜
- 無垢フローリング材

寄せ木張り仕上げ

寄せ木張り仕上げは非常に難易度の高い工法で、経験を積んだ専門職人の手によってしかできません。この技法においては、無垢材を1片ずつ接着剤で下地床に貼り付け、ヘリングボーンなどの模様を作っていきます。現在では既製品の寄せ木張りのウッドブロックが販売されており、これだと簡単に張り付けることができます。この場合、コルクタイル張り仕上げ（p.84-85）の手順に沿って、メーカーの指定する接着剤を使いながら張り付けていきます。ウッドタイルはプレフィニッシュ加工されていないものもあり、その場合はシール加工する必要があります（p.114-115参照）。

木質下地床の場合

- 無垢フローリング材
- 木工用接着剤
- 液状防水塗膜
- 既存の根太および下地板張り

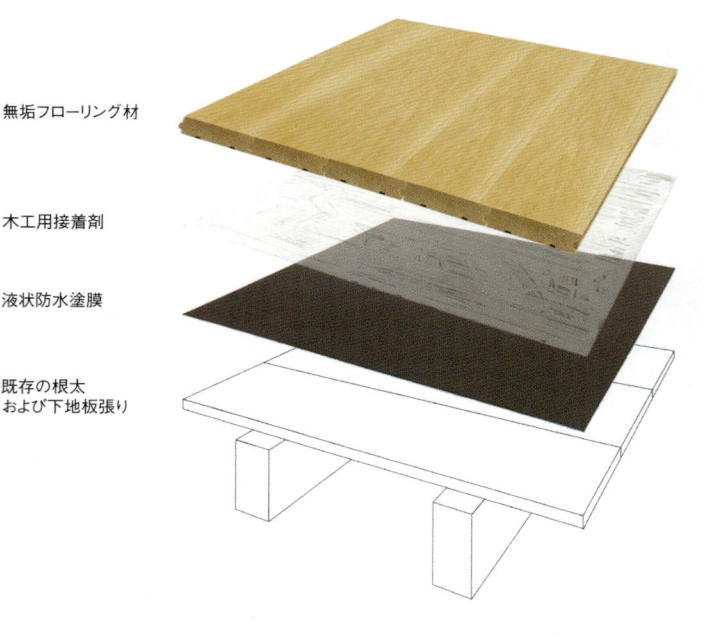

4.5

無垢材釘打ち張り仕上げ

難易度
●●●●○

この床仕上げは、頻繁に釘打ちを行わなければならず、また無垢材は重量があり取り扱いが難しいため、難易度はかなり高くなります。

工具箱
1 ペイントローラー
2 チョークライン
3 直角定規
4 S直定規
5 1.25cmスペーサー
6 電動ドリルと木工用ビット
7 ハンマーと釘
8 エアー釘打ち機
9 タッピングブロック
10 釘締め
11 細目の手挽き鋸／電動丸鋸
12 3mmくし目鏝
13 タッピングバー
14 清潔な布（目の荒い綿布）

材料
15 無垢フローリング材
16 液状防湿材
17 木工用接着剤
18 木工用目止め材
19 適当なモールディングおよび幅木(必要ならば)

　無垢材釘打ち張り仕上げは、既存の木質下地床の上に直接張ることができますが、下地板の状態がかなりひどいときは、水で希釈したPVA接着剤で防水加工したマリン合板を張り水平を確保します。しかし、コンクリート下地床の場合は、釘を受け止めるために、必ず2cm厚のマリン合板(p.18参照)をその上に張らなければなりません（パーティクルボードは使えません）。新しい床仕上げに伴うドア下端の切除が必要ないかどうかを確認します(p.21参照)。可能ならば、できるだけ、換気網やモールディング、幅木は取り外し(p.20参照)、床施工後に伸縮目地を隠すような形で再度取り付けるようにします（あるいは新しい床にマッチした新しいモールディングや幅木を取り付けます）。床見取図を描き、必要な床板の枚数を計算します。そして最初と最後の床板の幅を算出します。

　釘打ち張り仕上げの場合は、必ずコンクリート下地床または木質下地床の上に、液状防水塗膜を作る必要があります。ポリエチレンシートは釘によって穴が開き、そこから湿気が浸入しますから、推奨できません。納入業者にあなたが張ろうとしている無垢材に最も適したクッション材や接着剤を推薦してもらうようにします。

　仕上げ加工していない無垢材を、自分自身でステイン塗装、酸洗い（ピクリング・漂白）、あるいはシール加工する場合は、張り付け終了後に、木質床の仕上げの項(p.114-115)のステップにしたがって行います。

重要事項

- 現場の下地調整をしっかりと行います(p.18-21参照)。
- 納入業者に助言を求め、メーカーの指示書に従った使い方をします。
- 安全には十分配慮します。接着剤を使用するときは、厚手のゴム手袋を装着し、部屋の換気に十分注意します。鋸を使うときは、床板をクランプなどでしっかりと固定し、埃を吸い込まないようにマスクを装着します。電動工具を使うときは、マスク、防護メガネ、イヤープロテクターを装着します。
- 現場の湿度を確認し、床板の下には必ず防水塗膜を作ります(p.19参照)。湿気が多い場合は、耐水性に優れた別の床仕上げを検討しましょう。

無垢材釘打ち張り仕上げの施工

無垢材の下準備

　無垢材は、周囲の気温や湿度の変化に反応して伸縮します。部屋を生活温度に保温した状態にしておき、床板をその場に少なくとも48時間放置し、順化させます。無垢材は長さが不揃いで納品されますから、実際に施工を始める前に順番を並べ替え、数列仮敷きして、破れ目地の間隔をどのくらい取れば見映えが良いかを確認します。長さの異なった床板が、部屋全体に均等に配分されるようにしますが、あまり短かい板を部屋の入り口に使うと、床の強度が下がりますから避けます。壁面の歪みのためにできる隙間は、飼い木や床板を長手方向にカットして詰めるか、モールディングで隠すかします。

　1列目にくるすべての板に、あらかじめ溝側にドリルで15cm間隔で釘穴を開けておきます。2列目以降の釘はすべて、さねの部分に打ち込みますから、表面に見えることはありません。

ステップ1

下地床の上を掃除機または箒で入念に清掃します。ペイントローラーを使って、下地床の上に液状防湿材（DPM）を塗布し、そのまま2時間以上乾燥させます。木質下地床が激しく損傷している場合を除いて、その上から合板を張る必要はありません（もし張る必要がある場合は、必ず防水塗膜の上に張るようにします）。コンクリート下地床の場合は、釘を受け止めるために、その上に防水処理をした2cm厚のマリン合板を接着剤で張り付けます(p.18-19参照)。

ステップ2

真っ直ぐな最も長い壁に平行に、壁から床材の幅、プラスさねの幅（通常は2.5cm）、プラス伸縮目地の幅（1.25cm）を取って、チョークラインを引きます。壁が真っ直ぐになっていない場合は、部屋の角から適切な長さを取り、そこに直角定規をあて直線を引きます。その直線をガイドにして、チョークラインを引き、その線をスタートラインとします。1枚目の床板をその線に沿って、溝側を壁に向けて敷き、床板と壁の間に一定の伸縮目地を取るために、1.25cmのスペーサーを挿入します。板の溝側にあらかじめ開けておいた釘穴を通して、ハンマーで釘を打ち込みます。

ステップ3
1枚目の板の部屋の中央に向いた側のさねの部分に、ドリルで15cm間隔で釘穴を開けていきます。ハンマーで釘を打ち込み、さねの部分から下地板まで貫通させます。エアー釘打ち木を使うと早くできますが、危険も伴います。

ステップ4
2枚目の板を1枚目の後の端に差し込み、タッピングブロックとハンマーを使ってやさしく最後まで押し込みます。1枚目同様に、壁側のあらかじめ開けておいた釘穴を通して、ハンマーで釘を打ち込みます。また同じようにさねの部分にドリルで釘穴を開け、ハンマーで釘を打ち込みます。釘締めとハンマーを使い、釘頭を材中に埋め込みながら、1列目を打ち付けていきます。

ステップ5
列の最後に来たら、最後尾の床板を1.25cmの伸縮目地分を取ってカットします（p.101参照）。直角定規で正確な真っ直ぐな線を引き、細目の手挽き鋸または電動丸鋸で切断します。鋸を挽くときは、板の表面が裂けないように上から下に挽き下ろすようにします。パイプなどの障害物があるところでは、電動ドリルを使い穴を開けます。

ステップ6
切断した残りの床板を、切断した方の端を壁に向けて、2列目の先頭に持ってきます。こうすることによって、納まりの良い効果的な破れ目地が出来上がります。1列目の板の突き出したさねの部分に2列目の板の溝を合わせ、タッピングブロックとハンマーを使い、やさしく叩きながらしっかりと接合していきます。次に1列目同様に、さねの部分に釘穴をドリルで開け、釘を下地床まで貫通させていきます（エアー釘打ち機を使うこともできます）。

ステップ7
目地と目地の間隔を46cm以上あけた破れ目地で、床全体を張っていきます。タッピングブロックとハンマーでさねはぎ継ぎをしっかりと接合させ、さねの部分に釘を打ち込みながら床板を固定していきます。

ステップ8
最後の列から2列前の床板を釘打ちする前に、最後の列の床板を1.25cmの伸縮目地分を取り、長手方向にカットします（p.101参照）。最後の2列は、合体させ1列のような形で張り付けます。木工用接着剤をさねの部分に塗り、最後の2列の板を接合し、そのまま1時間放置し、接着剤が固まるのを待ちます。

木質床

4.5

無垢材釘打ち張り仕上げ階層構造

コンクリート下地床の場合

無垢フローリング材

水で希釈した
PVA接着剤で
防水加工した2cm厚の
マリン化粧ハードボード

液状防水塗膜

コンクリート下地床

木質下地床の場合

無垢フローリング材

液状防水塗膜

既存の根太
および下地板張り

ステップ9
最後の列の床板（2枚1組になった）は、ドリルやエアー釘打ち機がさねの部分に届きませんから、接着剤で下地床に固定しなければなりません。最後の列を張る部分に、くし目鏝で3mmの厚さで接着剤を均等に塗布します。

ステップ10
床板を接着剤の上にしっかりと押さえつけ、タッピングバーできつく引っ張りながら、壁との間にスペーサーを挿入します。そのまま接着剤が固まるまで一晩置きます。その間は、この部分の上を歩かないようにします。壁面の歪みによって大きな隙間が生じている場合は、板を長手方向にカットして飼い木にし、接着剤で下地床の上に固定します。

ステップ11
スペーサーをすべて取り除きます。小さな隙間は、木工用目止め材で埋め、余分なものは湿らせた清潔な布で拭き取り、1時間ほどそのまま乾燥させます。

ステップ12
モールディング、幅木、換気網などを再度取り付け、伸縮目地や壁面の歪みで生じた小さな隙間を隠します。

無垢材釘打ち張り仕上げ

4.6 木質床の仕上げ

警告
おがくずやシーラントのしみ込んだ布は非常に燃えやすいので、地方自治体の安全基準を遵守して処分するようにします。

すべての複合フローリング材、そして無垢厚板の多くが、ステイン加工あるいはプレフィニッシュ加工されて納品されますが、未仕上げの無垢厚板を施工し、自分で仕上げ加工まで行いたいと思う人もいるかもしれません。あるいは、既存の木質床にサンダーをかけ、あなたの好みに合った仕上げを施したいと考える人もいるかもしれません。ステイン塗装、酸洗い（ピクリング・漂白）、カラーワニスの塗布、ペイント塗装などにより、木質床の外観を変えたり、いっそう魅力的にすることができますし、また処理されていない床板を保護するために、ワニス、オイル、ワックスなどでシール加工する必要が出てくるかもしれません。

最初からワニスを塗布している複合フローリング材は、シール加工する必要はありません。メーカーはその製品のメンテナンスに適した艶出し剤と、隙間や割れ目を塞ぐ目止め材を推薦しているはずです。目止め材は隙間を埋めた後、余分なものを湿らせた布で拭き取り、1時間ほど乾燥させます。

重要事項
- 仕上げ加工は接着剤が完全に固まった後に施します。
- 納入業者に助言を求め、メーカーの指示書に従った使い方をします。
- 安全には十分配慮します。仕上げ材を使用するときは、厚手のゴム手袋を装着し、部屋の換気に十分注意します。シーラー、特に亜麻仁油をベースにしたもの、そしておがくずは非常に燃えやすく危険です。不用のものはできるだけ早く部屋から除去し、安全に処分しましょう。サンダーをかけるときは、すべての種火を消し、マッチその他の火を点けないようにします。

仕上げ加工のための床の下準備

既にプレフィニッシュ加工されている床板を、ステインやペイントで塗装する場合、あるいはワニスを塗布する場合は、既存のコーティングをサンダーで除去する必要があります。表面が粗い未仕上げの床板も、同様に平滑になるまでサンダーを掛ける必要があります。床板の状態が良い場合は、木片に細目または中目のサンダーを巻いたもので研磨します。電動サンダーを使うときは、未経験者は床を削ってしまうおそれがありますので、必要以上に表面を削らないように十分注意します（p.117参照）。最後に入念に掃除機をかけ、ミネラルスピリットをしみ込ませた清潔な布で塵や埃を拭き取ります。

機械で表面が平滑に処理されている厚板にシール加工を施す場合は、掃除機をかけて浮いている粒子を取り除き、次に同様に拭きあげます。仕上げ加工は、必ず接着剤が固まったことを確認した後に行います。

床板のシール加工

ワニスを塗布していない状態で納品された床板は、防水と表面保護のため、また色や木目を強調するために、シール加工を施す必要があります。被膜の強度、その他の効果に応じて、さまざまなシール材が販売されています。どのシール材で仕上げるのが良いか迷うときは、納入業者に相談しましょう。

ワニス

ポリウレタン樹脂が乾くのが早く（約2時間）、他のワニスにくらべ有害性が低いので、アマチュアには最も使いやすいワニスです。ポリウレタン樹脂ワニスの塗布方法については、次ページの「染色」の項の手順を参照してください。ポリウレタン樹脂ワニスは非常に多くの種類があり、フルグロス（強光沢）、繻子光沢、艶消しのなかから、そしてさまざまな色のなかから選択することができます。アルコールを基材としたポリウレタン樹脂よりも乾きの早いアクリル樹脂系のワニスもありますが、こちらはより頻繁にワックス掛けをする必要があり、メンテナンスがより面倒になります（しかしとても美しい光沢が生まれます）。

天然素材による仕上げ

ワックス（ろう）やオイル（亜麻仁油、チーク油などの「仕上げオイル」）など、天然素材によって作られた仕上げ材が数多くあり、それらのほとんどは、合成ワニスよりも地球環境にやさしいものです。塗布はワニスよりも簡単ですが、手で塗布する場合かなり重労働になり、乾燥も長い時間かかります。

ワックスもオイルも床に自然な美しい光沢をもたらします。ワックスは固形のものと液状のものがあり、固形のものは清潔な布で床全体に薄く延ばしていきます。液状のものは電動ポリッシャー（レンタルすることができます）で塗布することができます。最初のワックス掛けの後、3時間おいて、続けて2回目のワックス掛けを行います。2回とも研磨します。それからは半年に一度定期的に、ワックスを掛け、研磨します。

同様に、オイルも手または電動ポリッシャーで塗布します。最初の塗布の後、4時間以上おいて、すぐに2回目の塗布を行います。どちらとも塗布後研磨します。以後は年に2回定期的に塗布しますが、表面がくすんできたように思われるときは、そのつど塗布します。

伝統的酸洗い(ピクリング)法

酸洗い法は伝統的な仕上げ法の1つで、特にオーク材によく用いられます。粘性の高いペーストを使い、床材の表面を漂白して木目を浮かび上がらせる方法です。ピクリングペースト(かなり有害成分が含まれています)を使わずに同じような効果を出す方法に、白色のエマルジョンペイントを塗布し、すぐにそれを清潔な糸くずの出ない布で拭き取るという方法があります。乾燥した後、ワックスでシール加工します。

ステップ1
ワイヤーブラシで床板を木目に沿って(木目の方向と同じ方向に)こすり、木目を浮き上がらせます。同時にステイン塗装するときは、下段(「染色」)の手順にしたがって行い、一晩乾燥させます。

ステップ2
ピクリングペーストを、清潔な綿布で包んだ脱脂綿のパッドを使い、床板上に塗布していきます。パッドを木目を横切るように動かし、ペーストが木肌にもれなく入り込むようにします。

ステップ3
10分後、再びパッドを木目を横切るように動かし、余分なペーストを除去します。そのまま数時間、触っても手につかないようになるまで乾燥させ、さらに清潔な綿布で包んだ脱脂綿のパッドを木目を横切るように動かし、磨きをかけていきます。最後に透明のワニスを塗布し、表面を保護します。

染色

木質床は通常2段階で染色されます。最初はステインで染色し、次に表面の保護とつや出しのためにワニスを塗布します。最近では、これを1回で済ますことができるように、ステインにワニスの成分を含ませたものも多く販売されています。ステインには多くの色が揃えられており、仕上がりも、マホガニー風、パイン風、アンティーク風など、さまざまです。購入するときは、フロア全体に塗布し、さらに補修用が残るくらいの量を1缶で購入します。缶が違えば、微妙に色合いが違ってくるからです。ステイン塗装をする前に、必要ならば床全体にサンダーを掛け、それを掃除機で吸い取った後、湿らせた清潔な布(糸くずの出ない綿布)で表面の細かな粒子を拭き取ります。床板に取りかかる前に、幅木とモールディングを先に塗装しておきます。

ステップ1
ペイント用トレイにステインを注ぎ、清潔な糸くずの出ない布で床板に塗布していきます。木目に沿って1方向に、長いストロークで塗布します。端の方は、ペイント用ブラシを使います。ステインが木肌のなかに染み込むのを10分ほど待ってから、清潔な糸くずの出ない布で余分なステインを拭き取ります。そのまま一晩乾燥させます。

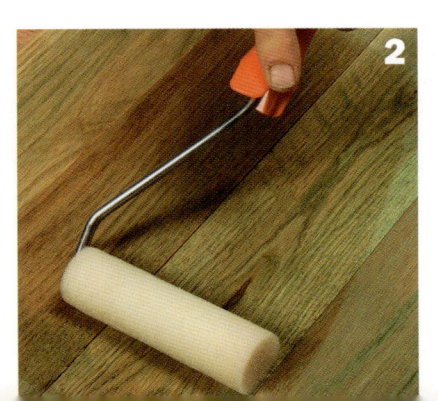

ステップ2
ステインが乾いたら、掃除機をかけ、湿らせた清潔な布で細かな埃を拭き取ります。次に発泡ウレタンのペイントローラーで、透明なポリウレタン樹脂ワニスを塗布します。周縁部は1.25cm幅のペイントブラシを使います。どちらも木目にそって長いストロークで塗布し、その後2時間ほどワニスを乾燥させます。

ステップ3
掃除機をかけた後、もう一度床全体を清潔な布で拭き上げ、その後ステップ2と同じ要領で、2度目のポリウレタン樹脂ワニスの塗布を行います。

その他の染色仕上げ

床板の色と同調あるいは強調する色のついた、シール加工も同時に行えるカラーワニスが多く販売されています。前ページ「仕上げ加工のための床の下準備」で述べているように床の下準備を行い、ステインを除いた形の「染色」の項と同様の方法で、カラーワニスを2度塗りします。2回とも2時間乾燥時間を取ります。

木質床は非常に多くの色が揃っている木工用ペイントで塗装することもできます。前ページの要領で床の下準備を行い、次にペイントが木肌に染み込まないように、ペイントローラとペイントブラシを使って木工用下塗りを塗布します。次にペイントを各回とも一晩ずつ乾燥させながら、2度から3度重ね塗りをします。

4.7

木質床の修復

あなたが古い家屋に住んでいるとしたら、サンダーを掛け、再仕上げを行うだけの低予算で洒落た床仕上げになる既存の木質床（マツの下地板から正真正銘のパーケットまで）があるかもしれません。また既存の床仕上げを剥ぎ取ると、その下に素晴らしい床に変身する床板が現われてくるかもしれません。その場合、最初に少し部分的にむき出しにし、その部分でその床が修復する価値のあるものかどうか、そして古い釘や床仕上げを除去するのにどのくらいの手間がかかるのかを調査してみます。床板が薄板の場合は、上塗りがサンダーを掛けられるほど厚く塗ってあるかどうかを調べます。

難易度
●○○○○
既存の床の修復にはそれほど高度な技術は必要ありませんが、サンダーを掛けるのはある程度の力と忍耐力がいります。

警告
おがくずは非常に燃えやすく、爆発的な火災を起こす可能性があることが知られています。おがくずが出た場合はできるだけ早く屋外に排出し、各地方自治体の安全規則に則って処分するようにします。

重要事項
- 安全には十分配慮します。電動サンダーを使用する場合は、使用上の注意をよく読んでからにします。サンダーを掛けるときは、フェイスマスク、防護メガネ、イヤープロテクターを装着します。
- おがくずは部屋のなかに貯めず、そのつど屋外の蓋付きの金属製のバケツに入れ、安全基準に則って処分します。
- サンダーを掛けるときは、すべての種火を消し、マッチなど炎の出るものに絶対点火しないようにします。

床板の再生

工具箱
1 チョーク
2 小型金属探知機
3 釘抜きハンマー
4 細目の手挽き鋸／電動丸鋸
5 バール
6 冷たがね
7 ドライバー
8 木づち
9 パレットナイフ
10 釘締め
11 スクレイパー
12 ドラムサンダー
13 エッジサンダー
14 糸くずの出ない布（綿布など）

材料
15 交換用床板、飼い木
16 ビニルシート
17 木工用防腐剤
18 木工用接着剤
19 タルカムパウダー
20 おがくず
21 木工用目止め材
22 剥離剤
23 家庭用洗剤
24 サンダー用
　細目・中目・粗目
　サンドペーパー
25 ミネラルスピリット
26 手掛け用
　サンドペーパー

既存床の下準備

既存の床仕上げをすべて剥ぎ、床の上を歩きながら、動いたり、きしんだりする板、埋める必要のある孔、たわんだり腐ったりしている部分（腐りだした木材はすぐにボロボロになります）を探し、その部分にチョークで印をつけます。釘頭を見つけ、根太の位置を確認します。根太と根太の間には通常パイプやケーブルが通っていますから、釘を打ったり、鋸を入れたり、ドリルで穴を開けたりしないように気をつけます。サンダーを掛けるときは、必ず部屋の荷物をすべて外に出し、ドアはビニルシートで覆い、窓は全開にしておきます。

役に立つヒント
パイプの位置を確認するとき、携帯用金属探知機を使うと便利です。床板を何枚か剥がさなければならなくなったときは、以後の作業のために、ケーブルやパイプの位置を確認しておきます。

ステップ1
腐ったり、たわんだりしている板があれば、釘抜きハンマーで根太から釘を引き抜き、取り除きます。釘を抜くのが難しい場合は、電動丸鋸で、下の根太を切らないように注意しながら、それらの板を切り離します。その後バールまたは冷たがねを梃子の要領で使いながら、板と釘を除去します。板がさねはぎ継ぎになっている場合は、さねの部分をハンマーと冷たがねで叩き落したあと、持ち上げるようにします。

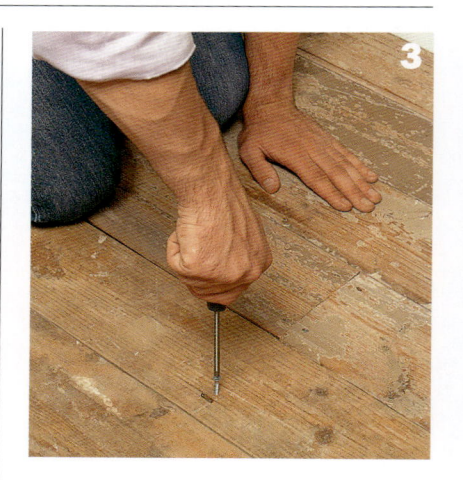

ステップ2
腐った床板は、丸鋸または細目の手挽き鋸でサイズに合わせてカットした新しい床板と交換します。新しい床板は、木工用防腐剤を塗り、乾燥させておきます。その後、ねじ釘または釘で根太に固定します。

ステップ3
床板がたわんだり、きしんだりしているとき、原因が根太のたわみにある場合がよくあります。その場合は木工用接着剤を塗った薄い木片を床板と根太の間に挿し込みます。動く板は、ねじ釘または釘で根太にしっかりと固定します。

4.7

役に立つヒント
床板がきしんでいるが、それを剥がしたくないとき、目地の上からタルカムパウダーをブラシで詰め込むと、きしみが直る場合があります。

ステップ4
狭い隙間は、細い木片に木工用接着剤を塗り、木づちで隙間に打ち込みます。別の方法としては、おがくず(木工所で袋に詰めてくれます)と接着剤を固めに練り混ぜ、それをパレットナイフで隙間に詰め込みます。また小さな隙間やふし穴は目止め材で塞ぐこともできます(黒っぽい色の目止め材の方が自然に見えます)。

ステップ5
サンダーを掛ける前に、突き出ている釘頭を釘締めとハンマーで材中に打ち込むか、釘抜きハンマーで引き抜きます。床板がペイントで塗装されている場合は、サンダーが詰まるのを避けるため、剥離剤とスクレイパーを使ってできるかぎり除去し、さらにお湯で薄めた家庭用洗剤で湿らせた布で拭き取ります。

ステップ6
ドラムサンダーに粗目のサンドペーパーを取り付けます。サンダーを同じ場所で回転させ続けると床を削ってしまうことがありますから、回転している間は常に動かすようにします。木目に沿って床全体に掛けていきます。床板の表面がかなり荒れているときは、ドラムを斜めに動かす必要が出てくる場合がありますが、そのときは跡が残らないように同じ線を反対向きに動かします。ヘリングボーンの寄せ木張りになっている場合は、模様のとおりに向きを変えながら動かします。

ステップ7
部屋の反対側まで到達したら、いまサンダーを掛けた帯に約5cm重なるようにして、逆向きに進みます。サンドペーパーが破れたり、ダストバッグが一杯になったりしたときは、機械を止め、交換します。

ステップ8
床全体にドラムサンダーを掛け終えたら、次はエッジサンダーに粗目のサンドペーパーをセットし、部屋の周縁部にサンダーを掛けていきます。

ステップ9
一度掃除機をかけ、清掃します。次に中目のサンドペーパーに交換してもう一度床全体にサンダーを掛けます。パイプなどの障害物の後ろは、パレットナイフにサンドペーパーを巻きつけてこすります。同じ工程を細目のサンドペーパーに交換して繰り返した後、掃除機をかけ、最後にミネラルスピリットをしみ込ませ、清潔な糸くずの出ない布で床全体を拭き上げます。細かな穴を塞ぎ、その部分を手を使ってサンダーで研磨します。サンダー掛けが終了したら、その日のうちに1回目の仕上げ材を塗布します(p.114-115参照)。

全部の床板の交換

床板の状態が非常に悪いとき、全部の床板を交換したいと思うかもしれません。そのときは2cm厚の建築用合板、またはさねはぎ継ぎの軟材床板(それらは下地板にもなりますし、そのまま仕上げることもできます)を張ります。針葉樹は施工前48時間現場に置いておき、順化させます。張り始める前に、幅木とモールディングは取り除いておきます。

1階の床でこの工事を行う場合は、すべての床板を取り除いた後、根太の状態を点検し、虫食いや腐食した箇所がないかを調べます。損傷を受けている箇所を切り離し、健全な部分に防腐剤を塗布します。必要な場合は防水処理を行い(p.19参照)、換気孔が塞がっていないかどうかを確かめます。中間階でこの工事を行う場合は、根太の上に全体重を載せなくて済むように、1列ずつ除去、取替えを行っていきます。根太に直角になるように新しい床板または合板を置き、そのまま根太に釘打ちします。さねはぎ継ぎの軟材の場合は、さねの部分を前に張った板の溝に差し込み、また合板の場合は前に張った板にしっかりと突き付け、ともに根太に釘打ちします。必ず床板の両端が根太の上に位置するように、丸鋸や細目の手挽き鋸でカットしながら、しっかりと安定した床を仕上げていきます。

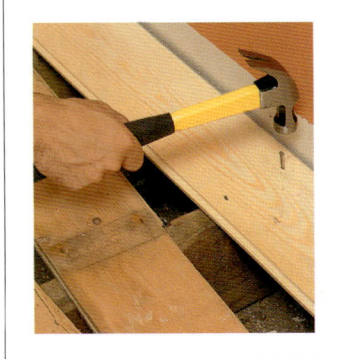

4.8 化粧ハードボード

性能チェック
(*低 **中 ***高)
- メンテナンスのしやすさ**
- 耐磨耗性**
- 保温性*
- 遮音性*
- 耐水性*

　現在床仕上げ産業分野で最も急速に成長している部門が、化粧ハードボード張り仕上げです。それは釘打ちも接着剤も必要としない浮き床仕上げで施工され、ただ「クリック」するだけでアマチュアにも簡単に張る(そして剥がす)ことができます。またメーカー間の激しい競争の結果、価格はとても手頃なものになっています。

　化粧ハードボードは高密度繊維板(HDF)から作られますが、その上には無垢材の全種類、さらには多くの硬質タイルの表面そっくりの模様がつけられ、その種類はますます増えつつあります。ハイコートと呼ばれる強い透明な被膜が、そうした模様をしっかりと保護しています。ほとんどの化粧ハードボードは、高密度繊維板の下に薄いメラミンシートが圧着されていますが、それは防湿被膜として機能します。「クリック」式になっているさねはぎ継ぎが、機械によって板の周囲に作られています。

　化粧ハードボード張り仕上げは、バスルームはいうまでもなく、水を使う場所には不向きです。高密度繊維板は湿気に弱く、すぐに劣化するからです。キッチンの床に張ることは可能ですが、その場合は水分が目地の中や床板の下に入り込むことがないように、メーカーの指示に従った防水処理を施す必要があります。自動皿洗い機や洗濯機の下に据えるプラスチックのトレイなどが有効ですが、床材の納入業者に尋ねれば推薦してくれるはずです。化粧ハードボード張り仕上げの下地には、必ず防水被膜を作らなければなりません。またメーカーは、化粧ハードボードの下にクッション材を敷くことを推奨しています。それは床の弾性を高めるだけでなく、耐磨耗性も強化します。メーカーの保証を無効にしないためにも、作業指示書に従った工事を行いましょう。

　化粧ハードボードはかなり高い耐久性(多くの場合防火性能も高

化粧ハードボード張り仕上げのデザイン

　化粧ハードボードは部屋に明るい雰囲気をもたらし、時にはビニルやカーペット以上に洒脱な雰囲気を出すことができます。ビニルタイルの方が、より多くの材料に似せることができ、創造力の範囲を広げてくれると考える人もいるかもしれませんが、木に関するかぎり化粧ハードボードの方がより本物に近い感じを出すことができ、また硬質タイルに似せた製品については、最高級のビニル製品と匹敵する本物らしさを演出することができます。ビニルと同じく、値段が高くなればなるほど、本物に近い感じを出すことができます。無垢材により近づけるために、さねはぎ継ぎではなく、端をはすかいに切断したものも製造されています。その最高級品は、本物と区別がつかないほどの木目を持っています。またわざと古色を出したものや、ステイン塗装や酸洗い(漂白)加工された床板そっくりに作られた化粧ハードボードもあります。さらにはカントリー風の雰囲気を強く出すために幅が不揃いになった床板や、ヘリングボーンの寄せ木張り仕上げを模したものも作られています。硬質タイルを模したものでは、磁器、スレート、石灰岩、大理石などにそっくりのものがあり、どれも簡単な「クリック」式で施工することができます。

　またこれらの床仕上げに統一感を与え、さらに本物らしさを付け加えるために、それにふさわしい備品、すなわち見切材やモールディング、パイプカバー、床周縁部の伸縮目地を隠すための幅木なども、納入業者は推薦してくれるでしょう。

大理石　大理石
黒鉛　青銅
オーク　アンティークウォールナット
パイン　メープル

右上：化粧ハードボードが似せることができるものは無垢材だけではありません。誰もが見間違うほどそっくりの、目地の通ったスレートタイル張り床仕上げが出来上がっています。

右：値段の高い化粧ハードボードになると、本物と区別がつかないほど精巧に模写された木目を持っています。

木質床

められています）を持っていますが、それでも無垢材、リノリウム、あるいは良質のビニルほどには強くありません。その最大の魅力は、手頃な値段であらゆる床材の表現力を手に入れることができるという点にあります。また施工が簡単という点も化粧ハードボードの大きな魅力です。

化粧ハードボード張り仕上げのメンテナンス

　床の表面を傷つけ、輝きを鈍らせる塵や埃の粒子を取り除くために、できるだけ頻繁に先の柔らかい箒で掃き掃除を行います。水で薄めた家庭用洗剤で湿らせたスポンジモップで拭くこともできます。その場合は必ずスポンジをよく水洗いし、表面を傷つける砂粒などが付着していることがないように気をつけます。納入業者は化粧ハードボード張り仕上げに適した洗剤と、床の光沢を強めるための強化剤を推奨してくれます。強化剤はスプレー式のものと液状のものがあり、どちらも塗布し、乾いた後に布で拭き取ります。

長所
- 驚くほど本物に近い雰囲気を演出することができる。
- 施工が簡単でメンテナンスが容易。
- 予算に応じて幅広い製品の中から選ぶことができる。
- リビングルーム、廊下、子供部屋などに適す。

短所
- 無垢材ほど温かみがない。
- 水を使う場所には適さない。
- 無垢材、リノリウム、良質なビニルほどには耐久性が高くない。
- 無垢材張り仕上げの床にくらべ、音が響く場合がある。

左：テラコッタタイル張り仕上げそっくりの床が、化粧ハードボードで本物よりも安く簡単に出来上がっています。しかし化粧ハードボードの模造品は本物ほど水に強くなく、耐磨耗性も低いということは留意しておく必要があります。

上：化粧ハードボードの持つ明るさは、現代的スタイルの部屋に最適です。

4.9 化粧ハードボード張り仕上げ

化粧ハードボード浮き床仕上げは、普通既存の木質下地床の上に張られ、下地板の状態がよほどひどいとき以外は、合板による平滑化は必要ありません。同様に、コンクリート下地床の不陸が激しいとき以外は、下地調整材による平滑化も必要ありません（p.18-19参照）。ドア下端の切除が必要ないかどうかを確認します（p.21参照）。可能ならば、できるだけ換気網やモールディング、幅木は取り外し、床施工後に伸縮目地を隠すような形で再度取り付けるようにします（p.20参照）。床見取図を描き、必要な床板の枚数を計算します。そして最初と最後の床板の幅を算出します。部屋の端にあまりにも幅の狭い板がくるときは、調整します。

化粧ハードボード張り仕上げでは、下地床の上に必ず防水被膜を作り、さらにクッション材を入れます。クッション材を防水材で裏打ちし、圧着して一体成型したものも販売されています。購入する床材に最も適したクッション材および接着剤を、納入業者に推奨してもらいましょう。

重要事項
- 現場の下地調整をしっかりと行います（p.18-21参照）。
- 全量を同質のもので統一し、後で買い足すことがないように、材料は補修分も含めて一度に購入しておきます。
- 納入業者に助言を求め、メーカーの指示書に従った使い方をします。
- 必ず現場の湿度を計測し、下地床の上に防水被膜を作ります（p.19参照）。湿気が多いときは、他の床仕上げを検討しましょう。
- 安全には十分配慮します。鋸を使うときは、化粧ハードボードをクランプなどでしっかりと固定します。埃を吸わないようにマスクを装着し、化粧ハードボードの鋭い破片から目を守るために防護メガネをつけるようにします。電動工具を使うときは、マスク、防護メガネ、イヤープロテクターを装着します。

難易度
●●○○○

複合フローリングと呼ばれることもある化粧ハードボード張り仕上げは、接着剤も使わず、釘打ちもしないため、比較的簡単です。化粧ハードボードはプレフィニッシュ加工されており、ステインやシーラーで処理する必要はありません。化粧ハードボードの端は裂けやすいので、取り扱いに注意が必要です。

工具箱
1. ペイントローラー（液状防湿材を使うとき）
2. ユーティリティナイフ
3. ダクトテープ
4. チョークライン
5. 直角定規
6. 直定規
7. 1.25cmスペーサー
8. タッピングブロック
9. ハンマー
10. 清潔な布
11. 細目の手挽き鋸／電動丸鋸
12. 電動ドリルと木工用ビット
13. タッピングバー

材料
14. 化粧ハードボード材
15. ポリエチレンシート／液状防湿剤
16. クッション材
17. 木工用目止め材
18. 新しい床にマッチしたモールディングおよび幅木（必要ならば）

化粧ハードボード張り仕上げの施工

化粧ハードボードの下準備

化粧ハードボードは、気温や湿度の変化に反応して膨張したり縮んだりします。そのため、化粧ハードボードは施工前に少なくとも48時間現場に放置し、順化させます。実際に施工を始める前に数列仮敷きして、どのような形の破れ目地が良いかをテストしてみます。1列目にくる板のさねの部分は、鋸で切り落としておきます。ステップ3のスタートラインを引く場合は、真っ直ぐな最も長い壁に平行に、壁から床材の幅、プラス伸縮目地の幅（1.25cm）を取って、チョークラインを引きます。壁が真っ直ぐになっていない場合は、部屋の角から適切な長さを取り、そこに直角定規をあてて直線を引きます。その直線をガイドにして、チョークラインを引きます。壁面の歪みのためにできる隙間は、後で飼い木や床板を長手方向にカットして詰めるか、モールディングで隠すかします。

ステップ1
下地床をポリエチレンシートで覆います。5cmの重ねしろを取り、ダクトテープで接合します。壁際では、2.5cm以上壁を覆うことができるように余分に取っておきます。その部分は後でユーティリティナイフでカットするか、モールディングや幅木で隠すようにします。別の方法としては、液状防湿材をペイントローラーで塗布し、数時間乾燥させて防水塗膜を作ります。必ずしも合板で下地調整をする必要はありません。合板を張る必要がある場合は、下地を防水加工した上に張ります（p.18参照）。

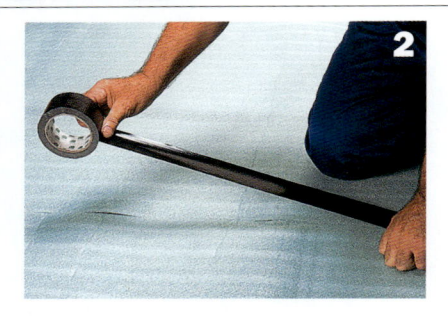

ステップ2
ポリエチレンシートの上にクッション材を張ります。端をしっかりと突き合わせ、ダクトテープで留めます（防水加工したクッション材を敷く場合は、ステップ1と2を同時に行うことになります）。

役に立つヒント
クッション材を接合するとき、重ね合わせないようにします。その部分の厚さが、床板を張った後、表面に現れてきます。

ステップ3
1列目の床板の外側の線を、前述したようにチョークラインで引きます。1枚目の床板をその線に沿って、さねの側を壁に向けて敷きます（より納まり良く張りたいときは、さねの部分をカットします）。床板と壁の間に伸縮目地を取るために、1.25cmのスペーサーを挿入しておきます。

4.9 化粧ハードボード張り仕上げ階層構造

コンクリート下地床の場合

- 化粧ハードボード材
- クッション材
- ポリエチレンシート／液状防水塗膜
- コンクリート下地床

木質下地床の場合

- 化粧ハードボード材
- クッション材
- ポリエチレンシート／液状防水塗膜
- 既存の根太および下地板張り

ステップ4
1列目の2枚目の板を床に対して斜めに持ちながら、先端のさねの部分を1枚目の末端の溝の部分に差し込み、カチッと固定するようにはめ込みます。必要と思われる場合は、タッピングブロックとハンマーを使い、床板をやさしく叩きはめ込みます。2枚目の板と壁の間にスペーサーを入れ、2枚の板を同時にスペーサーにきつく押し付けます。チョークラインに沿って、スペーサーを床板と壁の間に差し込みながら、1列目を敷いていきます。

ステップ5
列の最後に来たら、最後尾の床板を1.25cmの伸縮目地分を取ってカットします（p.101参照）。直角定規で正確な真っ直ぐな線を引き、細目の手挽き鋸または電動丸鋸で切断します。鋸を挽くときは、板の表面が裂けないように上から下に挽き下ろすようにします。パイプなどの障害物があるところでは、電動ドリルを使い穴を開けます。切断した残りの床板を、切断した方の端を壁に向けて、2列目の先頭に持ってきます。こうすることによって、納まりの良い効果的な破れ目地ができあがります。目地と目地の間隔は、46cm以上取るようにします。

ステップ6
化粧ハードボードの端が裂けないようにタッピングブロックとハンマーをやさしく使いながら、クリック式のさねはぎ継ぎで床板を接合させていきます（化粧ハードボードの端が裂けるのを防ぐため、タッピングブロックを柔らかい布で巻いておくと良いでしょう）。失敗したときは、クリック式を壊さないようにていねいに取り除きます。

ステップ7
最後の列では、1.25cmの伸縮目地分を取ったうえで、床板を長手方向にカットする必要があります（p.101参照）。最後の板をその前の列の板に挿し込み、タッピングバーで引っ張りながら、カチッとはめ込みます。壁面の歪みで大きな隙間が生じた場合は、飼い木を詰めます。

ステップ8
小さな隙間は、木工用目止め材で埋め、余分なものは湿らせた清潔な布で拭き取り、1時間ほどそのまま乾燥させます。

ステップ9
必要ならば、周縁部のポリエチレンシートを切り取り、モールディング、幅木、換気網などを再度取り付け、伸縮目地や壁面の歪みで生じた小さな隙間を隠します。

第5章

軟質床

　快適さという点に関しては、特に冬の間は、カーペット敷き仕上げの右に出るものはあまりないでしょう。カーペットほど種類、色柄の豊富な床仕上げはありませんから、必ずあなたのお気に入りの一品が見つかるはずです。無地のもの、柄の入ったもの、ループ、あるいはカットパイル、そして無限にある色のスペクトル。

　ジュートやサイザルに代表される天然繊維敷き仕上げの床は多くの特色があり、なによりも地球環境にやさしいという優位性を持っています。カーペットも天然繊維も敷き詰め仕上げをするには特殊な技術が必要なため、おそらく専門の職人に依頼することになるでしょう（多くの場合、施工費用は製品の価格に含まれています）。別の方法としては、より簡単に張ることができるカーペットタイルもあります。

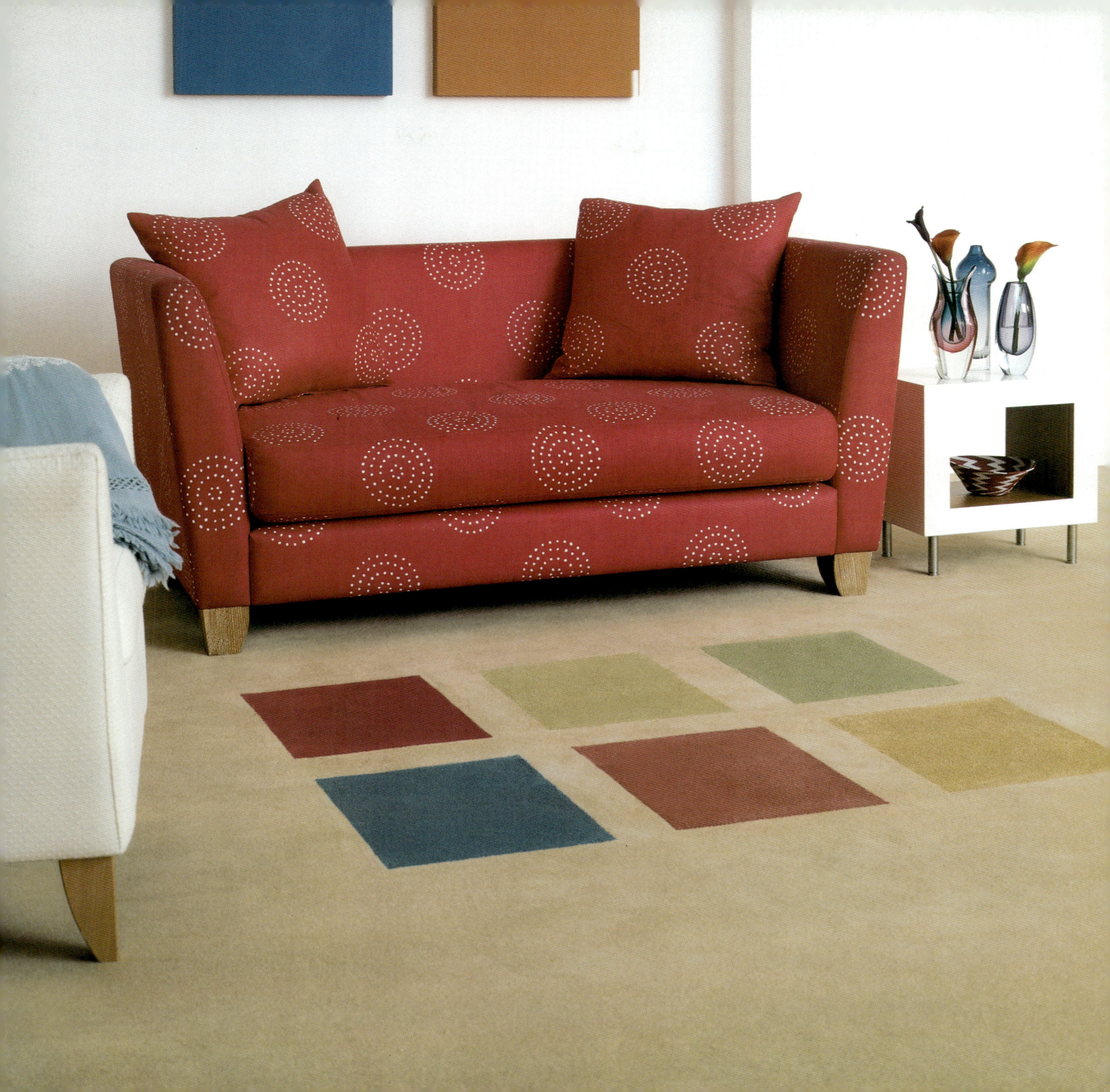

5.1

軟質床の施工

軟質床仕上げ（カーペットおよび天然繊維床材）は、数ある床仕上げの中でも最も難しい部類に属します。というのは、床材だけでなくその下のフェルトなど、重くてかさばるロールを扱わなければならず、また、たるみのないようにピンと伸ばして張るには、かなりの技術がいるからです。より手軽な方法としては、小さくて軽いカーペットタイルをコルクタイルと同じ要領で張ることもできますが、残念なことに住宅用のカーペットタイルは品質があまり良くなく、製品の種類も限られています。軟質床の施工では、ほとんどの場合その下にフェルトを敷き、グリッパー（タックレスストライプ）や見切材などの部材が使われます。また、いくつかの特殊な工具が必要になります。

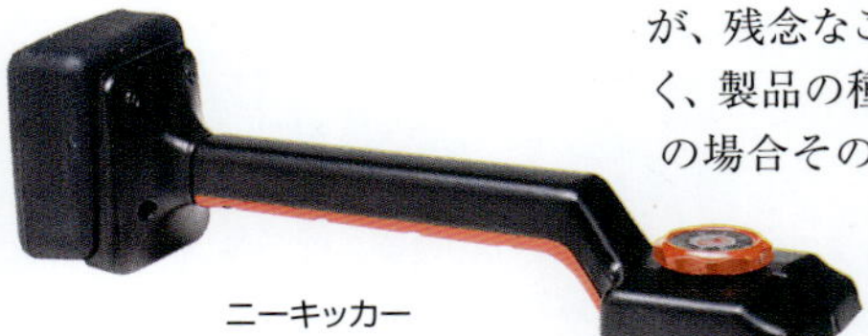

その下地床は適していますか？

広幅織りのカーペット（ロールの形で納品されます）には、かならずその下にフェルトを敷く必要があります。天然繊維床材も多くの場合そうです。フェルトがある程度床の不陸を吸収してくれますから、他の床仕上げほど下地床が完璧に平滑でなければならないということはありません。しかし下地床の状態が悪いときは、やはり下地調整材またはマリン合板で平滑な下地を作る必要があります（p.18-19参照）。フェルトを全然使わない場合は、必ず施工前に下地床を平滑にしておく必要があります。

カーペット用、あるいは天然繊維用の接着剤を薄く延ばして使う必要のある床では、既存の床の表面を剥がす必要が出てくる場合があります。そのときはその下地床をきれいに掃除することがとても重要になります。というのは、塵埃が薄く延ばした接着剤が適正に固まるのを阻害する場合があるからです。

ニーキッカー

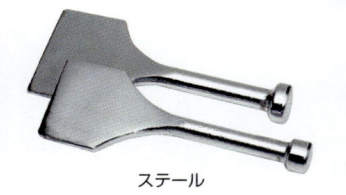

ステール

カーペット用ハサミ

カーペットカッター

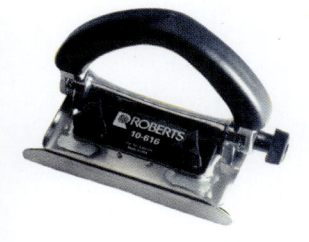

カーペットトリマー

床材の順化

天然繊維床材は、周囲の気温、湿度に反応して伸長したり収縮したりしますから、カットや敷き詰めを行う前に、必ず通常の生活温度を保った現場に48時間以上置いて、順化させる必要があります。カーペットの場合は、そのような形での順化は必要ありません。

フェルトの選定

フェルトは床に弾性を与え、床材の耐用年数を伸ばす目的で、カーペットや天然繊維床材の下に敷かれます。通常フェルトは、発泡ポリウレタンにポリウレタン、ゴム、あるいは化学繊維を圧着して作られますが、最近ではもっと軽量のものも開発されています。納入業者に、あなたの床仕上げ材と現場に適した、また予算の許すかぎりの最高の品質のものを推奨してもらいましょう。厚くて弾性の強いフェルトは、ベッドルームなどゆったりとくつろぐ、あまり人の往来の激しくない部屋に適しており、薄いフェルトは階段の床など、人の往来の激しい場所に適しています。ここで注意しておいてほしいことは、天然繊維床材の下に敷くフェルトと、カーペットの下に敷くフェルトは同じ種類のものではないということです。

軟質床仕上げのための技法

軟質床のカット

カーペットおよび天然繊維床材は、鋭利なユーティリティナイフ（替刃を頻繁に替えます）やカーペット用ハサミ、そして直定規を使って簡単にカットすることができます。ループパイルカーペットの場合は、カーペット用ハサミを使います。エッジトリマーといった特殊なカット工具もありますが、ユーティリティナイフで十分です。グリッパーをカットするときは、金切りバサミまたは弓のこを使います。

かなり狭い部屋に軟質床を敷くときは、広い部屋で適当なサイズにカットして現場に持ち込みます。その場合、最低でも周囲を5cmは大きめにカットしておきます。その部分は最後にカットしてグリッパーの背後に入れ込み、さらにモールディングで隠します。

ほとんどのカーペットは裏側からカットします。フェルトペンで裏張りにカットラインを引くことができます。しかしループパイルカーペットの場合は、表のループとループの間をドライバーで開き、その線をカットしていきます。天然繊維床材も多くの場合表側からカットします。

カーペット用ハサミによるカット

ユーティリティナイフによるカット

接合

部屋が大きかったり、凹部があったりして、2枚以上の床材を接合する必要が生じた場合は、接合部をできるだけ人の通らない、目につきにくい所へ持っていくように計画します。パイル（毛房）をカットしてしまうと、見る方向によっては非常に目立つことがありますから、カットしないようにし、必ず同一方向に走っているようにします。また模様や線も正確にあわせます。

天然繊維床材の場合は、単純にカットして突き付けた形で、下地床に接着材で固定しますが、カーペットの場合は、シーミングアイロンで2枚を溶接する必要があります。

溶接は、接合部の下に溶接テープを置き、カーペットの下接着テープの上に潜らせた熱したシーミングアイロンを動かし、テープ上の接着剤を溶かします。

アイロンを動かすにつれて、2枚のカーペットの端は接着剤の上に固定されていきます。カーペットの端がテープにしっかりと接着するように、重石のようなもの（工具箱など）を置きながら進みます。

伸展

カーペットや天然繊維床材は、しっかりと伸展させて敷かなければなりません。電動のストレッチャーというものがありますが、アマチュアが扱うには難しすぎ、カーペットを裂いてしまうこともあります——使わないようにしている専門職人も多くいます。それよりもゆっくりと安全に伸展させる工具が、ニーキッカーです。ニーキッカーの歯がカーペットの裏張りを破らない程度にしっかりと掴むように調節し、膝当てのカバーがついた部分を膝でしっかりとキックしながらカーペットを壁の方に引っ張り、たるみを解消していきます。

周縁部の納め

フェルトの上に敷いたカーペットや天然繊維床材は、部屋の周縁部でグリッパー（タックレスストライプ）によって固定します。グリッパーは多数のピンを斜めに突き出した、通常1.2mの長さの細長い木の板（メタルの場合もあります）です。（天然繊維の場合は、ピンのないグリッパーを使います。）

納入業者に、あなたの部屋の下地床に最適なグリッパーを推薦してもらいましょう。木質下地床の場合は通常、グリッパーを釘で下地床に固定します。コンクリート下地床に固定する場合、石工用ビットでグリッパーからコンクリートまでを貫通させた穴を開け、コンクリート釘で固定します。（最初にコンクリートに釘が入るかどうかをチェックします）また本石床仕上げなど釘の通らない硬い床用に作られたグリッパーも販売されています。それらは特殊な接着剤で床に固定しますが、それも納入業者に推薦してもらいましょう。

グリッパーはフェルトを敷く前に据付けます。必ず、ピンが壁の方を向いているように固定します。すべての商品が表面にメーカーの名前が入っており、それが手前から普通に読める方向が正しい方向です。

ステップ1
グリッパーを壁に平行に、カーペットの厚さと同じか少し狭いくらいの隙間をあけて置きます。（フェルトの厚さは計算に入れません）。薄い板をスペーサーに使うと良いでしょう。必ずピンが壁の方を向き、メーカーの名前が読める向きになっていることを確認して下地床に固定します。

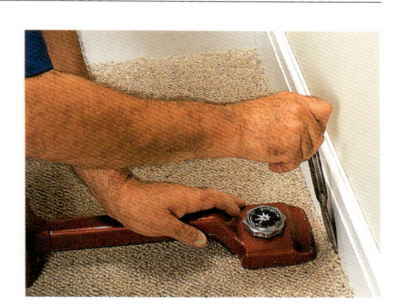

ステップ2
ニーキッカーを使ってカーペットをグリッパーの方向に引っ張ったまま、先端を冷たがねを使いながら、ピンの上に押し付けていきます。さらに手を使って表面をならします。最後に、ステールでカーペットの端を見映えよくグリッパーと壁の間に巻き込ませていきます。

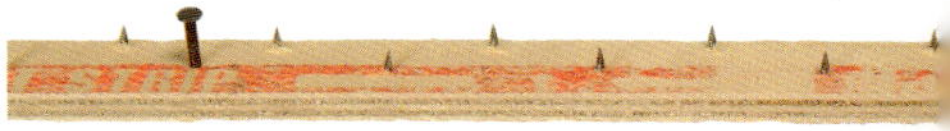

グリッパー

床の見切り

ドア入り口など、軟質床仕上げが別の種類の床仕上げと出会う場所には、カーペットバーや敷居、Zバーなどの見切り材が必要です。軟質床用見切り材は、通常グリッパーを固定するときに同時に、釘またはねじ釘で下地床に固定します。カーペットバーは同じ高さの床どうし、あるいはカーペット仕上げの床の方が接合する床よりも高いときに使います。それは内側の多数のピンと上から被せるフランジ（出縁）の間にカーペットを挟み込むようになっています。カーペットバーはカーペットを敷き詰める前に下地床に固定しておきます。カーペットの位置が決まったら、ドア側の端をフランジの長さよりも3-6mm短くカットし、ニーキッカーを使って、その端がフランジの折り目に到達するくらいまで伸展させます。カーペットをピンの上に押し付け、その上にフランジをかぶせ、ハンマーと木片を使ってしっかりとカーペットを噛ませます。

新しい床が既設の隣り合う床よりも低くなるときは、グリッパーを上述の要領で、高い方の床を壁と同様に考えて固定し、カーペットを巻き込んでいきます。2つの高さ、または外観の異なったカーペット敷き仕上げが出会うところでは、その出会う場所に木製敷居をねじ釘で止め、その両側にグリッパーを固定して、同様にカーペットを巻き込み固定します。2枚のカーペットが同じ厚さで、それらを見切り材なしに接合したいときは、カーペット用溶接テープとアイロンを使って溶接します。その他の接合方法としては、グリッパーと同じ長さのZバーを固定し、カーペットでZバーを覆うようにして、グリッパーを隠すやり方もあります。

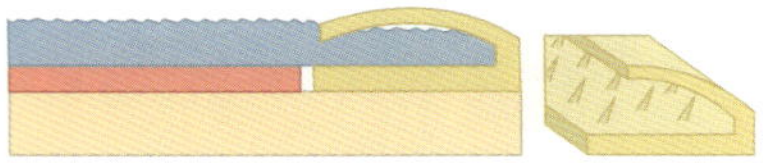

カーペットバー

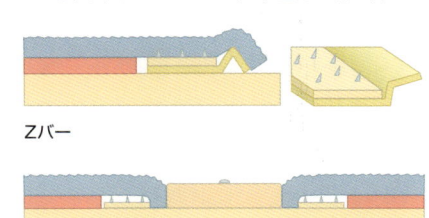

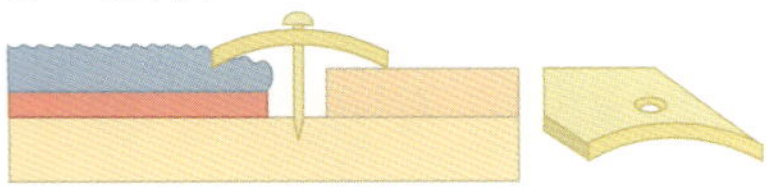

見切り金物

Zバー

木製敷居

5.2 カーペット

性能チェック
(*低 **中 ***高)
- 保温性***
- 遮音性***
- 耐磨耗性**
- メンテナンスのしやすさ*
- 耐水性*

床一面に敷き詰められたカーペットは、住まいに温かさと居心地のよさをもたらします。そこでは、履物を脱いで足を投げ出し、ゆったりとした気分になることができます。カーペットが、リビングルーム、書斎、ベッドルームの床仕上げの中で、最も人気の高いものの1つであることに疑いを持つ人はいないでしょう。しかしいざカーペットを選ぶとなると、決して単純にはいきません。色、柄、テクスチャー、品質、価格の拡がりは無限です。ということはまた、どんなに難しい好みにもピッタリくる一品が必ずあるということです——もちろんそのためには、ゆっくりと選択の時間を取ることが必要です。メーカーはカーペットを、その耐久性に従って以下のような等級に区分しています。住宅用重歩行(リビング、廊下、階段、踊り場)、住宅用中歩行(ベッドルーム)、住宅用軽歩行(客間)。また、用いられている繊維素材も考慮に入れる必要があります。100パーセントウール、100パーセント合成繊維、そしてこの両者をさまざまな比率で混紡したもの。快適性、耐久性、耐火性という点に関しては、ウール100パーセントのカーペットが一番ですが、概して高価です。合成繊維カーペットの欠点は、耐火性能が低いという点、そしてどうしてもウールほどの弾力性が出ないという点です。多くのカーペットが80パーセントウール、20パーセントナイロンの組み合わせでできています。バスルームなど湿気の多い場所では、合成繊維の比率が高い方が、乾燥も速く、カビの発生も抑えることができます。カーペットの種類によって、耐用年数もさまざまです。80パーセントウール、20パーセントナイロンでできた、品質の良い重歩行用ハードツイストのカーペットは、耐用年数が15年にも達することがありますが、合成繊維だけで作られた安価な軽歩行用のカーペットは、

カーペット敷き仕上げのデザイン

パイルの性質がカーペットを選ぶ時の大きな要素になります。ループの長短、密度、ストレートのもの、あるいはツイストしたもの、さらに、カットしたもの、カットしないものなどに区分されます。カットパイルは、表面が滑らかで、フォーマルな印象を与えますが、足の踏み跡を残す性質があります(必ずしもループパイルのものよりも磨耗が少ないというわけではありません)。ループパイルは、ループをカットしないままのものです。質感があり、カジュアルな感じを与え、復元力が強いため踏み跡が残りにくいという利点があります。高密度のカットパイルは、部屋に柔らかな感じをもたらしますが、ドアの近辺など歩行頻度の激しい場所では、反発力がなくなり、「へたる」場合があります。シャギーのようなパイルの長いものは、足ざわりは良いのですが、掃除が難しくなります。以下はカーペットの代表的なタイプです。

サキソニー

北アメリカにおいて、タフテッドカーペットのなかで最も人気の高いものが、カットパイルのサキソニーでしょう。普通ロングパイルの無地で販売されています。パイルが凝集して密度が高く、重量のあるものが、耐久性があり、見た目も綺麗です。難点としては、足の踏み跡や掃除機をかけた跡が残りやすいということです。パイル重量はさまざまですが、重いものはリビングルーム、廊下、階段、踊り場に適し、軽いものはベッドルームに適しています。

バーバー

バーバーはループパイルで、元来は白っぽいナチュラルカラーのままでしたが、現在ではさまざまな色のものが販売されています。繊維の種類も多く、住まいのほとんどの場所に敷くことができます。

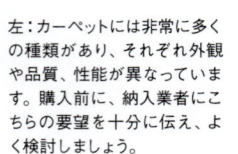

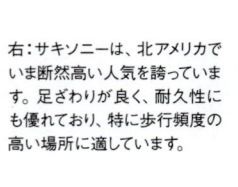

手織り柄物
手織り柄物
ツイストタフテッド
ツイストタフテッド
ハイグレードツイスト
ハイグレードツイスト
ベルベット
フラットウィーブ

左:カーペットには非常に多くの種類があり、それぞれ外観や品質、性能が異なっています。購入前に、納入業者にこちらの要望を十分に伝え、よく検討しましょう。

右:サキソニーは、北アメリカでいま断然高い人気を誇っています。足ざわりが良く、耐久性にも優れており、特に歩行頻度の高い場所に適しています。

軟質床

ほんの1年か2年で弾性が失われ、へたることがあります。

今日住宅用カーペットのほとんどは、「タフテッド」という製法で作られています。それはポリプロピレンで裏張りをした基布に、1列になったミシン針で繊維を連続したループ状に刺し込んでいく製法です。このループがパイル（毛房）となりますが、それはループのままのもの、カットするもの、カットとループを組み合わせるものという3つの異なった形に加工されます。それによってカーペットの外観や耐久性も変わってきます。ループを作る繊維の重さと、ループの高さによってもパイルの外観が異なってきます。

カーペットは元々は、はた織り機を使った手織りで作られており、現在でもそうした手織りカーペットを購入することができます。そのなかでは、アキスミンスターとウイルトンが最もよく知られた織り方です。耐久性があり、柄も美しく、高価で、現在ではほとんどがホテルなどの業務用として用いられています。手織りカーペットは、織り糸自体が高

長所
- 温かく、歩行感覚が快適。
- 色、柄、テクスチャーともに種類が豊富。
- 経済的なものから豪華なものまで、価格帯が広い。
- 遮音性に優れている。
- 特にベッドルームや客間に最適。また一般に、廊下、階段、リビングルームに適す。

短所
- しみや埃が目立ちやすく、掃除がしにくい。
- 塵埃を閉じ込めやすく、アレルギーや喘息の症状を悪化させる可能性がある（そのため子供部屋では使用が避けられることが多い）。
- キッチンには不適。また合成繊維の比率が高いもの以外は、湿気に弱い。

上：思い浮かべることができるどんな色も揃っているカーペットは、あらゆる壁や家具に完璧に調和することができる、最も簡便な床仕上げです。

下：80パーセントウール、20パーセントナイロンの混紡により、ウールの持つ快適さ、テクスチャー、視覚的美しさに、耐久性が加わりました。

上：パイルをツイストさせることによって、足の踏み跡や家具などの置き跡に対する反発力が強まります。

カーペット

5.2

く、製造にも長い時間がかかるため、タフテッドカーペットよりも高価になっていますが、タフテッドの安いカーペットにくらべると、はるかに耐用年数が長くなっています。しかしパイル重量が同じ場合、良質のタフテッドカーペットと、手織りカーペットの耐用年数は変わりません。裏地が密に織られたものの方が、粗く織られたものよりも耐用年数が長くなります。手織りカーペットにはパイルのあるものとないものがあり、パイルのないものは「フラットウィーブ」と呼ばれています。

最も安価なカーペットは、「接着カーペット」です。それは合成繊維を接着剤で基布に貼り付けて作られますが、ほとんどがカーペットタイルの形で商品化されます。他の形状のカーペットにくらべ、耐久性はかなり劣りますが、狭い場所や、頻繁に床下に入らなければならないような場所では便利です。タイルが磨耗した場合も、その部分だけを取り替えればよいという利点もあります。

1つの衝撃的な発明がカーペット業界に持ち込まれました。ペットボトルから再生された繊維をカーペットに使うというものです。この製法によって作られたカーペットは、今のところまだ少し足ざわりが悪く、その使用は大部分商業施設や工場施設などに限られています。しかしそれがより洗練され魅力的になり、環境保護に役立つものとして広く用いられるようになることは疑いありません。

カットアンドループ

ループパイルのふわふわした感じと、カットパイルのフォーマルな感じを組み合わせたもので、独特のテクスチャーと足ざわりのよさが特徴です。カットアンドループは価格も手頃で、たいていの場所に敷くことができますが、廊下や階段、踊り場など歩行頻度の高い場所では、弾性がなくなりへたる可能性があります。

ベルベット

カットパイルの一種であるベルベットは、ソフトで滑らかな感触を持ち、外観も魅力的です。耐久性もかなり高い方ですが、足跡や掃除機の跡などを残しやすいという難点があります。

ハードツイスト

カットパイルの一種で、フリーズとも言われますが、ベルベットの滑らかさを持ちながらも、足跡が残るという欠点を持たないものとして開発されたもので、きつく撚ったパイルが特徴です。住まいのどの場所にも適しますが、パイル重量のあるものは、歩行頻度の高い場所に適しています。最も重量のあるものは、特に耐衝撃性の高さで選ばれています。

ローループ

通常はナイロン繊維で作られ、色の幅が広く、織り糸に種々の色を混ぜて「ツイード」調に仕上げたものもあります。耐久性があるので、家族が集う部屋や子供部屋に適していますが、水に弱いという欠点があります。

左：床一面に敷き詰められたカーペットは、あらゆる床仕上げの中でも、最高に居心地の良いものの1つで、住まいに上品な豪華さをもたらします。

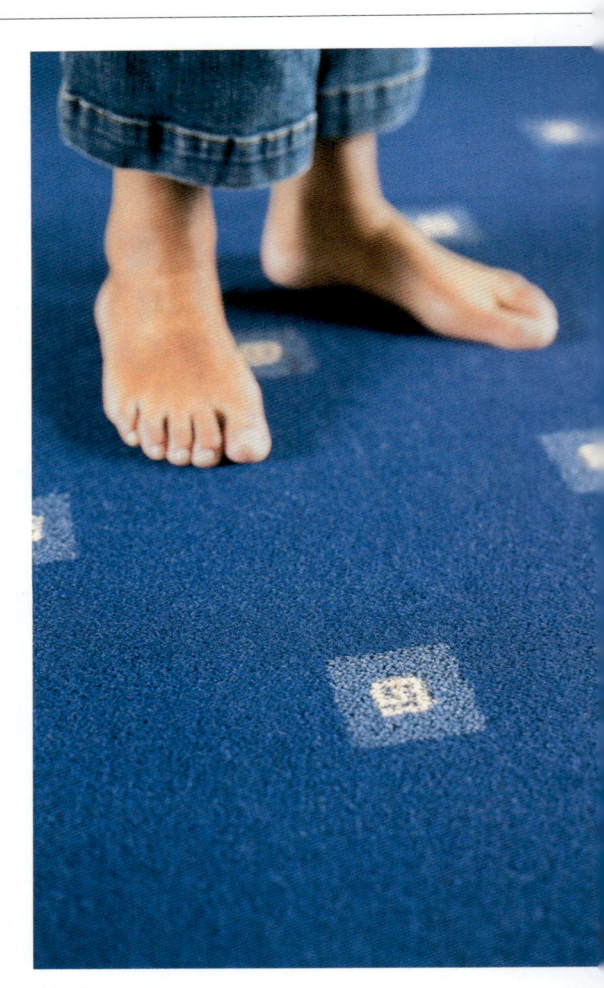

上：手織りカーペットのすべてに、ホテルの床を連想させるような派手な模様が入っているわけではありません。この落ち着いた菱形の模様は、部屋に軽快さと生き生きとした感覚を与え、少しも威圧感を与えていません。

右：ストライプ柄のカーペットは目を惹きますが、カーペットの柄が目立つときは壁紙の柄は抑えたものにするのが無難です。

カーペットのメンテナンス

　少なくとも1週間に1回は掃除機をかけます。臭いを除去し、パイルのなかに潜んだ埃を取り除くときは、床全体にカーペットクリーニングパウダーを散布し、それを掃除機で吸引します。カーペットの色がくすんできたときや、大人数のパーティーの後など、しっかりと洗濯したいと思うときがあるかもしれません。そのときは、カーペットクリーニングの専門業者に依頼します。自分でクリーニングする場合は、カーペット専用の液状または粉状の洗剤がありますので、それをクリーニングマシーンを使って散布し、すぐに、あるいは時間を置いて、吸引します。蒸気の力で汚れを取るスチームカーペットクリーナーという器具がもっとも入手しやすい価格で販売されていますが（カーペットの表面をブラッシングするタイプのものは、パイルを、特に長いパイルを傷つけてしまうことがあります）、レンタル店でも取扱っています。まず掃除機で表面に浮いている塵埃を吸い取ります。次に移動できる家具はすべて部屋から出し、移動できない家具は下部をビニールシートなどで覆います。クリーニングに際しては、カーペットの裏地を損傷するおそれがありますから、必要以上に水を使わないようにします。早く乾燥させるために、部屋の換気を良くし、カーペットが乾くまで、2時間ほどは部屋に荷物を持ち込まないようにします。

左：世界のどこにもないあなただけの床仕上げにしたいときは、あなた自身のデザインのカーペットを特注することができます。ここでは敷き詰められたカーペットのなかに色鮮やかな「敷物」がはめ込まれているような演出がなされています。

右：純白の浮き彫りを施したカーペットが、高貴な雰囲気を創り出しています。

左：繊細な花柄の模様が、過ぎ去りし良き時代を彷彿とさせ、ベッドルームをエレガンスに装っています。

5.3 カーペット敷き仕上げ

カーペットは広幅織り（ロールの形で納品されます）のものとタイル状のものとがあり、施工の仕方も異なっています。広幅織りは容積が大きく、タイルに比べるととても施工が難しくなります。広幅織りは、その下にフェルトを敷きますから、よほど状態が悪いとき以外は、下地床を平滑に調整しなおす必要はありません。しかしカーペットタイルの場合はフェルトを敷きませんから、コンクリート下地床の場合は下地調整材で、そして木質下地床の場合は、その上を水で希釈したPVAで防水処理した6mm厚のマリン化粧ハードボードで覆う必要があります（p.18-19参照）。カーペットタイルは、カーペット用接着剤を薄く延ばして張り付けます。そのため下地床をきれいに掃除し、塵埃が接着剤の効力を不完全にすることがないように注意する必要があります。カーペットタイル用接着剤は、もしタイルが部分的に損傷したり、損耗が激しいときは、その部分だけを剥がして交換できるようになっています。

カーペットの不用な断片と見切り材を使って、ドア下の隙間を測り、ドア下端をカットする必要がないかどうかを確かめます（p.21参照）。現場の見取図を描き、必要なカーペットの大きさを算出します。そしてできるだけ溶接の必要がないように広めのものを購入するようにします。タイルを張る場合は、見取図を描いて必要な枚数を算出し、何らかのデザインを入れたいときは正確な割り付けを描き入れます（p.12-15参照）。

重要事項
- 張り付けを始める前に、入念に現場の清掃を行います（p.18-21参照）。
- 部屋の広さを慎重に計測し、できるだけ溶接せずに済むように、広めのカーペットを購入します。
- フェルトやグリッパー、見切り材を購入するときは、納入業者に助言を求め、メーカーの指示書に従った使い方をします。
- 安全には十分配慮します。接着剤を使うときは、部屋の換気に十分注意し、ユーティリティナイフに力を入れるときや、グリッパーを扱うときは、慎重に行うようにします。

難易度
●●●●●

広幅織りカーペットは重量がありかさばるため、取り扱いがとても難しくなります。フェルト、グリッパー、見切り材などを使って施工する必要があり、また継ぎ合わせるときは、溶接する必要もあります。

工具箱
1. ハンマー
2. ドリルおよび石工用ビット（コンクリート下地床の場合）
3. 金切りバサミ
4. ユーティリティナイフおよびカーペット用替刃／カーペット用ハサミ
5. 直定規
6. ダクトテープ
7. ステープルガン（木質下地床の場合）
8. ドライバー（ループパイルカーペットの場合）
9. シーミングアイロン
10. 重石の代用（工具箱など）
11. ニーキッカー
12. 冷たがね
13. ステール
14. 掃除機／箒

材料
15. 広幅織りカーペット
16. Tグリッパー
17. カーペットバー／木製敷居／Zバー
18. フェルト
19. フェルト用接着剤（コンクリート下地床の場合）
20. カーペット溶接テープ

広幅織りカーペット敷き仕上げの施工

カーペットの下準備
もし溶接する必要があるなら、溶接の位置をうまく調整し、人の往来の少ない所にもってくるようにします。カーペットの大きさが、敷き詰める現場よりもかなり広い場合は、大きな部屋であらかじめ適当にカットして、現場に持ち込みます。5cm以上の余裕を持たせておき、後でカットします。グリッパーを下地床に釘止めするときは、その前に携帯用金属探知機で、その下にパイプがないことを確かめながら行います。

カーペットバー

ステップ1
部屋の周縁部に適切な幅のグリッパーを釘止めします（p.125参照）。木質下地床の場合は、ハンマーを用い、コンクリート下地床の場合は、ドリルと石工用ビットを用います。グリッパーは壁から、カーペットの厚さよりもほんの少しだけ狭い間隔をあけて離し、ピンが壁の方向を向いている向きで打ち付けます。パイプや換気穴など障害物があるところでは、金切りバサミでカットして使います。

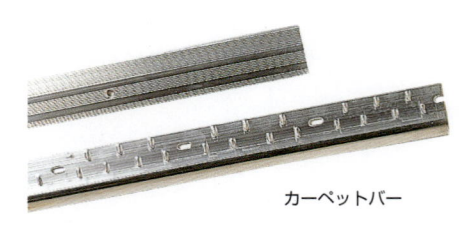

ステップ2
床の見切り計画にそって、カーペットバー、木製敷居、Zバー、グリッパーなどをドア口に釘止めします（p.125参照）。

ステップ3
下地床の上に、滑らかな方を表にしてフェルトを広げます。グリッパーに突き合わせる形で、フェルトを直定規とユーティリティナイフ、またはカーペット用ハサミを使ってカットします。フェルトどうしは決して重ねず、突き合わせるようにして、継ぎ目をダクトテープで留めます。ステープルガンでフェルトを、木質下地床の場合は周縁部は2.5cm間隔、それ以外は15cm間隔で下地床に留めます。コンクリート下地床の場合は、フェルト用接着剤を薄く延ばして張り付けます。

5.3

ステップ4
最も長いまっすぐな壁に沿ってロールを置き、部屋の反対側まで広げます。その時パイルの向きが、最も出入りの激しいドアの方向に向いているようにします（パイルの向きは手のひらでカーペットの表面を撫でてみてもわかりますが、カーペットの裏に矢印が書いてある場合もあります）。カーペットの位置を決め、部屋の角にあたる部分に切り込みを入れ、平らにならします。

ステップ5
ユーティリティナイフを使い、カーペットの裏側から刃を当て周縁部をカットします。(ループパイルカーペットの場合は、ループを損傷しないようにして表からカットします。直定規とドライバーで、ループとループの間に切り込み線の谷間を作り、カーペット用ハサミでカットします。)パイプなどの障害物に合わせて切り込みを入れます。凹部になったクローゼットなど敷き込む必要のある狭い部分の大きさを計測し、カットします。

役に立つヒント
カーペットをカットするときは、別のカーペットやフェルトまでカットすることがないように、その下に不用な木片を敷いておきます。

ステップ6
カーペットを伸展させる前に、必要ならば溶接を行ないます。必ずどのカーペットもパイルが同じ方向を向いているようにし、模様や線があったら正確に合わせます。接合部を作るときは、まず約7.5センチほど重ねあわせ、ユーティリティナイフと直定規を使い（ループパイルカーペットの場合は、カーペット用ハサミを使います）、重ねあっている2枚をいっぺんにカットします。長い直定規を使い真っ直ぐな線に沿ってカットします。模様の線がある場合は、その線を利用してカットし、接合することもできます。

ステップ7
カーペット用溶接テープを適当な長さにカットし、継ぎ目の下に敷きます。2枚のカーペットの下に熱したシーミングアイロンを潜らせ、溶接テープの上に当て、ゆっくりと接着剤を溶かしながら手前に引いてきます。2枚のカーペットの端を溶けた接着剤の上に正確に押し付け、継ぎ目の上に重石（工具箱など）を置きます（p.125参照）。接着剤が固まるまで、少なくとも1時間そのままにしておきます。

カーペット敷き仕上げ階層構造

コンクリート下地床の場合

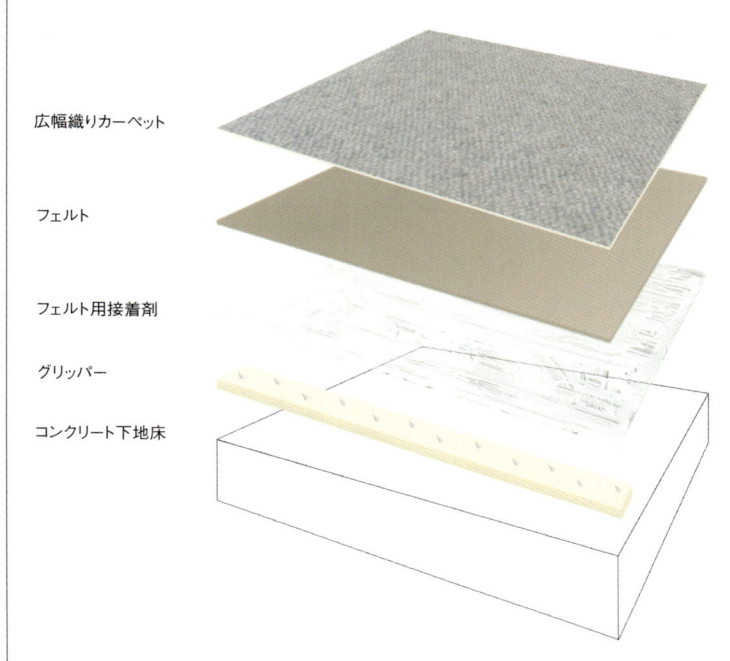

- 広幅織りカーペット
- フェルト
- フェルト用接着剤
- グリッパー
- コンクリート下地床

木質下地床の場合

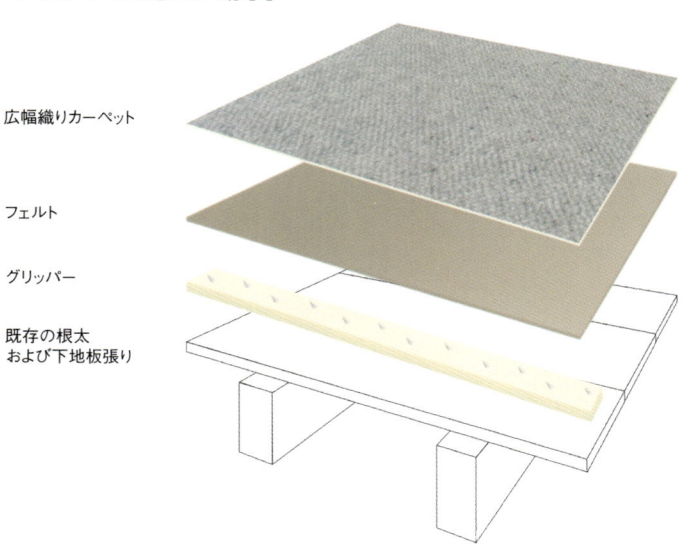

- 広幅織りカーペット
- フェルト
- グリッパー
- 既存の根太および下地板張り

カーペット敷き仕上げ

5.3

ステップ8
部屋の角から、カーペットをグリッパーに固定させていきます。ニーキッカーでカーペットを壁の方に向け引っ張り、冷たがねの平たい方の先でカーペットをグリッパーの上に押し当てます。次にグリッパーと壁の隙間に、ステールを使ってカーペットを押し込んでいきます。壁に沿って、角から60センチほどの幅になるまでこの作業を続けます。

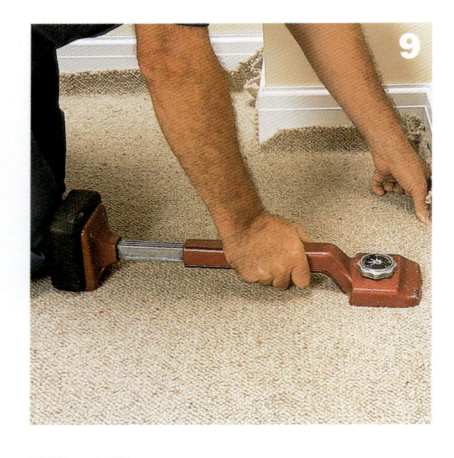

ステップ9
ニーキッカーを使って、いま固定した部分から反対側に向かって、カーペットを伸展させ、カーペットの端を真っ直ぐグリッパーの上に押し当てます。

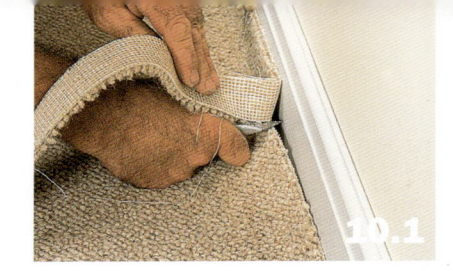

ステップ10
もし必要ならば、ユーティリティナイフで余分なカーペットをカットします。手と冷たがねを使いながら、カーペットをグリッパーにしっかりと嚙ませ、グリッパーと壁の間の隙間に押し込みます。元の壁の位置に戻り、次の60センチほどの幅を固定し、同じ作業を続けます。カーペット全体の伸展が一応終わったら、もう一度全体を見渡し、ゆるんでいる箇所があったら再度伸展し直し、カットしてグリッパーに固定します。ドアの下の見切り材にカーペットを固定します（p.125参照）。最後に糸くずなどのゴミを掃除機で吸い取ります。

難易度
●○○○○

カーペットタイルは軽量で、入り組んだ場所のカット、張り付けも容易です。

工具箱
1 チョークライン
2 ハンマー
3 ユーティリティナイフと替刃
4 直定規／定規
5 ペイントローラー
6 リノリウムローラー
7 掃除機／箒

材料
8 カーペットタイル
9 カーペットバー／木製敷居／Zバー
10 工作用紙／厚紙
11 カーペットタイル用接着剤

カーペットタイル仕上げの施工

タイルの下準備

部屋の中心で直交する2本の線をチョークラインで引き、その線に沿って張り付けを進めていきます。「床の割り付け」の項の要領で作業を進め、4分割法によって調整します（p.14参照）。対照的な色柄のタイルでボーダーを作りたいときは、最初にその部分から仮敷きします（p.15参照）。タイルの裏側には、パイルの方向を示す矢印が書かれていますから確認します（タイルの表面を手で撫でても確認できます）。タイルは、直前のタイルの向きから90度回転させる形で張り付けていくと最も見映えが良いとされていますが、裏側の矢印が同方向を向くように張り付けても良いでしょう（広幅織りのカーペットに似せるため）。しかし必ずどちらか一方の方法で徹底します。仮敷きして、全体の印象を確認します。

ステップ1
カーペットの見切り計画に沿って、カーペットバー、木製敷居、Zバー、グリッパーなどを釘止めします（p.125参照）。

ステップ2
接着剤なしでタイルどうしをしっかりと突き合わせながら、チョークラインに沿ってタイルを仮敷きしていきます。部屋の中央から四隅に向かって、チョークラインの間のスペースを埋めていき、周縁部をのぞいて全体に仮敷きします。そのとき必ずタイル裏側の矢印の向きを確認します。直前のタイルの向きから90度回転させるようにするか、すべて同じむきにあわせるか、どちらかの方法で徹底します。最後に仮敷きのまま全体の印象を確認します。

5.3

ステップ3
周縁部手前で2枚重ねていたタイルの下の方を、真っ直ぐ壁に押し当てます。ユーティリティナイフと替刃を使い、カーペットの裏側から刃を当てカットします。直定規または定規で真っ直ぐな線を引いてカットします。タイルの裏側には、合成繊維の裏張りが当てられていますから、端がほつれることはありません。

ステップ4
パイプ、穴、角に合わせ、必ず裏側からタイルをカットします。複雑な形状の部分は、厚紙や工作用紙を使って型紙を作製します（p.92-93参照）。

ステップ5
仮敷きが終わり、全体の印象に満足できたら、部屋の入り口から一番遠い場所のタイルを10枚ほど取り除きます。少量の接着剤を床の上に注ぎ出し、ペイントローラーで薄く下地床の上に延ばします。

ステップ6
入り口の方向に向かって、タイルを接着剤で張り付けていきます。タイルどうしをきっちりと突き合わせ、接着剤の上にしっかりと押し付けながら進みます。タイルの裏側の矢印でパイルの向きを確認しながら、割り付け計画に沿って張り付け、床全体を完成させます。

ステップ7
清潔なリノリウムローラーでタイルを接着剤に密着させ、タイルの下の気泡を取り除きます。ローラーは全方向に動かし、（中央から始めます）、複雑な角は指で押さえます。

ステップ8
ドア下の見切り材にカーペットを固定します（p.125参照）。接着剤が固まるまでそのまま一晩置き、その後糸くずを掃除機や箒で取り除きます。

カーペットタイル張り仕上げ階層構造

コンクリート下地床の場合

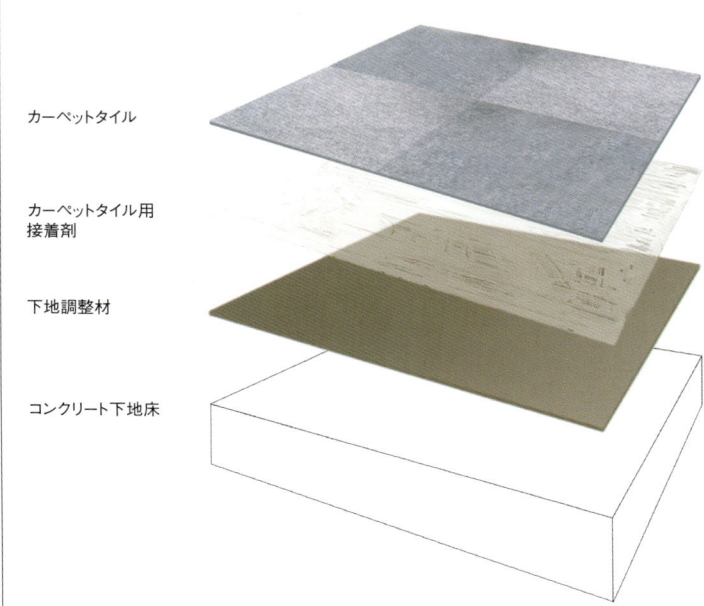

- カーペットタイル
- カーペットタイル用接着剤
- 下地調整材
- コンクリート下地床

木質下地床の場合

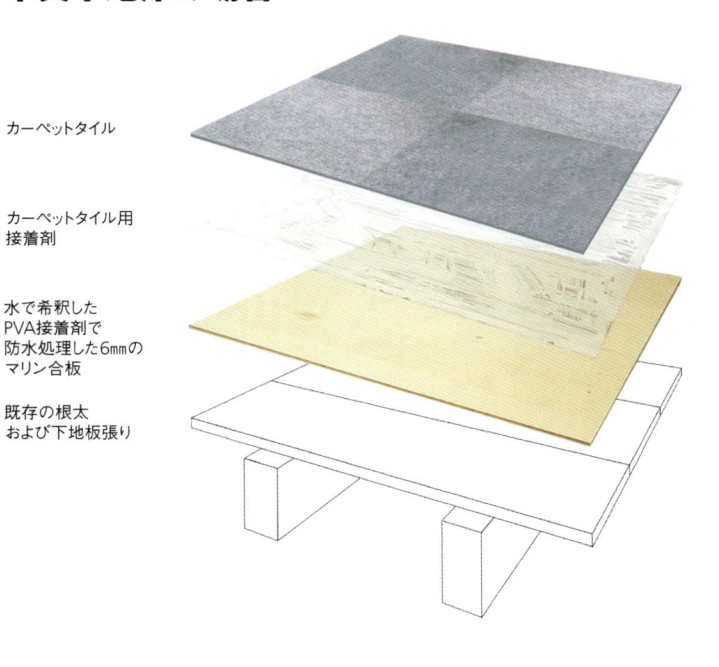

- カーペットタイル
- カーペットタイル用接着剤
- 水で希釈したPVA接着剤で防水処理した6mmのマリン合板
- 既存の根太および下地板張り

5.4 天然繊維

性能チェック
(*低 **中 ***高)
- 保温性**
- 遮音性**
- 耐磨耗性*
- メンテナンスのしやすさ*
- 耐水性*

　天然繊維敷き仕上げは、流行の波がありますが、環境保護の観点からはいつでも推奨されるべき選択です。ほとんどの製品は第三世界で織り機を使って生産され、材料は移植プランにもとづいた再生可能資源から供給されています（再生可能資源かどうか心配なときは、メーカーに尋ねてみましょう）。天然繊維床材は生物分解性で、カーペットよりも「グリーン」な素材です。そしてその販売によって、第三世界のコミュニティーが地元の資源にもとづく貨幣収入を得ることができるようになります。

　天然繊維には、サイザル、ジュート、コイアなどの種類があり、それらの繊維は織り機で織られ、カットしてもほつれないように、ラテックスで裏張りされています。天然繊維敷き仕上げは、フェルトを敷く場合と敷かない場合があります。フェルトを敷くとその分材料費が高くなりますが、より快適になり、耐用年数も長くなります。

　天然繊維床材は、弾性があり温かいというカーペットの長所を持ち、さらにそれに自然がすぐ身近に感じられるという楽しい感覚もプラスさせています。またコストの面でも、天然繊維床材のたいていのものは、カーペットよりも手頃な価格帯になっています。フェルト敷き仕上げで清潔に保つならば、天然繊維床仕上げは、カーペットと同じくらい耐久性があります――しかしカーペット同様に汚れ跡がつきやすく、しみも一度つくと取り除くのがかなり困難です。天然繊維床材はしみがつきやすく、食物の残渣を取り込みやすいため、キッチンには向きません。また水濡れにも弱いため、バスルームにも適した素材ということはできません。階段に使うと、滑りやすかったり、足ざわりが悪かったりする場合があります（階段に

天然繊維敷き仕上げのデザイン

　天然繊維床材は、色、テクスチャー、織り方など、バラエティーに富んでいます――そのため自分の部屋に最適な一品を必ず見つけ出すことができます。自然な風合いが好まれて選ばれますが、色もベージュ、茶、緑、漂白、非漂白のものが最も人気があります。しかし赤褐色や、暗緑色のような濃い色のものもあり、新しい色がどんどん出回るようになっています。バスケットウィーブ、ヘリングボーン、ブークレなどの織り方が一般的で、種々の色を組み合わせたものもあります。撚りを入れて繊維を太くしたものも各種あり、織り方も密のもの、粗いものと多彩です。製品ごとにかなり印象が異なりますから、自分の部屋に適した素材を実際に目で見て確かめましょう。

サイザル

　たいていのものはアーストーンのまま販売されますが、色をつけた鮮やかなものもあります。この繊維はもともとロープを作るために開発されたものですから、非常に強く、そのため耐磨耗性に優れた床仕上げになります。ほとんどのものは、単純なループ編みで織られていますが、鳥目織りのものも多く、また色糸を編み込んだものもあります。天然繊維床材の中では最も高価な部類に属しますが、織り目が目立つわりに滑らかな足ざわり、織りがしっかりしていること、織り方や色の種類が多いことなどのため、最も人気の高い商品になっています。

サイザル

コイア

シーグラス

ジュート

染色したサイザル

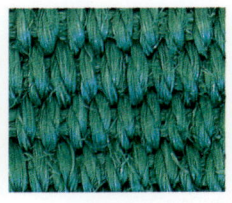

染色したサイザル

籐ゴザ

紙織物

右：ジュートは、柔らかくてシルクのような滑らかさを持った、特に優れた天然繊維です。ベッドルームや、あまり歩行頻度の高くない生活空間に適しています。

左：サイザルは、その自然のままの美しさでよく知られていますが、染色されたものもあり、どんなスタイルにも合わせることができます。

5.4

使用する場合は、足指をかかりやすくするため、織り目が段板を横断するように敷きます)。

天然繊維敷き仕上げのメンテナンス

　前述したように、天然繊維床材はしみを取り除くのが非常に難しく、またほとんどの製品が汚れ跡がつきやすくなっていますから、飲み物をこぼした場合はすぐに拭き取ります。予防策としては、敷く前に防汚剤を塗布するか、メーカーの方であらかじめ防汚処理している製品を購入します(シーグラスはしみがつきにくい性質を持っています)。1週間に1度は掃除機または箒で表面の埃を取り除きます。柔らかな天然繊維は、水や蒸気に触れると縮んだりねじれたり(素材によります)、また時には腐ったりすることがありますから、それらに触れさせないようにします。

長所
- 再生可能資源からの材料を使用。
- より手頃な価格で、カーペットの長所のほとんどを享受することができる。
- ベッドルームにも適した柔らかな素材もあり、また廊下など歩行頻度の高い場所にも十分耐えられる強い素材もある。

短所
- 掃除が難しい。
- 塵埃を取り込みやすく、アレルギーや喘息を悪化させる場合がある(この理由から、多くの場合子供部屋での使用は避けられます)。
- キッチン、バスルームなど水を使う場所には向かない。階段に敷くと滑りやすくなることがある。

ジュート

　ジュートはもともと穀物用袋や、カーペットの裏地用として使われていたものですが、現在はそれ自体で床材として使われるようになりました。表面は柔らかい感触を持ち、さまざまな織り方をすることができます。普通はアーストーンをしていますが、藍、緑、赤などに染色されているものもあります。他の天然繊維にくらべ、柔らかな素材で、耐久性に劣るため、ほとんどはベッドルームに敷くカーペットとして用いられています。

コイア

　コイアはココナッツの殻から作られ、さまざまな織り方で製品化されています——ブークレ、ヘリングボーン、バスケットウィーブなどが人気の高い織り方です。たいていは黒褐色ですが、最近は漂白した淡黄色のコイアも出回っています。コイアはベッドルームに敷くには表面がごわごわしすぎていますし、階段に敷くには織り目が粗すぎて危険です。

シーグラス

　シーグラスは水を浸透させませんから、しみがつきにくいという性質を持っていますが、それは同時に、染めることができないということを意味しています。そのため通常は自然色のまま販売されています(染色した他の植物の繊維を織り込んで、色をつけたものはあります)。シーグラスは天然繊維の中では最も滑らかで(そのため階段に使うのは危険です)、ヘリングボーンやバスケットウィーブなど種々の織り方で製品化されています。しみがつきにくく、耐磨耗性もあることから、他の天然繊維にくらべ、より厳しい状況でも使用することができます。

上：コイアはごわごわした質感を持っているため、例えばベッドルームのように、不向きな生活空間もあります。

5.5

天然繊維敷き仕上げ

天然繊維敷き仕上げは、その下にフェルトを敷く場合と、敷かない場合があります。敷く場合は、天然繊維専用のフェルトと接着剤を購入するようにし、カーペット用のものを使わないように注意します。納入業者が適した製品を推薦してくれます。フェルトを敷かずに天然繊維床材を敷く場合は、下地床を平滑にする必要があります。コンクリート下地床の場合は下地調整材で、そして木質下地床の場合は、その上を水で希釈したPVAで防水処理した6mm厚のマリン合板で覆う必要があります(p.18-19参照)。フェルトを敷く場合は、極端な不陸があるとき以外は、下地調整は必要ありません。天然繊維は接着剤を薄く延ばして張り付けます。そのため下地床をきれいに掃除し、塵埃が接着剤の効力を不完全にすることがないように注意する必要があります。

天然繊維の不用な断片と見切り材を使って、ドア下の隙間を測り、ドア下端をカットする必要がないかどうかを確かめます(p.21参照)。現場の見取図を描き、必要なカーペットの大きさを算出します(p.14参照)。

重要事項
- 張り付けを始める前に、入念に現場の掃除を行います(p.18-21参照)。
- 部屋の広さを慎重に計測し、できるだけ継ぎ目のないようにするため、広めのものを購入します。
- 接着剤やフェルト、グリッパーを購入するときは、納入業者に助言を求め、メーカーの指示書に従った使い方をします。
- 接着剤を天然繊維床材の上に落とさないように注意します。天然繊維は一度しみがつくと、ほとんどの場合取り除くことが困難です。
- 安全には十分配慮します。接着剤を使うときは、部屋の換気に十分注意し、厚手の手袋を装着するようにします。

難易度
●●●●○

広幅織りカーペット同様に天然繊維床材は重量があり、取り扱いはかなり難しいです。美しく滑らかに敷き詰めるのは、容易ではありません。

工具箱
1. ハンマー
2. ユーティリティナイフおよび替刃
3. 直定規
4. マスキングテープ
5. 3mmくし目鏝／ペイントローラー
6. ニーキッカー
7. リノリウムローラー
8. ステール

材料
9. 天然繊維床材
10. カーペットバー／木製敷居／Zバー
11. 天然繊維用接着剤

天然繊維敷き仕上げの施工(フェルトを敷かない場合)

天然繊維床材の下準備

敷いた後に縮むのを避けるため、敷く予定の部屋に少なくとも48時間放置し、順化させます。継ぎ合わせる必要があるときは、継ぎ目の位置をうまく調整し、人の往来の少ない所にもってくるようにします。床材の大きさが、敷く部屋よりもかなり広い場合は、大きな部屋であらかじめ適当にまわりをカットして現場に持ち込みます。5cm以上の余裕を持たせておき、後でカットします。

ステップ1
床の見切り計画にそって、カーペットバー、木製敷居、Zバーを釘止めします(p.125参照)。ピンが上向きに固定されますので、足で踏まないように気をつけます。

ステップ2
最初に仮敷きします。最も長いまっすぐな壁に沿ってロールを置き、下地床の上に広げます。よく切れるユーティリティナイフと直定規を使い、凹部や入り口、パイプなどの障害物の形状に合わせながら、周縁部をカットします。切れ味が鈍ったら、頻繁に替刃を交換します。部屋の角では、床材が平たく敷けるように小さく切り込みを入れておきます(床の上にくる部分まで切り込まないように注意します)。

ステップ3
2枚以上の床材を継ぎ合わせる必要がある場合、約7.5cmの幅で重ね合わせ、マスキングテープでしっかりと固定し、そのまま周縁部をカットし、床に敷き詰めていきます。仮敷きが終わった後、重ね合わせた上から、ユーティリティナイフで2枚いっぺんにカットします。こうすることによって、ぴったりと合う接合部ができあがります(床材の元の縁は真っ直ぐではありませんから、それをそのまま突き合わせて接合するのは避けます)。

5.5

ステップ4
仮敷きした床材の、入り口から遠い部分半分ほどを巻き取り、下地床を露出させます。接着剤を下地床の上に注ぎ出し、くし目鏝またはペイントローラーで薄く延ばします。

ステップ5
巻き取っていた部分を広げ、手で平たく伸ばしながら接着剤の上にしっかりと押し付けます。ニーキッカーを使い、中央部から壁側に向かって床材を伸展させ、たるみを解消させていきます。その後、接着剤が固まり始めるまで、20分ほどそのままにしておきます。次に反対側の半分を、接着剤で固定した部分の前まで巻き取り、同じ工程を繰り返します。継ぎ合わせる部分は、個別に接着剤で接着していき、接合部は特に接着剤の上にピッタリと付くように押し付けます。

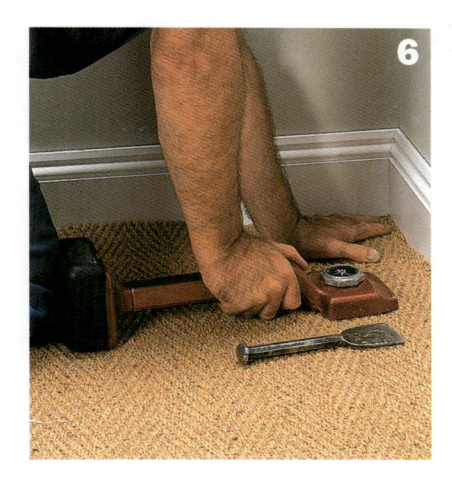

ステップ6
床全体に敷き詰めが終わったら、再度ニーキッカーでたるみを取り除いていきます。リノリウムローラーを全方向に動かしながら、床材の下の空気を抜いていきます（狭い部分は指を使います）。床材の端をスチールで押さえつけ、壁にしっかりと突き合わせます。

ステップ7
ドア入り口の見切り材に床材を固定させます（p.125参照）。そのまま一晩置いて接着剤が固まるのを待ち、最後に箒や掃除機で糸くずを取り除きます。

天然繊維敷き仕上げ階層構造（フェルトを敷かない場合）

コンクリート下地床の場合

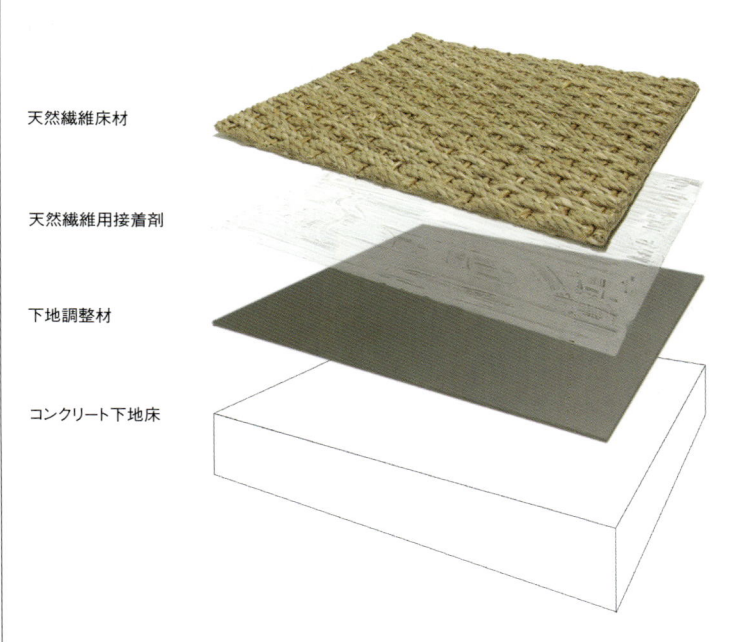

- 天然繊維床材
- 天然繊維用接着剤
- 下地調整材
- コンクリート下地床

木質下地床の場合

- 天然繊維床材
- 天然繊維用接着剤
- 水で希釈したPVA接着剤で防水処理した6mmのマリン合板
- 既存の根太および下地板張り

5.5

難易度
●●●●○

この方法は、フェルトを敷きグリッパーを使う分だけ、複雑な作業になっています。

工具箱

1. ハンマー
2. ドリルおよび石工用ビット（コンクリート下地床の場合）
3. 金切りバサミ
4. ユーティリティナイフおよび替刃
5. ダクトテープ
6. ペイントローラー
7. ステープルガン（木質下地床の場合）
8. 直定規
9. マスキングテープ
10. ニーキッカー
11. ステール
12. リノリウムローラー

材料

13. 天然繊維床材
14. グリッパー
15. カーペットバー／木製敷居／Zバー
16. 接着剤（フェルト用と天然繊維床材用の2種類）
17. フェルト

天然繊維敷き仕上げの施工（フェルトを敷く場合）

天然繊維床材の下準備

天然繊維敷き仕上げの施工（フェルトを敷かない場合）の項と同様に下準備をしておきます（p.136参照）。下地床にグリッパーを釘止めする前に、携帯用金属探知機でパイプの位置を確認します。カーペットのときとは違い、ピンのないグリッパーを使います（納入業者に推薦してもらいます）。

ステップ1

部屋の周縁部に適切な幅のグリッパーを釘止めします（p.125参照）。木質下地床の場合は、ハンマーを用い、コンクリート下地床の場合は、ドリルと石工用ビットを用います。グリッパーは壁から、床材の厚さよりもほんの少しだけ狭い間隔をあけて離し、グリッパーの表に書いてあるメーカーの文字が正しい方向を向いている向きで打ち付けます。パイプや換気孔など障害物があるところでは、金切りバサミでカットして使います。

ステップ2

床の見切り計画に沿って、カーペットバー、木製敷居、Zバー、グリッパーなどをドア口に釘止めします（p.125参照）。

ステップ3

下地床の上にフェルトを、滑らかな方を表にして広げます。グリッパーに突き合わせる形で（上にかぶさるようにせずに）、フェルトを直定規とユーティリティナイフ、またはカーペット用ハサミを使ってカットします。フェルトは決して重ねず、突き合わせるようにして、継ぎ目をダクトテープで留めます。フェルトを半分巻き取り、露出した下地床の上にペイントローラーで接着剤を薄く延ばし、フェルトをその上に固定します。残りの半分も同様にして下地床の上に接着します。木質下地床の場合は、ステープルガンで、周縁部は2.5cm間隔で、それ以外では15cm間隔で下地床に留める方法でもかまいません。

ステップ4

フェルトを接着剤で固定した場合は、接着剤が固まるまで1時間ほどそのままにして待ちます（フェルトがしっかりと接着しているかどうかを、角の部分を引っ張ってみて確かめます）。最も長いまっすぐな壁に沿って床材のロールを置き、部屋の反対側まで広げます。

ステップ5

よく切れるユーティリティナイフと直定規を使い、凹部や、ドア口、パイプ周りをカットします。替刃は頻繁に交換するようにします。部屋の角にあたる部分には小さな切り込みを入れ、床材が平たく延ばせるようにします（床の上にくる部分まで切り込まないように注意します）。

ステップ6

床材を2枚以上継ぎ合わせる必要があるときは、約7.5センチほど重ねあわせ、マスキングテープで固定し、周縁部のカットと床全体の仮敷きが終わるまでをその状態のままにしておきます。その後で、ユーティリティナイフと直定規を使い、重ねあっている2枚をいっぺんにカットします。こうすることによってぴったりと合う継ぎ目ができあがります（床材の元からの縁は真っ直ぐではありませんから、それをそのまま突き合わせて接合するのは避けます）。

ステップ7

仮敷きした床材の、入り口から遠い部分半分ほどを巻き取り、下地床を露出させます。接着剤をフェルトの上に注ぎ出し、くし目鏝またはペイントローラーで薄く延ばします。グリッパーの上にも塗っておきます。

5.5

ステップ8
巻き上げていた床材を、手で平たく伸ばしながら、接着剤の上にしっかりと押し付けていきます。ニーキッカーを中央から壁に向かって使い、床材のたるみを取り除いていきます。次にステールで、床材の端をグリッパーと壁の間の隙間に挿し込んでいきます。

ステップ9
次に反対側の半分を、接着剤で固定した部分の前まで巻き取り、同じ工程を繰り返します。継ぎ合わせる部分は、個別に接着剤で接着していき、接合部は特に接着剤の上にピッタリと付くように押し付けます。新しい床材の高さにあわせてドアおよびドア枠を切断したときは、ステールを使って床材の端をドア枠の下に入れ込み、すっきりと納めます。

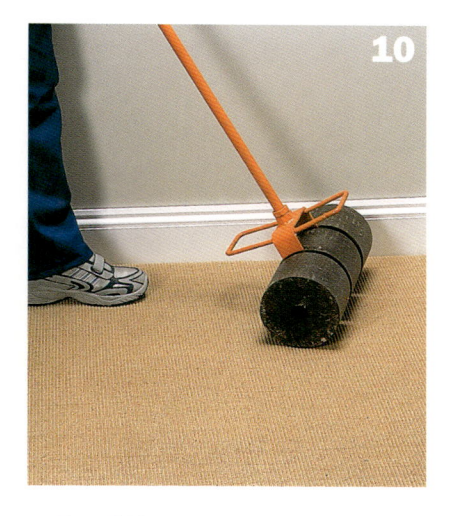

ステップ10
床全体に敷き詰めが終わったら、再度ニーキッカーでたるみを取り除いていきます。リノリウムローラーを全方向に動かしながら、床材の下の空気を抜いていきます（狭い部分は指を使います）。

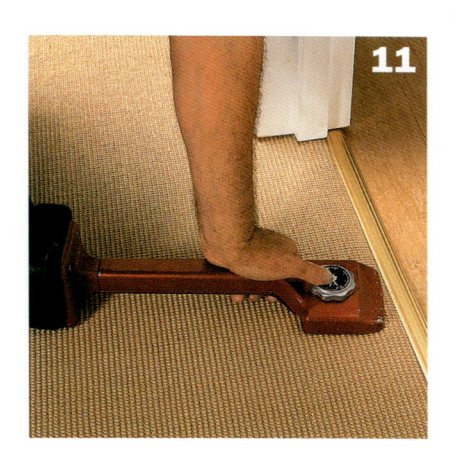

ステップ11
ニーキッカーでたるみを取り除きながら、ドア口の見切り材に床材を固定させます（p.125参照）。そのまま一晩置いて接着剤が固まるのを待ち、最後に箒や掃除機で糸くずを取り除きます。

天然繊維敷き仕上げ階層構造（フェルトを敷く場合）

コンクリート下地床の場合

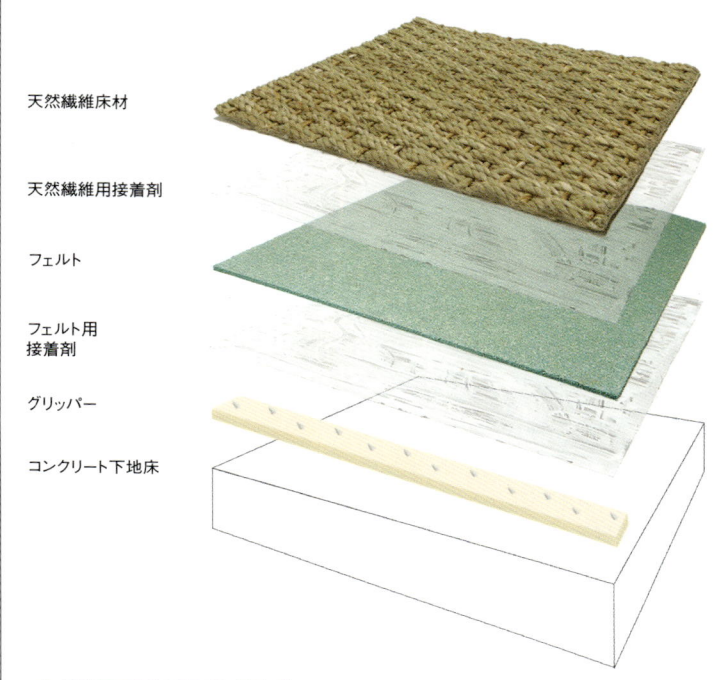

- 天然繊維床材
- 天然繊維用接着剤
- フェルト
- フェルト用接着剤
- グリッパー
- コンクリート下地床

木質下地床の場合

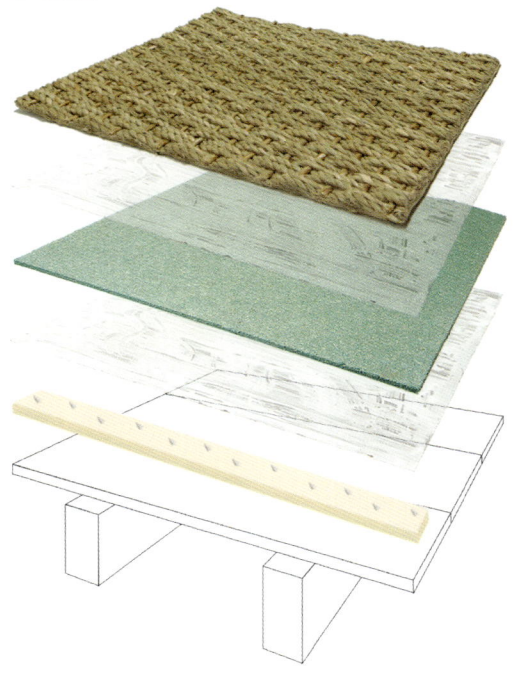

- 天然繊維床材
- 天然繊維用接着剤
- フェルト
- フェルト用接着剤
- グリッパー
- 既存の根太および下地板張り

用語解説

浮き床 複合フローリング材や化粧ハードボードによる木質床仕上げに用いられる工法で、接着剤や釘を使わずに、床を家具や造作と床材自身の重量で下地床に固定させる方法。

織りカーペット 織り機を使い縦糸と横糸を織って作るカーペット。

加熱溶接テープ カーペットを溶接するときに使うテープ。テープ上の接着剤を熱で溶かし、その上にカーペットの端を固定させる。

吸音パネル 繊維板と圧縮発泡材から作られた下地板で、熱と音の伝達を遮断すると同時に、下地を平滑にする役割も果たす。

「クリック」式 化粧ハードボードの側面に設けられたさねはぎ継ぎを、接着剤なしで抱き合わせて接合できるようにしたもの。複合フローリング材にも用いられる。

グリッパー 軟質床材を床の周縁部で固定するために用いる、ピンの出た細長い板。ピンのないグリッパーもある。

化粧ハードボード 高密度繊維板(HDF)の表面に各種の床仕上げ(大半は無垢材の)を模写した床材。

コーキング 床材と壁や設備の基部との境界部に、防水のためにコーキング材を充填すること。

さねはぎ継ぎ 無垢材や化粧ハードボードのフローリング材の周囲に、突出部と溝部を設けてぴったりと接合するようにしたもの。

磁器 陶石を粉砕した粉を練ったものを、高温で焼成した人工的な「石」。

下敷き材 床仕上げのすぐ下に敷かれる防水材、マリン化粧ハードボード、フェルトなどの総称。

下地調整材 液状ラテックスとラテックス粉末を混合したもので、コンクリート下地床を平滑にするときに用いる。

下地床 床仕上げの下にある床。通常はコンクリート下地床か、根太の上に下地板を張った木質下地床。その上にさらに下地調整材を張ることもある。

順化 床材を施工前に一定の時間現場に放置し、現場の温度と湿度に順応させること。

伸縮目地 周囲の温度や湿度に反応して起こる無垢材や化粧ハードボード材の自然な伸縮を吸収するために、壁との境に設ける1.25cmの隙間。

接着カーペット 合成繊維を基布に接着剤で接着して作られるカーペット。

セメント下地板 コンクリートとファイバーグラスで作られた薄板で、硬質タイルのための特別堅固な下地を作る。

セメントモルタル コンクリート下地床を平滑にするために塗布する薄いセメントの層。

施釉 装飾と防水のために人工的「石」タイルに釉薬を施すこと。

タフテッド ポリプロピレンの裏地に織り糸を編み込んで作るカーペット。

チェッカーボード 2枚の色の異なった正方形のタイルを交互に並べて作る模様。

チョークライン チョークの粉をまぶした糸をピンと張り、それをはじいて真っ直ぐな線を引く道具。

テッセラ モザイクタイル張り仕上げに用いられる小さな彩色されたタイル1個の呼び名。通常はモザイク状に裏張りに貼り付けられて納品される。

テラコッタ 粘土を磁器タイルや陶器タイルよりも低い温度で焼成した人工的な「石」。

テラゾー コンクリートや樹脂の基材に天然石の砕片(普通は大理石または御影石)を散布した床仕上げ。ベネチアンモザイクとも呼ばれる。

陶器 粘土を高温で焼成して作る人工的な「石」。

熱溶接コイル リノリウムの接合部にあてがい、溶かして両端を接着させるリノリウムの細い帯。

パーケット 小さな厚い木片を1個1個組み合わせてヘリングボーンなどの模様を作る床仕上げの伝統的方法。

パイル 基布の上に見えるカーペット繊維のこと。長さも密度もさまざまで、またカットしたもの、ループのまま残したもの、その両者を組み合わせものがある。

バスケットウィーブ(籠織り模様) 矩形のタイルまたはれんがを、数枚ごとに直角に並べて作る市松状の模様。

ピクリング 木材を漂白して木目を際立たせる伝統的な仕上げ方法。

PVA(ポリ酢酸ビニル樹脂エマルジョン)接着剤 防水性のある白色の接着剤。

広幅織り カーペットタイルと異なり、ロールの状態で納品される敷き詰め用カーペット。

複合フローリング材 軟質材の基材の表面に、硬質材の薄い板を圧着したもの。さねはぎ継ぎの付いたプレフィニッシュ加工で納品される。

部分接着法 シートの周縁部と継ぎ目だけに接着剤をつけて張り付ける方法。

フラットウィーブ パイルなしで織られたカーペット。

プレフィニッシュ メーカーによってすでに仕上げ加工されて納品される無垢材または化粧ハードボード。

ペイバー 床仕上げ用として普通のものよりも薄く作られたれんが。

ヘリングボーン 矩形のタイルやれんがを、交互に向きを替えながら斜めに並べた、魚の骨に似た模様。

防水材 地面からくる湿気から床仕上げを防護するために敷くポリエチレンシート(防水用)または液状防湿被膜。

マリン合板 造船に用いられる耐水合板。下地床を平滑にするために張るが、水で希釈したPVA接着剤を塗布したエクステリア用合板でも代用できる。

見切材 異なった床仕上げどうしの接合部に設ける木製、プラステック製、メタル製の帯。

目地 目地材を充填するためのタイルとタイル、タイルと壁との間の隙間。

目地詰め タイルを固定し防水を図るため、タイルとタイル、タイルと壁との隙間に目地材を充填すること。

床暖房 床下に温水の通ったパイプ網や熱線マットを敷設することによって暖房する方法。

ランニングボンド 矩形のタイルやれんがを同一方向に破れ目地で張り付けた模様。

リノリウム 亜麻仁油、木およびコルクの粉末、松脂、石灰岩の粉、ジュートから作られる生物分解性の床材。

索引

あ
アスベスト　19
厚さ,調整　24, 49
アルミニウム　メタル参照
アレルギー　9, 10
インセットタイル　28, 46, 52
浮き床　8, 20, 100, 104, 118
　張り付け　106-107, 120-121
エアー釘打ち機　16, 101
液状防湿材　17, 100, 106, 108, 111, 120
　防水も参照
エッジサンダー　16, 117
延焼防止　18
オイル/オイル掛け　104, 114
温室　66
温度,周囲の　100, 106, 108, 120, 124

か
カーペット　8, 9, 124, 126-133
　外観　13, 126-128
　カット　124
　種類　126-128
　敷き仕上げ　130-132
　タイル　124, 128, 130；張る　132, -133
　と環境問題　10
　パイル　126；その方向　131, 132
　メンテナンス　128-129
　溶接　125, 130, 131
カーペットバー　12, 125
階段　9, 70, 124, 126, 135
型紙　27, 74, 88
カット：れんが　60
　ゴム　92
　硬質タイル　26-27
　弾性床　75
　軟質床　124
　無垢材　101
角段鼻　100
加熱溶接器　74, 75
ガラス　8, 10, 68, 70-71
　外観　70
　と環境問題　10, 70
　メンテナンス　70-71
仮敷き　14, 15, 24
換気網,除去　74, 106, 108, 111, 120
環境問題　「グリーン」な素材参照
キッチン　8, 28, 34, 46, 52, 57, 68, 90, 118, 135
きめ：スレート　49
　無垢材
吸音パネル　17, 18, 100
曲線部のカット　26, 27
釘締め　16, 101
「グリーン」な素材　10, 68, 70, 82, 86, 90, 102-103, 114, 128, 134
クリック式　104, 106, 118
グリッパー　16, 124, 125, 130
　ピンなし　125, 138
建築規制,各地方自治体の　8, 10
現場下準備　18-21
コーキング　10, 16, 17
工具　16
　カット用　26-27
　無垢材用　16, 101
　レンタル　10, 16, 26
化粧ハードボード　8, 9, 103, 118-121
　外観　13, 118
　現場下準備　18
　順化　120
　張り付け　15, 120-121
子供部屋　9, 82
ゴム　9, 90-93
　カット　92
　外観　13, 90
　と環境問題　10, 90
　張り付け　92-93
　メンテナンス　91
コルク　8, 9, 82-85
　外観　13, 82
　シーリング　82, 83
　順化　74, 84
　と環境問題　10, 82
　張り付け　84-85
　メンテナンス　83
コンクリート：外観　13
　打ち込み　21
　ガラスタイル　70
　仕上げ　21
　修復　20-21

さ
再資源化材料　10, 68, 70, 90, 102-103, 128
砂岩　本石参照
サンダー/サンダー掛け　16, 114, 117
シート床材の接合　74, 75, 80, 88-89
シーリング/シーラント　10, 17
　ガラス　71
　コルク　82, 85
　スレート　51
　本石　52, 56, 57
　無垢材　105, 114
　無釉タイル　25, 28, 33, 34, 36
　れんが　58-59, 61, 63
仕上げ加工：色　115
　コンクリート　21
　スレート　46
　テラコッタ　35
　無垢材　10, 104-105, 114-115
敷居モールディング　12, 118, 125
L型敷居　100
磁器質タイル　8, 9, 28-33
　カット　26
　外観　13, 28
　シーリング　28, 29, 32
　スペーサー付きタイル　28-29, 31
　張り付け　31-33
　メンテナンス　29
　目地　25
　目地詰め　32
下敷き　10, 17, 108, 111
　フォーム　17, 18, 100, 106, 118, 120
　除去　19
下地調整材　17, 18, 19
下地床：れんが　60, 62
　ガラス　70
　現場下準備　18-19
　硬質床　24
　ゴム　92
　コルク　84
　磁器質/陶器質タイル　31
　スレート　49
　弾性床　74
　テラゾー　66
　と床材の重量　9, 10, 24, 52, 55, 64, 66

ビニール　78
本石　52, 55
本革　94, 96
御影石/大理石　64
無垢材　100, 111
メタル　68
モザイク　43
リノリウム　88
湿気　16, 19, 100
　湿度,防水も参照
　予防　104
湿度　84, 100, 106, 108, 132, 124
　湿気も参照
遮音　9, 18, 82, 90, 100
周縁部のタイル　26, 27, 92
衝撃吸収　90
書斎　9
伸縮目地：化粧ハードボード　15, 18, 20, 118
　無垢材　15, 18, 20, 100, 101, 104, 106
水平の確保：下地調整材による　19
　マリン合板による　18
ステール　16, 132
ステイン塗装　114, 115
ステンレス　メタル参照
ストライプ　15, 76, 78
スペーサー　16, 25
　磁器質/陶器質タイル　31
　スレート　49
　本石　55
　無垢材　100
　モザイクタイル　43
スレート　8, 9, 10, 46-51
　カット　26
　外観　13, 46
　メンテナンス　47
　目地　50-51
　張り付け　49-51
絶縁パネル　78
石灰岩　本石参照
接合/溶接　16, 17
　カーペット　125, 130, 131
　天然繊維　125, 136, 137
　無垢材　109
　リノリウム　74, 75, 86-87, 88-89
接着剤　17

索引　141

索引

　　硬質床用　24
　　弾性床用　75
　　軟質床用　124
Zバー　12, 125
セメント下地板　17, 24
専門職人による施工　8, 10, 64, 66, 68, 70, 86, 87, 90

た

対角線法　15
ダイニングルーム　9
大理石　8, 9, 64-65
　　外観　13, 64
　　メンテナンス　64
タイル：位置決め　85, 97
　　厚さ調整　24, 49
　　インセット　28, 46, 52
　　回転　75
　　カーペット　124, 128, 130, 132-133
　　カット　26-27
　　コーナー　27, 93
　　周縁部　26, 27, 92
　　スペーサー付き　28-29, 31
　　接着剤付き　76, 104
　　施釉/無釉　25
　　縁の研磨　26
　　枚数の計算　15
　　無垢材　104, 110
竹　10, 103
タッピングバー・ブロック　16, 101
端材　26
地階　46
直線法　15
T型モールディング　100
DPM　液状防湿材参照
テクスチャー　12, 68, 70
デザイン　12
テッセラ　40, 70
テラコッタ　8, 9, 10, 34-39
　　外観　13, 34
　　シーリング　34, 36, 39
　　張り付け　36-38
　　目地　38
　　目地詰め　24, 25, 36

メンテナンス　10, 34, 35
テラゾー　8, 66-67
　　外観　13, 66
　　メンテナンス　66
天然繊維　8, 9, 124, 134-139
　　カット　124
　　外観　13, 134
　　種類　134-135
　　順化　124, 136
　　接合　125, 137, 138
　　と環境問題　10, 134
　　フェルト敷き仕上げ　138-139
　　フェルトなし仕上げ　136-137
　　メンテナンス　135
ドア下端の切除　18, 21, 107, 111, 120, 130
陶器質タイル　28-33
　　カット　26
　　外観　13, 28
　　シーリング　33
　　張り付け　31-33
　　目地詰め　32
　　メンテナンス　29
トラヴァーチン　52
ドラムサンダー　16, 117

な

ニーキッカー　16, 132
熱溶接テープ　84, 100, 106, 108, 132, 124
ノンスリップ　防滑参照

は

パーケット　104, 110
　　サンダー掛け　117
パイプ, 位置確認　116, 130, 138
バスルーム　9, 28, 34, 40, 47, 52, 57, 64, 66, 68, 82, 90, 126, 134
幅木, 除去　18, 20, 74, 101, 106, 108, 111, 120
ピクリング　104, 115
ビニール　8, 9, 74, 76-79
　　外観　13, 76
　　現場下準備　18
　　順化　74, 78, 80
　　シート張り　80-81
　　タイル張り　78-79

と環境問題　10
部分接着法　77
　　メンテナンス　77
接着剤付き　77, 79
費用　9, 10, 11, 46, 64, 66, 68, 70, 76, 126, 127
漂白　ピクリング参照
フェルト　17, 18, 124, 130
　　張り付け　130, 138
複合フローリング材　100, 104, 106, 114
プラン, 見取図　12, 15
ペイパー　58-59, 60
ベッドルーム　9, 124, 126, 135
ベネチアンモザイク　テラゾー参照
ベランダ　46
便器, 除去　74
ボーダー　28, 76, 86, 90, 94, 132
ボーダー法　15
防汚性能　94, 135
防滑性能　9, 28, 46, 47, 52, 64, 68, 70, 71, 82, 90
防水　17, 18, 19, 21
　　硬質床　25
　　化粧ハードボード　118
　　ゴム　93
　　コルク　82, 85
　　下地床　62
　　磁器質/陶器質タイル　33
　　スレート　51
　　テラコッタ　38-39
　　ビニール　79, 81
　　本石　52, 57
　　無垢材　100, 106, 108, 111, 114
　　モザイク　45
　　リノリウム　89
　　れんが　58-59, 60
溶接棒　16, 75, 87, 89
ワックス掛け　21, 94, 95, 97, 104, 114
ポリエチレンシート　17, 100
　　防水も参照
本石　10, 52-57
　　カット　26
　　外観　13, 52
　　シーリング　52, 56, 57
　　張り付け　55-57

目地　55, 56-57
　　メンテナンス　53
本革　8, 94-97
　　外観　13, 94
　　順化　74, 96
　　張り付け　96-97
　　メンテナンス　95

ま

間口, 計算　14
マリン合板　17, 18
磨き：本革　97
　　スレート　46
　　テラコッタ　35, 39
　　本石　52
御影石　8, 10, 64-65
　　外観　13, 64
　　メンテナンス　64
見切材　12, 100, 118, 124, 125, 130, 132, 136
水糸　15, 16, 62
無垢材　8, 9, 100-117
　　カット　101
　　外観　13, 102-103
　　現場下準備　18
　　工具　16, 101
　　再生　102-103, 104
　　順化　100, 106, 108, 111
　　シーリング　105, 114
　　種類　102-103
　　タイル　104, 110
　　と環境問題　10, 102-103
　　等級　102
　　張り付け　15, 106-107, 108-110, 111-113
　　表面仕上げ　10, 104-105, 114-115
　　メンテナンス　10, 105
無垢材釘打ち張り仕上げ　100, 104
　　張り付け　111-113
無垢材接着剤張り仕上げ　100, 104
　　張り付け
目地/目地詰め　10, 17
　　硬質床　25
　　磁器質タイル　32
　　スレート　50-51
　　テラコッタ　38

本石　55, 56-57
モザイク　41, 44-45
れんが　60-61
廊下　8, 66, 126
目地メタル棒　66
メタル　8, 10, 68-69
　外観　13, 68
　メンテナンス　68
面積の計算　12
メンテナンス　10, 11
　カーペット　128-129
　ガラス　70-71
　化粧ハードボード　119
　コルク　82
　ゴム　91
　磁器質/陶器質タイル　29
　スレート　47
　大理石　64
　テラコッタ　35
　テラゾー　66
　天然繊維　135
　ビニール　77
　本石　53
　本革　95
　御影石　64
　無垢材　105
　メタル　68
　モザイク　41
　リノリウム　87
　れんが　59
モールディング、除去　18, 20, 74, 101, 106, 108, 111, 120
モザイク　8, 9, 40-45
　カット　26
　外観　13, 40
　ガラス　70
　タイル　40
　張り付け　43-45
　メンテナンス　41
　目地　44-45
　割り付け　15
モルタル　17, 24, 60, 62

や
破れ目地レイアウト　14, 15, 52, 58, 60-61, 96
　化粧ハードボード　120

無垢材　101, 106, 108, 111
ユーティリティ　8
有害成分　10
張り替え　117
床板　9, 103-104
　修復　116-117
床：既存床の撤去　19
　浮き床　8, 20, 100, 104, 118
　修復　116-117
　塗装　21, 104, 114
　床暖房　21, 28, 52, 66
4分割法　14

ら
ランニングボンド　14, 15, 58
乱張り　52
リノリウム　8, 9, 74, 86-89
　外観　13, 86
　現場下準備　18
　順化　74, 88
　シート張り　88-89
　タイル張り　88
　と環境問題　10, 86
　メンテナンス　87
　溶接　74, 75, 86-87, 88, 89
リビングルーム/エリア　9, 66, 126
レイアウト：複雑な　15
　モザイク　15
　破れ目地　14, 15, 52, 60-61, 96
レデューサー　12, 100
れんが　8, 10, 58-63
　外観　13, 58
　シーリング　58-59, 61, 63
　メンテナンス　59
　目地　60, 63
　モルタルなし仕上げ　60-61
　モルタル張り仕上げ　62-63
　割り付け　15, 25

わ
ワニス/ワニス掛け　104, 114, 115
割り付け　14-15

credits

Preparing the site: F. Ball and Co. (www.f-ball.co.uk)

Laying a ceramic and quarry floor: Reed Harris (www.reedharris.co.uk); www.carvallgroup.com; H & R Johnson Tiles (www.johnson-tiles.com)

Laying a terracotta floor: Fired Earth (www.firedearth.co.uk)

Laying a mosaic floor: Ceramic Prints (01484 400083)

Laying a slate floor: Burlington Stone (www.burlingtonstone.co.uk)

Laying a limestone and sandstone floor: Stonell (www.stonell.com)

Laying a brick floor: Dennis Ruabon (www.dennisruabon.co.uk);

Laying a vinyl floor: Karndean (www.karndean.com); Forbo-Nairn (www.nairn-cushionflor.co.uk)

Laying a cork floor: Amorim (www.amorim.com)

Laying a linoleum floor: Forbo-Nairn (www.nairn-cushionflor.co.uk)

Laying a rubber floor: Altro (www.altro.co.uk)

Laying a leather floor: Harcourt (www.harcourt.uk.com)

Laying a floating wood floor: Kahrs (www.kahrs.com)

Laying a glued solid-wood floor and Laying a nailed solid-wood floor: Atkinson & Kirby (www.akirby.co.uk)

Finishing a wood floor: Ronseal (www.ronseal.co.uk)

Laying a laminated floor: BHK (www.bhkuniclic.com)

Laying a carpeted floor: Victoria Carpets (01562 823400); Balta (www.balta.be); Duralay (www.duralay.co.uk); Burmatex (www.burmatex.co.uk)

Laying a natural-fibre floor: The Alternative Flooring Company (www.alternative-flooring.co.uk)

pictures credits

Quarto would like to thank and acknowledge the following for supplying pictures to be reproduced in this book:

(Key: l left, r right, c centre, t top, b bottom)

Front cover, 13r (3rd from top), 73, 86, 87 • Forbo-Nairn Ltd www.forbo-linoleum.co.uk www.marmoleum.co.uk

2, 127tl • Victoria Carpets Pty Ltd www.victoria-carpets.com.au

4, 105bl • Bruce Hardwood Floors www.brucehardwoodfloors.com

6b, 17, 19bl, 26br, 101 (tapping block + bar), 124l (all 5) • The Floorwise Group www.floorwise.co.uk

7, 76r (all 3), 77l, 77tr, 77br • Karndean International Ltd www.karndean.co.uk

13l (3rd from top), 29r, 30br • Ironrock Capital, Inc www.ironrockcapital.com www.metroceramics.com

13l (4th from top), 35r (all 3), 42bl • Country Floors www.countryfloors.com

13l (7th from top), 127bl, 129tr • The Tintawn Weaving Company www.tintawncarpets.com

13l (8th from top), 134l (all 4), 134c (1st, 3rd + 4th from top), 135l •

Crucial Trading www.crucial-trading.com www.naturalflooring.net
13c (1st from top, 3rd from top), 47, 48, 53r, 54tl, 54bl, 54tr, 64l (all 4), 65l, 65c • Stonell www.stonell.co.uk
13c (4th from top), 66, 67l • Liquid Plastics Limited www.liquidplastics.co.uk
13c (5th from top), 68l (all 5), 69l • Carina Works, Inc www.carinaworks.com
13 (wood), 99, 102, 103, 104bl, 104r, 105tl, 110bl • Kahrs Ltd www.kahrs.co.uk
13r (2nd from top), 82r • Dodge-Regupol Incorporated www.regupol.com
13r (4th from top), 90 • Dalsouple www.dalsouple.com
21r • Colormaker Floors Ltd www.colormakerfloors.com
23, 59r • Massimo Listri / CORBIS
58l • Conde Nast Archive / CORBIS
28l (all 3), 30tr • Original Style Limited www.originalstyle.com
28b, 30bl, 40r, 42br • Trikeenan Tileworks Inc www.trikeenan.com
28br, 34r, 35c (room setting), 41r, 54br • Ann Sacks www.annsacks.com
28tr (both) • H&R Johnson Tiles Ltd www.johnson-tiles.com
29l, 34l, 40l (both), 40c, 42t, 52br, 53l, 64r • Paris Ceramics www.parisceramics.com
30tl • Daltile www.daltile.com
35l • Aldershaw Handmade Tiles Ltd www.aldershaw.co.uk
41l • Mosaik Pierre Mesguich www.mosaik-mesguich.com
46l (all 6), 52tl (all 4) • Naturestone Ltd www.stone.co.uk
46c, 46r (both) • Slate World Ltd www.slateworld.com
52bl, 52tr • Stone Source www.stonesource.com
58-59c • James Morris / Landmark Trust www.landmarktrust.co.uk Photograph taken at Wilmington Priory. The Landmark Trust, a building preservation charity, has restored the building. Wilmington Priory is available for holidays +44(0) 1628 825 925
66 • Lasar Contracts Ltd www.lasarcontracts.ltd.uk
68r, 71r • Ken Hayden / RED COVER
70 • Live Tile www.livetile.com
71l • Ed Reeve / RED COVER
76tl • The Amtico Company www.amtico.com
76bl • Cushionflor by Nairn www.forbo-flooring.co.uk
77c • Polyflor Ltd www.polyflor.com
91 • Christopher Everard / Dalsouple
94l (both), 94c (both), 95r • Crest Leather www.crestleather.com
94r (both), 95tl • Edelman Limited www.edelmanleather.com
95bl • Leather Co. +44 (0)1903 200005, +44 (0)1403 261000
104t, 105r • Junckers www.junckers.com
118l (all 8), 119l • Armstrong World Industries www.armstrong.com
118r (both), 119r • Richard Burbidge Limited www.richardburbidge.com
123, 126l (all 8), 127r, 128r, 129tl, 129br • Brinton Wade www.brintonwade.com
126r, 128l • Axminster Carpets Ltd www.axminster-carpets.co.uk
129bl • InterfaceFLOR www.interfaceflor.com
134c (2nd from top), 134r, 135r • The Alternative Flooring Company Ltd www.alternativeflooring.com

All other photographs and illustrations are the copyright of Quarto Publishing plc. While every effort has been made to credit contributors, Quarto would like to apologize should there have been any omissions or errors.

Conceived, designed and produced by
Quarto Publishing plc
The Old Brewery
6 Blundell Street
London N7 9BH

Project Editor: Fiona Robertson
Senior Art Editor: Sally Bond
Text Editors: Nick Gibbs, Ian Kearey
Designer: James Lawrence
Photographer: Paul Forrester, Colin Bowling
Illustrators: Sally Bond, James Lawrence
Proofreader: Sally MacEachern
Indexer: Pamela Ellis

Art Director: Moira Clinch

PRACTICAL GUIDE TO LAYING FLOORS
床材 フロアマテリアル

発　　行　　2005年4月20日
本体価格　　3,300円
発 行 者　　平野　陽三
発 行 所　　産調出版株式会社
　　　　　　〒169-0074 東京都新宿区北新宿3-14-8
　　　　　　TEL.03(3363)9221　FAX.03(3366)3503
　　　　　　http://www.gaiajapan.co.jp

Copyright SUNCHOH SHUPPAN INC. JAPAN2005
ISBN 4-88282-418-3 C0077

著　　者：デニス・ジェフリーズ（Dennis Jeffries）
　　　　　40年以上のキャリアを持つ世界的に有名な床仕上げの権威。現在フロアカバリング・インタナショナルの製品開発部および商業販売部の代表を務める。

日本語版
監　　修：本橋　健司（もとはし けんじ）
　　　　　独立行政法人建築研究所材料研究グループ長。博士（工学）、農学博士。専門は建築材料・部材の性能評価、建築物の保全技術、建築材料からのVOC放散等。日本建築学会　耐年年数予測手法小委員会主査、塗装工事小委員会幹事、吹付け工事小委員会主査。日本建築仕上学会副会長。ISO/TC59/SC14(耐久設計)及びISO/TC59/SC15(戸建て住宅性能基準)委員。

翻 訳 者：乙須　敏紀（おとす としのり）
　　　　　九州大学文学部哲学科卒業。訳書に『自宅のアート』『階段のデザイン』『クールコンストラクション』（すべて産調出版）など。

落丁本・乱丁本はお取り替えいたします。
本書を許可なく複製することは、かたくお断わりします。
Printed and bound in China